KB074768

신주 사마천 사기 37

사마상여열전열전

회남형산열전

이 책은 롯데장학재단의 지원을 받아 번역, 출간되었습니다.

신주 사마천 사기 37 / 사마상여열전·회남형산열전

초판 1쇄 인쇄 2023년 10월 15일
초판 1쇄 발행 2023년 11월 10일

지은이 (본문) 사마천
(삼가주석) 배인·사마정·장수절
번역 및 신주 한가람역사문화연구소 사기연구실

펴낸이 이덕일
펴낸곳 한가람역사문화연구소

등록번호 제2019-000147호
주소 서울특별시 종로구 김상옥로17 대호빌딩 신관 305호
전화 02) 711-1379
팩스 02) 704-1390
이메일 hgr4012@naver.com

ISBN 979-11-90777-50-6 94910

값은 뒤표지에 있습니다.

세계 최초
**삼가주석
완역**

신주
사마천
사기

37

사마상여열전
회남형산열전

지은이
본문_ 사마천
삼가주석_ 배인·사마정·장수절
번역 및 신주
한가람역사문화연구소 사기연구실

한가람역사문화연구소

차례

사기 제118권 史記卷一百一十八
회남형산열전 淮南衡山列傳

원 사료는 중화서국中華書局 발행의 《사기》와 영인본《백납본사기百衲本史記》를 기본으로 삼고, 인터넷 사료로는 대만 중앙연구원 역사어언연구소歷史語言硏究所에서 제공하는 한적전자문헌자료고漢籍電子文獻資料庫의 《사기》를 참조했다.

일러두기

❶ 네모 상자 안의 글은 사기 본문 및 삼가주석 서문의 글이다.

❷ 한글 번역문 바로 아래 한문 원문을 실어 쉽게 대조할 수 있게 했다.

❸ 삼가주석 아래 신주를 실어 우리 연구진의 새로운 해석을 달았다.

❹ 사기 분문뿐만 아니라 삼가주석도 필요할 경우 신주를 달았다.

❺ 직역을 원칙으로 삼고 의역은 최대한 피했다.

❻ 한문 원문에서 ( )는 빠져야 할 글자를, 〔 〕는 추가해야 할 글자를 나타낸다.

예) 살펴보니 15개 음은 이 두 음에 가까웠다.

案 十五邑近此(三)〔二〕邑

《사기》〈열전〉의 넓고 깊은 세계에 관하여

1. 시대별 〈열전〉의 세계

《사기》는 〈본기本紀〉, 〈표表〉, 〈서書〉, 〈세가世家〉, 〈열전列傳〉의 다섯 부분으로 구성된 기전체紀傳體 역사서이다. 기전체라는 이름은 다섯 부분 중에 제왕의 사적인 〈본기〉와 신하의 사적인 〈열전〉이 중심이라는 사실을 시사하고 있다. 〈본기〉가 북극성이라면 〈세가〉와 〈열전〉은 북극성을 향하는 뭇별이라는 구성이다. 〈열전〉은 모두 70편으로 구성되어 있지만 한 편의 〈열전〉에 여러 명을 수록하는 경우가 여럿이어서 실제 수록된 인물은 300명이 넘는다. 중국의 24사는 대부분《사기》를 따라 기전체를 택하고 있지만《사기》만의 독창적 내용이 적지 않다.

먼저 서술 시기를 보면《사기》는 한 왕조사가 아니라 오제五帝부터 자신이 살던 한무제漢武帝 시기까지 천하사天下史를 기술했기에 그 시기가 광범위한데, 이는 〈열전〉도 마찬가지다. 그래서 이를 시기별로 나누어 정리할 필요가 있다.

첫째 시기는 춘추春秋시대 이전부터 춘추시대까지 활동했던 여러 인물이다. 〈백이열전伯夷列傳〉부터 〈중니제자열전仲尼弟子列傳〉까지 7편이 그런 경우로서 백이伯夷·숙제叔齊, 관중管仲, 안영晏嬰, 노자老子, 손자孫子, 오자서伍子胥, 공자孔子의 제자들 등이 이에 속한다.

둘째 시기는 전국戰國시대와 진秦 조정에서 활동한 인물들에 대해서 서술했다. 〈상군열전商君列傳〉부터 〈몽염열전蒙恬列傳〉까지 21편이 이런 경우로서 상앙商鞅, 소진蘇秦, 장의張儀, 백기白起, 왕전王剪, 전국 4공자, 여불위呂不韋, 이사李斯, 몽염蒙恬 등이 이에 속한다.

셋째 시기는 초楚와 한漢이 중원의 패권을 다투던 시기에 활동했던 인물들이다. 〈장이진여열전張耳陳餘列傳〉부터 〈전담열전田儋列傳〉까지 6편으로 장이, 진여, 한신韓信, 노관盧綰 등이 이에 속한다.

넷째 시기는 한고조 유방부터 경제景帝 때까지의 인물들을 서술하고 있다. 〈번역등관열전樊酈滕灌列傳〉부터 〈오왕비열전吳王濞列傳〉으로 번쾌樊噲, 육가陸賈, 계포季布, 유비劉濞 등이 이에 속한다.

다섯째 시기는 한무제 때의 인물들이다. 〈위기무안후열전魏其武安侯列傳〉 등으로 두영竇嬰, 이광李廣, 위청衛靑, 곽거병霍去病 등과 사마천 자신에 대해서 서술한 〈태사공자서太史公自序〉도 이 범주에 들 수 있다.

사마천은 한 사람의 인생 전부를 서술하는 개념으로 〈열전〉을 서술하지는 않았다. 그가 관심을 가진 것은 특정 인물이 어떤 사상을 가지고 한 시대를 어떻게 헤쳐 나갔는가, 또는 그 시대에 어떤 영향을 미쳤는가 하는 것이지 인생 전반을 세세하게 서술하는 것은 아니었다. 그러다보니 《사기》〈열전〉을 보면 한 인간의 역경을 통해서 그가 산 시대의 생생한 분위기도 엿볼 수 있다.

2. 〈백이열전〉을 첫머리로 삼은 이유

《사기》〈열전〉이 지금껏 인구에 회자되는 것은 사마천이 당위성만 추구한 것이 아니라 당위성과 실제 현실 사이의 괴리를 포착해 한 인물의 부침을 서술했기 때문이기도 할 것이다. 그가 〈열전〉의 첫머리를 〈백이열전〉으로 삼은 것은 〈세가〉의 첫머리를 〈오태백세가吳泰伯世家〉로 삼아 막내 계력季歷에게 왕위를 물려준 사양辭讓의 정신을 크게 높인 것과 마찬가지로 이利보다는 의義를 추구한 백이·숙제를 높인 것이다.

사마천은 제후가 아닌 공자를 〈공자세가〉로 높여 서술하고 〈중니제자열전〉과 〈유림열전儒林列傳〉도 서술해 유가儒家를 높이기도 하였다. 그러나 사마천은 단순히 유학을 높인 것이 아니라 유학에서 천하는 공公의 것이기에 자기 자식이 아니라 현명한 인물에게 자리를 넘겨주는 선양禪讓의 정신을 높게 산 것이다. 그래서 오제의 황제黃帝부터 요순堯舜까지 행해졌던 선양禪讓의 정신을 크게 높였다.

그러나 〈백이열전〉에서 사마천은 "백이·숙제는 남을 원망하지 않았다."는 공자의 말을 수록하면서도 사마천 자신은 공자의 견해에 동의하지 않고 백이·숙제의 뜻을 비통한 것으로 여겼다. 또한 그가 의문을 가진 것은 "하늘의 도道는 친함이 없고 항상 선한 사람과 함께한다."라고 했는데 선한 사람인 백이·숙제 같은 사람이 왜 굶어죽어야 했느냐는 질문이다. 그럼에도 불구하고 이利를 추구하는 삶보다 의義를 추구하는 삶이 중요하다는 생각에서 〈백이열전〉을 첫머리로 삼은 것이다.

〈백이열전〉뿐만 아니라 초나라를 끝까지 부흥시키려고 했던 〈춘신군열전春申君列傳〉이나 〈자객열전刺客列傳〉 등도 이에 속한다. 〈자객열전〉의

형가荊軻가 남긴 "장사 한 번 떠나면 다시 돌아오지 않으리[壯士一去兮
不復還]"라는 시가가 대일항전기 의열단원들이 목숨을 걸고 국내에 잠입
할 때 동지들과 나누던 시가라는 점은 시대와 장소를 넘어 의義의 실천에
목숨을 건 사람들이 깊은 동질감을 느꼈기 때문일 것이다.

3. 주제별 〈열전〉

〈열전〉 중에는 각 부문의 사람들을 주제별로 묶어서 서술한 〈열전〉이
적지 않다. 좋은 벼슬아치를 뜻하는 〈순리열전循吏列傳〉은 이후 많은 기
전체 역사서가 따라서 서술하고 있다. 후세 벼슬아치들에게 역사의 포상
이 가장 중요한 상으로 여기고 좋은 벼슬아치가 되려고 노력하라는 권고
의 뜻을 담고 있다. 또한 혹독한 벼슬아치를 뜻하는 〈혹리열전酷吏列傳〉은
반대로 역사의 비판이 가장 무거운 형벌임을 깨닫고 백성들을 가혹하게
대하거나 가렴주구를 하지 말라는 권고를 담고 있다.

사마천은 비록 유학을 높였지만 유자儒者는 칭송을 받는데 유협游俠은
비난을 받는 현실에 대해서도 불만이었다. 그래서 유협들도 수백 년이
지난 후에도 제사를 받든다면서 〈유협열전〉을 서술했다. 〈유협열전〉같은
경우 《사기》, 《한서》와 그 전편이 모두 전하지 않는 《위략魏略》 정도가
이어서 유협에 대해 서술하였고 이후의 역사서에서는 외면받았던 인물
들이다.

사마천은 또한 '기업가 열전'이라고 할 〈화식열전貨殖列傳〉을 서술했다는

이유로도 비판받았지만 그가 지금껏 역사가의 전범典範으로 대접받는 밑바탕에는 경제를 무시하지 않았던 역사관이 깔려 있었다. 그러나 〈화식열전〉은 이후 《사기》와 《한서》에서만 서술하고 있을 정도로 여러 사서는 벼슬아치와 학자만 높였지 사업가는 낮춰 보았던 것이 동양 유학 사회의 현실이었다.

《사기》에만 실려 있고, 다른 기전체 사서는 외면한 〈열전〉이 〈골계열전滑稽列傳〉, 〈일자열전日者列傳〉, 〈귀책열전龜策列傳〉이다. 〈골계열전〉은 보통 세속을 따르지 않고, 세상의 이익을 다투지 않는 것을 귀하게 여기는 사람들의 풍자정신에 대해 서술한 것으로 해석된다. 사마천이 보기에는 천문관측에 관한 〈일자열전〉이나 길흉을 점치는 복서卜筮에 대한 〈귀책열전〉도 나라를 다스리는데 필수적이라는 생각에서 이를 〈열전〉에 서술했다.

4. 위만조선만 서술한 〈조선열전〉

사마천이 〈열전〉에서 창안한 형식중 하나가 외국에 대한 〈열전〉이다. 사마천은 〈흉노열전匈奴列傳〉을 필두로 〈남월열전南越列傳〉, 〈동월열전東越列傳〉, 〈조선열전朝鮮列傳〉, 〈서남이열전西南夷列傳〉 등을 서술했다. 이것이 공자가 《춘추》에서 높인 존주대의尊周大義와 함께 중국의 전통적인 화이관華夷觀을 만들어 낸 것으로 볼 수 있다.

그러나 사마천은 동이족이 분명한 삼황三皇을 배제하고 오제五帝부터 서술한 데에서 알 수 있는 것처럼 화하족華夏族의 뿌리를 찾기 어렵다는 현실에 부닥칠 수밖에 없었다. 그래서 때로는 이족夷族의 역사를 무리하게 화하족 역사로 편입시키려 노력했다. 한나라를 크게 괴롭혔던 흉노를 하夏나라의 선조 하후夏后의 후예로 서술하고, 남월, 동월 등도 그 뿌리를 모두 화하족과 연결되게 서술한 것은 이 때문일 것이다.

〈조선열전〉에서는 단군과 기자의 사적은 생략하고 연나라 출신 위만衛滿에 대해서만 서술했다. 사마천은 《사기》의 여러 부분에서 기자箕子에 대해 서술했고, 그가 존경하던 공자가 《논어》에서 기자를 미자微子, 비간比干과 함께 삼인三仁으로 꼽았으므로 그의 사적을 몰랐을 리 없다. 그러니 기자가 주무왕周武王에 의해 석방된 후 '조선朝鮮'으로 갔다는 사실을 몰랐을 리 없고 기자가 간 조선이 '단군조선檀君朝鮮'이라는 사실도 몰랐을 리 없다. 그러나 사마천은 단군과 기자는 생략하고 위만조선만 서술했다. 그럼에도 그가 〈조선열전〉이라도 서술했기에 우리는 위만조선과 한나라의 관계나 위만조선의 왕족과 귀족들이 왜 망국 후 한나라의 제후로 봉함을 받았는지 알 수 있게 되었다.

이제 〈열전〉을 내놓으면서 40권에 이르는 《신주 사마천 사기》의 대단원의 막이 내려진다. 《신주 사마천 사기》는 비단 지금까지 전 세계에서 발간된 가장 방대한 《사기》 번역서 및 주석서일 뿐만 아니라 그간 《사기》에서 놓쳤던 여러 관점과 사실에 대해 알 수 있다. 예를 들면 《사기》 본문 및 그 주석에 숱하게 드러나고 있는 이족夷族의 역사를 되도록 되살렸다는 내용면에서도 새로운 시도라고 자평할 수 있다. 《신주 사마천 사기》 완간을 계기로 사마천이 그렸던 천하사가 더욱 풍부해질 뿐만 아니라 《사기》속에 숨어 있던 우리 선조들의 이야기가 우리 후손들의 가슴 속에 자리잡게 된다면 망외의 소득이라고 말할 수 있을 것이다.

사기 제117권 史記卷 一百一十七

사마상여열전 司馬相如列傳

신주 사마상여司馬相如(서기전 179년~서기전 118년)는 촉군蜀郡의 치소治所 성도成都에서 태어났는데 독서와 검무劍舞를 좋아했다. 후에 전국시대 조나라의 명장이었던 인상여藺相如를 존경해서 사마상여로 개명改名했다.

그는 효경제 때 시종하는 무관이 되었으나, 경제가 사부辭賦를 싫어하자 병을 핑계로 벼슬을 그만두고 양효왕梁孝王 유무劉茂를 따라 양나라로 가서 추양鄒陽, 매승枚乘 등의 문사들과 함께 노닐었다. 이때 양효왕을 위해 지은 것이 〈자허부子虛賦〉이다. 양효왕이 죽자 고향으로 돌아왔다가 임공臨邛의 현령 왕길王吉에게 의지하고 있을 때, 거부 탁왕손卓王孫의 과부가 된 딸 탁문군卓文君과의 사랑에 빠졌고, 그곳에서 주막을 운영하기도 했다.

사마상여가 인생의 전환점을 맞이하게 된 것은 경제가 죽고 한나라 무제가 즉위했을 때부터이다. 무제가 〈자허부〉를 보고 크게 칭찬하였고, 이에 부름을 받아 무제를 위해 〈상림부上林賦〉를 지었기 때문이다. 〈자허부〉에 이어 〈상림부〉를 지으면서 그는 "자허子虛는 '빈말'이란 뜻으로 초楚나라를 위해 아름다움을 일컬은 것이며, 오유선생烏有先生이란 '어찌 이런 일이 있겠는가'라는 뜻으로 제齊나라를 위해 초나라의 일을 힐난한 것이며, 무시공無是公은 '옳은 것이 없는 사람'이라는 뜻으로 천자天子의 의義를 밝히고자 한다. 그러므로 가공으로 이 세 사람을 차용해 사辭를 지어서 천자와 제후의 원유를 추앙한 것이다."라면서 이들의 대화체로 자신의 의도를 드러내었다. 이로써 낭자가 되었고 무제의 신임을 얻어 중랑장中郎將이 되었다. 사신이 되어 서남이西南夷로 가서 중원과 서남이 사이를 융합시키는 데 역할을 했다. 사마상여가 지은 〈유파촉격喩巴蜀檄〉, 〈한촉부로難蜀父老〉에서 이런 사실을 알 수 있다.

벼슬에서 물러나 탁문군과 바둑을 두고 서화를 하며 한가하게 지내면서 〈장문부長門賦〉를 지었다. 이 부賦에서 총애를 잃은 무제의 황후 진아교陳阿嬌의 심리를 완곡하게 표현함으로써 무제가 다시 진아교를 총애하게 되었으며 후대의 문인들이 이 글을 부賦의 본本으로 삼을 만큼 큰 영향을 끼쳤다.

〈사마상여열전〉에서 주가 되는 〈자허부〉와 〈상림부〉는 사마상여의 대표적인 부작賦作이다. 두 부賦의 내용이 앞뒤로 연결되어 있어 이를 합쳐 〈천자유렵부天子遊獵賦〉라고도 하는데, 천하를 통일한 한나라의 위엄과 기백을 노래하고, 황제의 교만함과 사치스러움을 경계해야 함을 풍간諷諫하고 있다. 이에 사마천은 "상여가 비록 헛된 말과 지나친 말이 많긴 하지만, 그러나 그의 요체가 검약儉約함으로 귀결되니, 이것이 또한 《시詩》의 풍간風諫과 무엇이 다르겠는가?"라면서 양웅楊雄의 말을 빌어 "화려한 부賦를 만들어 100가지를 권유하고 한 가지를 풍간諷諫하였다."라는 말을 덧붙였다.

두 부賦의 문학성을 살펴보면 묘사 장면이 웅장하고 기백이 굳세고 진취적이어서 풍요로움과 화려함을 느끼게 하며, 문체文體에 있어 대우對偶와 배구排句를 곳곳에 배치하고 압운押韻함으로써 시가詩歌의 아름다움을 더해주고 있다. 그러나 양나라 유협의 《문심조룡文心雕龍》〈연자편練字篇〉에 "취향이 그윽하고 뜻이 깊어 말하는 자는 스승이 전해주지 않으면 그 말을 분석할 수 없고, 박학하지 않으면 그 이치를 통할 수 없다.[趣幽旨深 談者非師傳不能析其辭 非博學不能綜其理]"라고 지적하고 있듯이 의미가 깊고 벽자僻字가 많아서 이해하기가 무척 까다롭다고 하겠다.

사마상여의 문학은 주로 사부辭賦에 속한다. 《한서漢書》〈예문지〉에는 사마상여의 부賦가 29편이 있다고 기록하고 있으나, 현재는 〈자허부〉, 〈상림부〉, 〈대인부大人賦〉, 〈장문부長門賦〉, 〈미인부美人賦〉, 〈애진이세부哀秦二世賦〉 등 6편만 남아 있다.

인상여를 사모한 사마상여

사마상여는 촉군蜀郡 성도成都 사람이다. 자字는 경長卿이고, 어렸
을 때부터 책 읽기를 좋아했으며 또 격검擊劍[1]을 배우기도 했다.
그러므로 아버지는 그의 이름을 '견자犬子'(강아지)[2]라고 지었다.
사마상여는 학문을 마치고나서[3] 인상여藺相如의 사람됨을 사모
해 이름을 상여相如라고 고쳤다. 재물을 바치고 낭郎이 되었고 효
경제를 섬겨 무기상시武騎常侍[4]가 되었지만, 그가 좋아하는 직책
이 아니었다.

司馬相如者 蜀郡成都人也 字長卿 少時好讀書 學擊劍[1] 故其親名之曰
犬子[2] 相如旣學[3] 慕藺相如之爲人 更名相如 以貲爲郞 事孝景帝 爲武
騎常侍[4] 非其好也

① 擊劍격검

색은 《여씨춘추》〈검기〉에서 말한다. "짧은 것을 가지고 길게 들이밀
어 갑자기 종횡으로 칼쓰는 기술이다." 위문魏文의 《전론》에 이르기를
"나는 격검을 좋아하고 짧은 것으로 긴 것에 습격하는 것을 잘한다."라
고 한 것이 이것이다.

呂氏春秋劍伎云 持短入長 倐忽縱橫之術也 魏文典論云 余好擊劍 善以短乘長
是也

② 犬子견자

색은 맹강이 말했다. "사랑하여 자字로 삼은 것이다."

孟康云 愛而字之也

신주 부모가 자식을 사랑하여 정겹게 부르는 이름이다. 사랑스러운 자
식을 귀신으로부터 지켜내려는 의미도 담겨있다. 귀신이 가장 두려워하
는 것이 개라는 설이 있기 때문이다.

③ 相如既學상여기학

색은 살펴보니 진밀秦密이 말했다. "문옹文翁이 사마상여를 보내서 칠
경七經을 받게 했다."

案 秦密云 文翁遣相如受七經

④ 武騎常侍무기상시

색은 장읍張揖이 말했다. "녹봉 600석으로, 항상 가까이 모시며 사나
운 짐승을 막는 것이다."

張揖曰 秩六百石 常侍從格猛獸

때마침 효경제는 시가와 문장을 좋아하지 않았다. 이때 양효왕이 조회하러 왔는데, 유세하는 사인인 제나라 사람 추양鄒陽, 회음淮陰의 매승枚乘, 오吳나라 사람 엄기부자嚴忌夫子[①]의 무리가 따라왔다.

사마상여는 그들을 만나보고 기뻐했다. 이로 말미암아 병을 핑계로 관직을 그만두고 문객으로서 양梁나라에 있게 해달라고 설득했다. 이에 여러 유사와 함께 여러 해를 지내면서 곧 〈자허부子虛賦〉를 지었다.

會景帝不好辭賦 是時梁孝王來朝 從游說之士齊人鄒陽淮陰枚乘吳嚴忌夫子[①]之徒 相如見而說之 因病免 客游梁 得與諸生游士居數歲 乃著子虛之賦

① 嚴忌夫子장기부자

집해 서광이 말했다. "이름은 기忌이고, 자字는 부자夫子이다."

徐廣曰 名忌 字夫子

색은 서광과 곽박이 모두 말했다. "이름은 기忌이고 자字는 부자夫子이다." 살펴보니 〈추양전〉에서 말한다. "매선생枚先生, 엄부자嚴父子는 이는 곧 부자夫子의 미칭美稱이고 당시의 사람들은 호號라고 여겼다. 《한서》에 '엄기嚴忌'로 되어 있는 것은 살펴보니 기忌의 본래 성은 장莊이며 명제明帝의 휘諱를 피해서 성姓을 엄嚴으로 고쳤다."

徐廣郭璞皆云名忌字夫子 案 鄒陽傳云 枚先生 嚴夫子 此則夫子是美稱 時人以爲號 漢書作嚴忌者 案忌本性莊 避明帝諱改姓嚴也

때마침 양梁나라 효왕이 죽자 상여는 고향으로 돌아왔는데, 집이 가난하여 스스로 업으로 삼을 것이 없었다. 평소에는 임공臨邛^①의 현령 왕길王吉과 서로 잘 지냈는데, 왕길이 말했다.

"장경長卿께서 오랫동안 관리가 되어 타향他鄉에서 지냈지만 영달하지 못하고 곤궁하니 나에게 와서 지내시오."

이에 상여는 가서 임공의 도정都亭^②에 머물렀다. 임공의 현령은 공경하는 척 하면서^③ 날마다 찾아서 상여를 예방했다. 상여는 처음에 가상히 여겨 만나주었으나 뒤에는 병을 핑계로 종자從者에게 왕길의 예방을 사절하게 하자 왕길은 더욱더 삼가 공경했다.

會梁孝王薨 相如歸 而家貧無以自業 素與臨邛^①令王吉相善 吉曰長卿久宦游 不遂而困 來過我 於是相如往 舍都亭^② 臨邛令繆^③爲恭敬 日往朝相如 相如初尙見之 後稱病 使從者謝吉 吉愈益謹肅

① 臨邛임공

신주 전한 때 설치한 현으로 지금의 사천성泗川省 공래邛崍, 대읍大邑, 포강蒲江 등에 해당하는 곳이다.

② 都亭도정

색은 살펴보니 임공臨邛의 성곽 아래의 정후이다.

案 臨邛郭下之亭也

③ 繆무

신주 繆 자는 '謬' 자와 통한다. 그래서 '속이다', '~을 하는체하다' 등으로 쓰인다.

임공현에는 부자들이 많았다. 그런데 이중 탁왕손卓王孫은 집안에 노복이 800명이었고, 정정程鄭 또한 노복이 수백 명이었다. 두 사람이 서로 일러 말했다.

"현령에게 귀한 손님이 있다고 하는데 술과 음식을 갖추어 초청합시다."

아울러 현령도 초청했다. 이에 현령이 이르니 탁왕손의 빈객이 100명을 헤아렸고, 한낮에 이르러서 사마장경司馬長卿을 초청했는데 사마장경은 병을 핑계로 갈 수 없다고 하고 사절했다. 이에 임공의 현령은 감히 음식을 먹지 않고 자신이 사마상여를 맞이하러 갔다. 이에 상여가 어쩔 수 없이 억지로 가니 좌중의 시선이 모두 (상여에게) 쏠렸다.[①] 주흥이 무르익자 임공의 현령이 먼저 거문고를 연주하고는 말했다.

"가만히 들어보니 사마장경께서 거문고를 좋아하신다고 하던데, 몸소 즐겨주시길 바랍니다."

상여가 사양하며 거절하다가, 한두 곡을 쳐주었다.[②]

臨邛中多富人 而卓王孫家僮八百人 程鄭亦數百人 二人乃相謂曰 令有貴客 爲具召之 幷召令 令旣至 卓氏客以百數 至日中 謁司馬長卿 長卿謝病不能往 臨邛令不敢嘗食 自往迎相如 相如爲不得已而彊往 一坐盡傾[①] 酒酣 臨邛令前奏琴曰 竊聞長卿好之 願以自娛 相如辭謝 爲鼓一再行[②]

① 一坐盡傾_{일좌진경}

신주 좌중의 시선이 모두 쏠렸다는 뜻으로 사마상여의 풍채를 보고 모두 탄복했음을 이르는 말이다.

② 爲鼓一再行_{위고일재행}

집해 살펴보니 악부樂府인 장가행長歌行과 단가행短歌行인데, 행行은 곡曲이다. 이곳에서 "고일재행鼓一再行"이라고 말한 것은 한두 곡을 쳤다고 이른 것이다.

案 樂府長歌行短歌行 行者曲也 此言 鼓一再行 謂一兩曲

이때 탁왕손에게 문군文君이란 새로이 과부가 된 딸이 있었는데 음악을 좋아했다. 이 때문에 상여는 현령과 함께 존중하는체하며 거문고의 소리로 마음을 담아 그녀를 유혹했다.① 상여는 임공으로 가면서 수레와 기마를 따르게 하였는데, 온화한 용모에 점잖은 품위가 있었고 매우 아름다웠다.②

탁씨卓氏와 함께 술을 마시면서 거문고를 타는데, 문군이 몰래 문틈으로 엿보자 마음속으로 기뻐하고 좋아해서 자신의 배필로 얻지 못할까 두려워했다. 주연이 파하고 나서 상여는 사람을 시켜 문군의 심부름꾼에게 후한 선물을 주며 은근한 (자신의 마음을) 전하게 했다. 그러자 문군이 밤에 상여에게 도망쳐 오니③ 상여가 그녀와 함께 수레를 달려 성도成都로 돌아갔다. 상여가 거처하는 집은 겨우 사면의 벽만 서 있을 뿐이었다.④

是時卓王孫有女文君新寡 好音 故相如繆與令相重 而以琴心挑之^① 相
如之臨邛 從車騎 雍容閒雅甚都^② 及飲卓氏 弄琴 文君竊從戶窺之 心
說而好之 恐不得當也 既罷 相如乃使人重賜文君侍者通殷勤 文君夜
亡^③奔相如 相如乃與馳歸成都 家居徒四壁立^④

① 琴心挑之금심도지

집해 곽박이 말했다. "거문고로 소리에 맞추어 마음을 흔든 것이다."
郭璞曰 以琴中音挑動之

색은 장읍이 말했다. "도挑는 요嬈(어지럽히다)이다. 거문고로 곡에 맞추
어 유혹하는 것이다." 挑의 발음은 '됴[徒了反]'이다. 嬈의 발음은 '뇨[奴了
反]'이다. 그의 시 〈금가琴歌〉에 이르기를 "봉황이여, 봉황이여! 고향으로
돌아가는데 사방의 바다를 놀고 즐기며 그 거대한 것을 구하고 한 아리
따운 여인은 이 당堂에 있으니 집은 가깝고 사람은 멀어 나의 장腸을 해
치니 어떻게 교접해서 원앙이 되겠는가?"라고 했다. 또 이르기를 "봉황
이여, 봉황이여! 큰 보금자리를 얻어 자미子尾에 의탁함을 얻어 길이 비妃
가 되었네. 사귀는 정情은 몸을 통해 반드시 화해和諧하고 한밤중에 서
로 따라 나누어 누가 있는가?"라고 했다.
張揖云 挑 嬈也 以琴中嬈之 挑音徒了反 嬈音奴了反 其詩曰 鳳兮鳳兮歸故鄉
遊遨四海求其皇 有一豔女在此堂 室邇人遐毒我腸 何由交接爲鴛鴦也 又曰 鳳
兮鳳兮從皇栖 得託子尾永爲妃 交情通體必和諧 中夜相從別有誰

② 閒雅甚都한아심도

집해 위소가 말했다. "간閒은 '한閑'으로 읽으며 매우 아름다운 용모를

얻은 것이다." 곽박이 말했다. "도都는 교姣와 같다. 《시경》에는 '정말 아름답고 예쁘구나.[恂美且都]'라고 했다."

韋昭曰 閑 讀曰閑 甚得都邑之容也 郭璞曰 都猶姣也 詩曰恂美且都

③ 亡망

[색은] 곽박이 말했다. "혼인을 예로써 하지 않은 것은 망亡이라 한다."

郭璞云 婚不以禮爲亡也

④ 四壁立사벽립

[집해] 곽박이 말했다. "가난하여 곤궁한 것을 말한다."

郭璞曰 言貧窮也

[색은] 살펴보니 공문상이 말했다. "도徒는 공空이다. 집안이 비어 쌓아놓은 재물이 없고, 다만 사방의 벽만 있을 뿐이며 이 속에서 편안하게 서있는 것을 이른 것이다."

案 孔文祥云 徒 空也 家空無資儲 但有四壁而已 云就此中以安立也

탁왕손이 크게 화가 나 말했다.

"딸이 마침내 쓸모가 없어졌으니 내 차마 죽이지는 않겠지만 1전錢도 나누어주지 않겠다."

어떤 사람이 간혹 탁왕손을 설득했지만, 탁왕손이 끝까지 듣지 않았다. 문군이 오랫동안 즐거워하지 않다가 장경長卿에게 일러 말했다.

"장경께서 만일 저와 함께 임공臨邛으로 가신다면[①] 형제들에게 돈을 빌려 충분히 살 수 있을 텐데 무엇 때문에 스스로 이런 고생을 하십니까."

상여와 함께 임공으로 가서 수레와 말을 모두 팔아 한 채의 주막을 사서 술을 팔았는데 문군에게도 화로[②]를 담당하게 했다. 상여 자신은 직접 쇠코잠방이[③]를 걸치고 고용한 사람들과[④] 허드렛일로 저자에서 그릇을 씻었다.[⑤] 탁왕손이 이들의 소문을 듣고 부끄럽게 여겨 두문불출杜門不出했다.

卓王孫大怒曰 女至不材 我不忍殺 不分一錢也 人或謂王孫 王孫終不聽 文君久之不樂 曰 長卿第俱如臨邛[①] 從昆弟假貸猶足爲生 何至自苦如此 相如與俱之臨邛 盡賣其車騎 買一酒舍酤酒 而令文君當鑪[②] 相如身自著犢鼻褌[③] 與保庸[④]雜作 滌器[⑤]於市中 卓王孫聞而恥之 爲杜門不出

① 弟俱如臨邛제구여임공

[색은] '만일 임공臨邛으로 간다면'이다. 문영이 말했다. "제弟는 차且(만일)이다." 곽박이 말했다. "제弟는 어사語辭이다. 여如는 왕往(가다)이다."

弟如臨邛 文穎云 弟 且也 郭璞云 弟 語辭 如 往也

② 鑪로

[집해] 위소가 말했다. "로鑪는 술을 파는 가게이다. 흙을 사용해 쌓아 올렸는데, 가장자리가 높아서 화로와 같다."

韋昭曰 鑪 酒肆也 以土爲墮 邊高似鑪

③ 犢鼻褌독비곤

집해 위소가 말했다. "지금 세 자의 베로 형체를 만든 것인데, 송아지의 코와 비슷하다. 이것을 일컬은 것은 그가 부끄러워 하는 것이 없다는 말이다. 지금 동인銅印은 독뉴犢紐를 말하는데, 이것이 그 종류이다."

韋昭曰 今三尺布作形 如犢鼻矣 稱此者 言其無恥也 今銅印言犢紐 此其類矣

신주 쇠코잠방이는 일할 때 입는 옷이다.

④ 保庸보용

집해 《방언》에서 말한다. "보용保庸은 용甬이라고 하는데, 노비奴婢의 천한 호칭이다."

方言曰 保庸謂之甬 奴婢賤稱也

⑤ 滌器척기

집해 위소가 말했다. "와기瓦器이다. 식사할 때마다 반드시 닦는 것이다."

韋昭曰 瓦器也 每食必滌漑者

> 형제와 집안의 여러 어른①이 다시 탁왕손에게 일러 말했다.
> "아들 하나에 딸이 둘인데 부족한 것은 재물이 아니지 않는가? 지금 문군이 이미 사마장경에게 정절을 잃었고, 장경은 오래전 타향의 관리생활에 싫증을 내어서② 비록 가난하더라도 그 사람의 재주이면 의지할 만하네. 게다가 현령의 문객客인데 유독 어찌하여 서로 욕보이는 것이 이와 같은가?"

탁왕손이 부득이 문군에게 동복僮僕 100여 명과 돈 100만 냥에다가 그가 시집갈 때를 대비하여 준비한 의복과 재물을 나누어주었다. 문군이 이에 사마상여와 함께 성도成都로 돌아가 전택田宅을 사고 부자가 되었다.

昆弟諸公①更謂王孫曰 有一男兩女 所不足者非財也 今文君已失身於司馬長卿 長卿故倦游② 雖貧 其人材足依也 且又令客 獨奈何相辱如此 卓王孫不得已 分予文君僮百人 錢百萬 及其嫁時衣被財物 文君乃與相如歸成都 買田宅 爲富人

① 諸公제공

집해 곽박이 말했다. "제공諸公은 아버지의 항렬이다."

郭璞曰 諸公 父行也

② 倦游권유

집해 곽박이 말했다. "관리의 생활에 싫증이 난 것이다."

郭璞曰 厭游宦也

성도에서 한참을 살았는데 촉蜀 땅 사람 양득의楊得意가 구감狗監(천자의 개를 돌보는 직책)①이 되어 주상을 모셨다. 어느 날 주상이 〈자허부子虛賦〉를 읽어보고는 좋다고 여겨 말했다.

"짐이 홀로 이 사람과 같은 시대를 살 수 없다는 말인가!"

양득의가 말했다.

"신臣의 고을 사람인 사마상여가 직접 이 부賦를 지었다고 합니다."

무제가 깜짝 놀라 곧 사마상여를 불러서 물었다. 사마상여가 말했다.

"그렇습니다. 그러나 이것은 제후의 일로 족히 볼만한 것이 없습니다. 청하신다면 천자께서 사냥하시는 부賦를 지어드리겠습니다. 부賦가 지어지면 아뢰겠습니다."

居久之 蜀人楊得意爲狗監[1] 侍上 上讀子虛賦而善之 曰 朕獨不得與此人同時哉 得意曰 臣邑人司馬相如自言爲此賦 上驚 乃召問相如 相如曰 有是 然此乃諸侯之事 未足觀也 請爲天子游獵賦 賦成奏之

[1] 狗監구감

집해 곽박이 말했다. "사냥개 돌보는 일을 주관한다."

郭璞曰 主獵犬也

주상이 허락하고 상서尙書에 명령하여 붓과 종이를 공급하게 했다. 이에 상여는 자허子虛란 '빈말'이란 뜻으로 초楚나라를 위해 아름다움을 칭찬한[1] 것이며, 오유선생烏有先生[2]이란 '어찌 이런 일이 있겠는가'라는 뜻으로 제齊나라를 위해 초나라 일을 힐난[3]한 것이며, 무시공無是公은 '옳은 것이 없는 사람'이라는 뜻으로 천자의 의義를 밝혔다.[4] 그러므로 가공으로 이 세 사람을 차용해[5]

사辭를 지어서 천자와 제후의 원유苑囿를 추앙한 것이다. 그 끝장
에는 절검節儉으로 귀결지어서 이를 통해 풍간風諫하려는 것이었
다. 글을 천자에게 아뢰자 천자는 크게 기뻐했다.

上許 令尙書給筆札 相如以 子虛 虛言也 爲楚稱^① 烏有先生^②者 烏有此
事也 爲齊難^③ 無是公者 無是人也 明天子之義^④ 故空藉^⑤此三人爲辭
以推天子諸侯之苑囿 其卒章歸之於節儉 因以風諫 奏之天子 天子大說

① 稱칭

[집해] 곽박이 말했다. "칭稱은 초나라 아름다움을 설명한 것이다."

郭璞曰 稱說楚之美

② 烏有先生오유선생

[집해] 서광이 말했다. "오烏는 다른 판본에는 '오惡'로 되어 있다."

徐廣曰 烏 一作惡

③ 難난

[집해] 곽박이 말했다. "초나라 일을 힐난詰難한 것이다."

郭璞曰 詰難楚事也

④ 明天子之義명천자지의

[집해] 곽박이 말했다. "다른 의견이나 생각 따위가 조절되어 알맞게 된
이야기로 삼은 것이다."

郭璞曰 以爲折中之談也

⑤ 藉적

[색은] 음을 가차假借한 것이다. '적積'과 동일한 발음이다.

音假借 與積同音

〈자허부〉 상편

그의 사辭에서 말했다.

초楚나라에서 자허子虛를 제齊나라에 사신으로 보내니, 제왕齊王이 경내의 군사를 모두 징발하고 수레와 기마의 무리를 갖추어서 사신과 함께 사냥을 나갔다.

사냥이 끝나자 자허가 오유선생烏有先生에게 들러 자랑하는데[①] 무시공無是公도 여기에 있었다.

모두가 자리에 앉자 오유선생이 물었다.

"오늘의 사냥이 즐거웠습니까?"

자허가 대답했다.

"즐거웠습니다."

(오유선생이 물었다.)

"많이 잡았습니까?"

(자허가 대답했다.)

"많이 잡지 못했습니다."

(오유선생이 물었다.)

"그렇다면 무엇이 즐거웠습니까?"

(자허가) 대답했다.

"제가 즐거웠던 것은 제왕齊王께서 수레와 기마가 많은 것을 저에게 자랑하고 싶어 했습니다만 저는 운몽雲夢의 일[2]로써 대답한 것이 즐거웠습니다."

(오유선생이 물었다.)

"들어볼 수 있겠습니까?"

其辭曰 楚使子虛使於齊 齊王悉發 境內之士 備車騎之衆 與使者出田 田罷 子虛過詫[1]烏有先生 而無是公存焉 坐定 烏有先生問曰 今日田樂 乎 子虛曰 樂 獲多乎 曰 少 然則何樂 曰 僕樂王之欲誇僕以車騎之衆 而僕對以雲夢之事[2]也 曰 可得聞乎

① 過詫과타

집해 곽박이 말했다. "타詫는 과誇이다. 詫의 발음은 '타[託夏反]'이다."

郭璞曰 詫 誇也 音託夏反

색은 앞 글자 過의 발음은 '과戈'이고, 뒷 글자 詫의 발음은 '차[勅亞反]'이다. 과타誇詫가 옳다.

上音戈 下音勅亞反 誇詫是也

② 雲夢之事운몽지사

신주 초왕楚王이 운몽택雲夢澤에서 자신과 사냥했던 일을 말한다. 운몽택은 지금 호북성의 남부에서 북부에 걸쳐 있던 늪지라고 전한다.

자허子虛가 말했다.

"좋습니다. 왕의 수레 1,000승乘과 기병 1만의 무리를 선발해서 해변으로 사냥하러 나갔습니다. 줄지어 늘어서 있는 병졸들이 연못에 가득하고 토끼를 잡는 그물이 산에 널리 퍼져 있습니다.① 토끼를 덮치고 사슴을 수레바퀴로 들이치고 순록을 쏘고 기린의 다리를 잡아끌었습니다.② 염포鹽浦(개펄)를 달리면서 신선한 고기를 잘라 수레바퀴를 물들였습니다.③ 활로 맞혀서 많이 잡은 것으로 자랑하고 자신의 공로로 삼았습니다. (제왕이) 저를 돌아보며 말했습니다.

'초楚나라 또한 평원平原과 넓은 연못, 사냥하는 땅이 풍요로워서 이와 같은 즐거움이 있는가? 초나라 왕의 사냥은 과인寡人과 무엇이 같은가?④'

子虛曰 可 王駕車千乘 選徒萬騎 田於海濱 列卒滿澤 罘罔彌山① 揜兎 轔鹿 射麋脚麟② 騖於鹽浦 割鮮染輪③ 射中獲多 矜而自功 顧謂僕曰 楚亦有平原廣澤游獵之地饒樂若此者乎 楚王之獵何與④寡人

① 罘罔彌山부망미산

집해 곽박이 말했다. "부罘는 저置(그물)이다. 罘의 발음은 '부浮'이다."
郭璞曰 罘 置也 音浮

정의 《설문》에서 말한다. "부罘는 토끼를 잡는 그물이다." 지금의 번거고幡車罦이다. 미彌는 '경竟'(두루 미치다)이다.
說文云 罘 兔罦也 今幡車罦也 彌 竟也

② 掩免轔鹿 射麋脚麟엄토인록 사미각린

<u>집해</u> 서광이 말했다. "轔의 발음은 '린吝'이다." 살펴보니 곽박이 말했다. "각脚은 발을 잡아당기는 것이다. 인轔은 수레로 치는 것이다."

徐廣曰 轔音吝 駰案 郭璞曰 脚 掎足 轔 車轢

<u>색은</u> 각린脚麟에 관해 위소가 말했다. "그의 다리 하나를 잡아당기는 것이다." 사마표가 말했다. "각脚은 기掎(잡아당기다)이다."《설문》에서 말한다. "기掎는 편중하여 다리 하나를 잡아당기는 것이다."

脚麟 韋昭云 謂持其一脚也 司馬彪曰 脚 掎也 說文云 掎 偏引一脚也

<u>신주</u> 토끼를 덮치고 사슴을 수레로 들이 치고 순록을 화살로 맞히고 기린의 한 다리를 편중해서 잡아당기는 것이다.

③ 鶩於鹽浦 割鮮染輪무어염포 할선염륜

<u>집해</u> 곽박이 말했다. "염포鹽浦는 해변의 땅이 소금기가 많은 것이다. 선鮮은 날고기이다. 염染은 유擩(물들다)이다. 染의 발음은 '연[而沿反]' 또는 '열[而悅反]'이다. 수레바퀴에 핏물을 들이고 소금에 절여 먹는다. 무鶩는 치馳(달리다)이다. 鶩의 발음은 '무務'이다."

郭璞曰 鹽浦 海邊地多鹽鹵 鮮 生肉也 染 擩也 音而沿反 又音而悅反 擩之於輪 鹽而食之 鶩 馳也 音務

<u>색은</u> 이기가 말했다. "선鮮은 날고기이다. 염染은 유濡이다. 날고기를 잘라 소금에 절였다가 먹는 것이다." 염染은 어떤 판본에 '쉬淬'로도 되어 있다. 하문下文에 "연할륜쉬胹割輪淬"와 더불어 뜻이 동일하다.

李奇云 鮮 生肉也 染 濡也 切生肉濡鹽而食之 染或爲淬 與下文 胹割輪淬 意同也

④ 與여

집해 곽박이 말했다. "여與는 여如(같다)와 같다."

郭璞曰 與猶如也

제가 수레에서 내려 대답했습니다.

'신은 초나라 시골 사람이며 다행히도 궁을 수비하는 직책을 10여 년간을 했는데 때때로 사냥에 따라 나갔지만 후원에서만 사냥해서 얼마간은 보았습니다. 그러나 오히려 두루 보지는 못했으니 또한 어찌 (궁궐) 밖의 늪지에 대해 말할 수 있겠습니까?'

제왕齊王이 말했습니다.

'비록 그렇더라도 그대가 듣고 본 바를 대략 말해 보아라.'

저는 대답해 말했습니다.

'네. 네. 그렇게 하겠습니다. 신臣이 들건대 초楚나라에는 7개의 늪이 있는데, 일찍이 하나만 보았을 뿐 그 나머지는 보지 못했습니다. 신이 본 것은 단지① 작고 작은 것일 따름으로 이름을 운몽雲夢②이라고 합니다. 운몽은 사방 900리인데 그 속에는 산이 있습니다. 그 산은 빙 둘러서 첩첩이 막혀 있는데 매우 높고 험하며 삐죽하고 울퉁불퉁해서 해와 달을 가려서 이지러져 보이게 합니다.③ 서로 뒤섞이고 엇갈려 어지러운데 위로는 푸른 구름까지 닿는데 갈라진 연못은 비탈져 아래의 강하江河에 흘러듭니다.

僕下車對曰 臣 楚國之鄙人也 幸得宿衞十有餘年 時從出游 游於後園 覽於有無 然猶未能徧覩也 又惡足以言其外澤者乎 齊王曰 雖然 略以

> 子之所聞見而言之 僕對曰 唯唯 臣聞楚有七澤 嘗見其一 未覩其餘也
> 臣之所見 蓋特^①其小小者耳 名曰雲夢^② 雲夢者 方九百里 其中有山焉
> 其山則盤紆弗鬱 隆崇嵂崒 岑巖參差 日月蔽虧^③ 交錯糾紛 上干青雲
> 罷池陂陁 下屬江河

① 特특

색은 곽박이 말했다. "특特은 독獨(다만)이다."

郭璞云 特 獨也

② 雲夢운몽

색은 저전이 말했다. "夢의 발음은 '몽[亡棟反]' 또는 '뭉[莫風反]'이다." 배인이 말했다. "손숙오孫叔敖가 저수沮水에서 보를 만들어 이 늪을 만들었다." 장읍이 말했다. "초나라 늪지대이고 남군南郡 화용현華容縣에 있다." 곽박이 말했다. "강하江夏의 안륙安陸에 운몽성雲夢城이 있고 남군南郡 지강枝江에도 또한 운몽성이 있다. 화용현에 또 파구호巴丘湖가 있는데 세속에서는 이르기를 곧 옛날의 운몽택雲夢澤이라고 했다." 곧 장읍이 이른 화용華容에 있는 것은 파호巴湖를 가리킨 것이다. 지금 안륙의 동쪽에 운몽성이나 운몽현이 있어 보이고 지강枝江에 또한 있는 것은 아마도 현 이름을 이 택澤에서 취했을 것이다. 그러므로 성城이 있게 된 것이다.

赭詮 音亡棟反 又音莫風反 裴駰云 孫叔敖激沮水作此澤 張揖云 楚藪也 在南郡華容縣 郭璞曰 江夏安陸有雲夢城 南郡枝江亦有雲夢城 華容縣又有巴丘湖 俗云卽古雲夢澤也 則張揖云在華容者 指巴湖也 今安陸東見有雲夢城 雲夢縣

而枝江亦有者 蓋縣名取此澤 故有城也

③ 岑巖參差 日月蔽虧잠암참치 일월폐휴

집해 《한서음의》에서 말한다. "높은 산이 막아 가려 해와 달이 이지러져 반쪽만 보인다."

漢書音義曰 高山壅蔽 日月虧缺半見

색은 살펴보니 《한서》에서 이 권卷을 주석할 때 대부분 주석한 자의 성명을 쓰지 않았는데, 해석한 자가 이르길 "장읍張揖이라고 했고, 또한 아울러 그 외의 사람도 있었다."라고 했다.

案 漢書注此卷多不題注者姓名 解者云是張揖 亦兼有餘人也

신주 잠암岑巖은 산의 바위가 높은 모양이다. 참치參差는 들쭉날쭉한 모양이다.

그곳의 흙 종류는 단사丹砂와 청확青雘, 붉은 흙과 흰 흙,① 자황②과 흰 석영,③ 석벽錫碧④과 금은金銀으로 각가지의 색이 현란하여 용의 비늘이 광채를 발하는 것⑤ 같습니다.

其土則丹青赭堊① 雌黃②白坿③ 錫碧④金銀 衆色炫燿 照爛龍鱗⑤

① 赭堊자악

집해 서광이 말했다. "다른 판본에는 '하瑕'로 되어 있다."

徐廣曰 一作瑕

색은 장읍이 말했다. "자赭는 붉은 흙이고 소실산少室山에서 나온다.

악악은 흰 흙이고 《본초》에는 일명 '백선白墡'(흰 흙)이라고 했다."

張揖云 堊 赤土 出少室山 堊 白堊 本草云 一名白墡也

② 雌黃자황

정의 《약대》에서 말한다. "자황雌黃은 무도武都의 산골짜기에서 나오는데, 웅황雄黃과 같은 산이다."

藥對曰 雌黃出武都山谷 與雄黃同山

③ 白坿백부

집해 서광이 말했다. "坿의 발음은 '부符'이다." 살펴보니 《한서음의》에서 말한다. "백부白坿는 백석영白石英이다."

徐廣曰 音符 駰案 漢書音義曰 白坿 白石英也

색은 장읍이 말했다. "백석영이다. 노양산魯陽山에서 나온다." 소림은 坿의 발음을 '부附'라고 했고, 곽박은 坿의 발음을 '부符'라고 했다.

張揖曰 白石英也 出魯陽山 蘇林 音附 郭璞音符也

④ 錫碧석벽

정의 안안顏이 말했다. "석錫은 청금青金이다. 벽碧은 옥 중에 청백색을 이르는 것이다."

顏云 錫 青金也 碧謂玉之青白色者也

⑤ 龍鱗용린

집해 곽박이 말했다. "마치 용 비늘의 무늬와 같은 것이다."

郭璞曰 如龍之鱗采

① 赤玉玫瑰적옥매괴

집해 곽박이 말했다. "적옥赤玉은 적근赤瑾(붉은 옥)인데, 《초사》에 보인다. 매괴玫瑰는 석주石珠이다."

郭璞曰 赤玉 赤瑾也 見楚辭 玫瑰 石珠也

② 琳珉琨珸임민곤오

집해 《한서음의》에서 말한다. "임琳은 구球이다. 민珉은 석차옥石次玉이라는 것이고, 곤오琨珸는 산 이름이다. 좋은 금金이 나온다. 《시자》에서 '곤오의 금'이라고 한 것이다."

漢書音義曰 琳 球也 珉 石次玉者 琨珸 山名也 出善金 尸子曰 昆吾之金者

색은 곤오琨珸에 관해 사마표가 말했다. "돌이 옥玉에 버금가는 것이다." 살펴보니 《하도》에서 말한다. "유주流州에는 쌓인 돌이 많은데, 곤오석昆吾石이라고 이름하고 제련해서 철鐵을 만들어 검을 만들면 광채의 밝게 비치는 것이 수정水精과 같다." 살펴보니 글자가 어떤 판본에는 '곤오昆吾'로 된 곳도 있다.

琨珸 司馬彪云 石之次玉者 按 河圖云 流州多積石 名昆吾石 鍊之成鐵 以作劍 光明昭如水精 案 字或作昆吾

③ 瑊玏玄厲감륵현려

집해 서광이 말했다. "珹의 발음은 '감[古咸反]'이고 功의 발음은 '륵勒'이다. 모두 옥玉에 버금가는 것이다." 살펴보니 《한서음의》에서 말한다. "현려玄厲는 흑석黑石을 연마하는 데 쓸 수 있는 것이다."

徐廣曰 珹音古咸反 功音勒 皆次玉者 駰案 漢書音義曰 玄厲 黑石可用磨者

④ 瑌石武夫연석무부

집해 서광이 말했다. "돌이 옥과 같은 것이다." 살펴보니 《한서음의》에서 말한다. "연석瑌石은 안문鴈門에서 나오고, 무부武夫는 장사長沙에서 나온다."

徐廣曰 石似玉 駰案 漢書音義曰 瑌石出鴈門 武夫出長沙也

> 그곳의 동쪽에는 혜초의 동산①이 있는데, 두형杜衡과 추란秋蘭, 백지白芷와 두약杜若②과 사간射干,③ 궁궁穹窮이④와 창포菖蒲, 강리江離와 미무麋蕪, 제자諸蔗와 박저猼且⑤가 자랍니다.
> 其東則有蕙圃① 衡蘭 芷若② 射干③ 穹窮④昌蒲 江離麋蕪 諸蔗猼且⑤

① 蕙圃혜포

색은 사마표가 말했다. "혜蕙는 향초香草이다." 《본초》에서 말한다. "훈초薰草를 일명 혜蕙라고 한다." 《광지》에서 말한다. "혜초蕙草는 녹색의 잎에 붉은 줄기로 위무제(조조)는 이것을 태워 향으로 사용했다. 지금 동쪽의 하전下田에 이 풀이 있는데 줄기와 잎이 마麻와 같고 그 꽃은 순수한 붉은 색이다."

司馬彪云 蕙 香草也 本草云 蕙草一名薰 廣志云 薰草綠葉紫莖 魏武帝以此燒
香 今東下田有此草 莖葉似麻 其華正紫也

② 衡蘭 芷若형란 지약

집해 《한서음의》에서 말한다. "형衡은 두형杜衡이다. 그것의 모양은 해
바라기와 같고 그 냄새는 미무蘼蕪와 같다. 지芷는 백지白芷이다. 약若은
두약杜若이다."

漢書音義曰 衡 杜衡也 其狀若葵 其臭如蘼蕪 芷 白芷 若 杜若

색은 장읍張揖이 말했다. "형衡은 두형杜衡이며 하전산下田山에서 나온
다." 살펴보니 《산해경》에서 말한다. "천제산天帝山에 풀이 있는데 잎사
귀는 해바라기와 같고 냄새는 미무蘼蕪(천궁)와 같으며 말을 잘 달리게 할
수 있다." 《박물지》에서 말한다. "일명 토행土杏이라고 하는데, 그 뿌리는
세신細辛과 비슷하고 잎은 해바라기와 비슷하다." 그래서 《약대》에도 '세
신細辛과 비슷하다.'고 했으니 이것이다. 난蘭에 관해 장읍이 말했다. "추
란秋蘭이다." 지약芷若에 관해 장읍이 말했다. "약若은 두약杜若이고 지
芷는 백지白芷이다." 《본초》에서 말한다. "일명 채蒩(어수리)이다." 《비창埤
蒼》에서 말한다. "제齊에서는 채蒩라 하고, 진晉에서는 효䖀(어수리)이다."
《자림》에서 말한다. "蒩의 발음은 '채[昌亥反]' 또는 '치[昌里反]'이고, 䖀의
발음은 '효[火嬌反]'이다." 《본초》에서 또 말한다. "두약杜若은 일명 두형杜
衡이다." 지금 두약의 잎은 생강과 비슷하고 문채의 결이 있으며, 줄기와
잎에는 모두 긴 털이 있다. 옛날과 지금의 명칭이 동일하지 않다. 이 때문
에 그 부르는 것을 구별한다.

張揖云 衡 杜衡 生下田山 案 山海經云 天帝之山有草 葉如葵 臭如蘼蕪 可以走
馬 博物志云 一名土杏 其根一似細辛 葉似葵 故藥對亦爲似細辛 是也 蘭 張揖

云 秋蘭 芷若 張揖云 若 杜若 芷 白芷也 本草云 一名薢 坤蒼云 齊曰薢 晉曰蘪
字林曰 薢音昌亥反 又音昌里反 蘪音火嬌反 本草又曰 杜若 一名杜衡 今杜若
葉似薑而有文理 莖葉皆有長毛 古今名號不同 故其所呼別也

③ 射干사간

색은 《광아》에서 말한다. "오봉烏蓬이 사간射干이다."《본초》에는 오선
烏扇이라고 이름했다.

廣雅云 烏蓬 射干 本草名烏扇

④ 穹窮궁궁

색은 궁궁芎藭이다. 사마표가 말했다. "궁궁芎藭은 고본藁本과 비슷하
다." 곽박이 말했다. "지금 역양歷陽에서는 부르기를 강리江離라고 한다."
《회남자》에서 말한다. "대저 남을 어지럽히는 자를 궁총芎藭이 고본藁本
과 함께한 것과 같다고 한다."

芎藭 司馬彪云 芎藭似藁本 郭璞云 今歷陽呼爲江離 淮南子云 夫亂人者 若芎
藭之與藁本

⑤ 昌蒲 江離蘪蕪 諸蔗猼且창포 강리미무 제자박저

집해 서광이 말했다. "猼의 발음은 '폭[匹沃反]'이다." 살펴보니《한서음
의》에서 말한다. "강리江離는 향초香草이고, 미무蘪蕪는 기지蘄芷이다.
사상蛇床과 비슷하고 향기가 있다. 제자諸蔗는 감자甘柘이다. 박저猼且는
양하蘘荷이다."

徐廣曰 猼音匹沃反 駰案 漢書音義曰 江離 香草 蘪蕪 蘄芷也 似蛇床而香 諸蔗
甘柘也 猼且 蘘荷也

색은 《오록吳錄》에서 말한다. "임해현臨海縣 해수海水 안에 강리江離가 자라는데 순수한 청색에 난발亂髮한 것과 같으니, 곧 《이소》에서 이른 바가 이것이다." 《광지》에는 "붉은 잎에 붉은 꽃이 핀다."라고 했으니, 곧 장발張勃이 설명한 것과는 또 다른 것이다. 살펴보니 지금 궁궁芎藭의 싹을 '강리江離'라고 하는데, 녹색의 잎에 흰 꽃이 피니 또 동일하지 않다. 맹강이 말했다. "미무蘪蕪는 기지蘄茝이며 사상蛇床과 비슷하고 향기롭다." 번광이 말했다. "고본藁本은 일명 미무蘪蕪라고 하고 뿌리를 기지蘄茝라고 이름한다." 또 《약대》에는 "미무는 일명 강리江離이고 궁궁芎藭의 싹이다."라고 했으니, 곧 궁궁이나 고본이나 강리나 미무는 나란히 서로 비슷하나 한 사물이 아닌 것이다. 제자諸柘에 관해 장읍이 말했다. "제자諸柘는 감자甘柘이다." 박저搏且는 앞 글자 搏의 발음은 '박[竝卜反]'이고 뒷 글자 且의 발음은 '저[子余反]'이다. 《한서》에는 '파저巴且'로 되어 있다. 문영文穎은 파초라고 하고, 곽박은 박저가 양하蘘荷의 등속이라고 말했는데, 누가 옳은 것인지 알지 못하겠다.

吳錄曰 臨海縣海水中生江離 正青似亂髮 卽離騷所云者是也 廣志云 赤葉紅華 則與張勃所說又別 案 今芎藭苗曰江離 綠葉白華 又不同 孟康云 蘪蕪 蘄茝也 似蛇床而香 樊光曰 藁本一名蘪蕪 根名蘄茝 又藥對以爲蘪蕪一名江離 芎藭苗也 則芎藭藁本江離蘪蕪竝相似 非是一物也 諸柘 張揖云 諸柘 甘柘也 搏且 上音竝卜反 下音子余反 漢書作巴且 文穎云 巴蕉也 郭璞云 搏且 蘘荷屬 未知孰是也

그곳의 남쪽에는 평평한 언덕과 넓은 연못이 있는데 오르락내리락하고 구불구불하며① 비스듬히 내려가다가 평평하면서 넓어지고② 큰 강이 둘러 처져 무산巫山③과 경계를 이룹니다.

그 높고 마른 곳은 마람馬藍과 연맥燕麥, 사초와 마려馬荔,④ 뇌호와 사초와 청번靑蘋⑤이 자랍니다. 그 낮고 습한 곳은⑥ 장랑藏茛과 겸가蒹葭, 동색東薔⑦과 조호雕胡,⑧ 연우蓮藕와 고로菰蘆,⑨ 쑥과 누린내 나는 풀이 자라는데,⑩ 많은 사물이 그곳에 자리잡고 있어 이루다 그려⑪낼 수가 없습니다.

其南則有平原廣澤 登降陁靡① 案衍壇曼② 緣以大江 限以巫山③ 其高燥則生葴薪苞荔④ 薛莎青蘋⑤ 其卑溼⑥則生藏茛蒹葭 東薔⑦雕胡⑧ 蓮藕菰蘆⑨ 菴蕳軒芋⑩ 衆物居之 不可勝圖⑪

① 陁靡이미

집해 陁靡의 발음은 '이미移靡'이다.

音移靡

신주 이미陁靡는 경사졌다는 뜻이다.

② 案衍壇曼안연단만

색은 사마표가 말했다. "안연案衍은 유하窊下(우묵 들어간 아래)이다. 단만壇曼은 평평하고 넓은 것이다." 衍의 발음은 '언[弋戰反]'이다.

司馬彪云 案衍 窊下 壇曼 平博也 衍音弋戰反

③ 巫山무산

집해 곽박이 말했다. "무산巫山은 지금 건평군建平郡의 무현巫縣에 있다."

郭璞曰 巫山今在建平巫縣也

④ 葴薪苞荔침사포려

집해 서광이 말했다. "葴의 발음은 '침針'이고 마람馬藍이다. 사薪는 어떤 이는 풀이라고 하는데, 물속에서 자라며 꽃은 먹을 수 있다. 荔의 발음은 '례[力詣反]'이다. 풀인데 포蒲(줄)와 같다." 살펴보니 《한서음의》에서 말한다. "포苞는 표蔍이다."

徐廣曰 葴音針 馬藍也 薪 或曰草 生水中 華可食 荔音力詣反 草 似蒲 駰案 漢書音義曰 苞 蔍也

색은 침석葴析이다. 葴薪의 또 다른 발음은 '침사針斯'이다. 맹강이 말했다. "침葴은 마람馬藍이다." 곽박이 말했다. "침葴은 산장酸漿(꽈리)이고 강동江東에서는 오침烏葴이라고 이름한다." 석析은 《한서》에는 '사斯'로 되어 있는데, 맹강이 말했다. "사斯는 화禾(벼)이고 연맥燕麥과 같다." 《비창》에서 또 말한다. "수중水中에서 자라며 꽃은 먹을 수 있다." 《광지》에서 "양주涼州의 땅에서 석초析草가 자라는데 모두 중국의 연맥燕麥과 같다."라고 한 것이 이것이다.

葴析 音針斯二音 孟康曰 葴 馬藍也 郭璞曰 葴 酸漿 江東名烏葴 析 漢書作斯 孟康云 斯 禾 似燕麥 埤蒼又云 生水中 華可食 廣志云 涼州地生析草 皆如中國 燕麥 是也

⑤ 薛莎青蘋설사청번

집해 서광이 말했다. "薛의 발음은 '설[先結反]'이다." 살펴보니 《한서음의》에서 말한다. "설薛은 뇌호賴蒿(쑥)이다. 사莎는 호후鎬侯이다. 청번青

靑蘱은 사莎와 비슷한데 큰 것이다. 蘱의 발음은 '번煩'이다."

徐廣曰 薛音先結反 駰案 漢書音義曰 薛 賴蒿也 莎 鎬侯也 靑蘱 似莎而大也
音煩

⑥ 卑溼비습

[색은] 그것은 비습庳溼이다. 庳의 발음은 '비婢'인데, 낮은 곳이다.

其庳溼 庳音婢 庳下也

⑦ 藏莨蒹葭 東薔장랑겸가 동색

[집해] 서광이 말했다. "오환국烏桓國에는 장薔이 있는데 봉초蓬草(쑥풀)
와 비슷하고 열매는 해바라기 씨와 비슷한데 10월에 익는다." 살펴보니
《한서음의》에서 말한다. "장藏은 완薍(물억새)과 비슷한데 잎이 크다. 낭莨
(수크렁)은 낭미초莨尾草이다. 겸蒹은 겸蒹이고 가葭는 노蘆이다."

徐廣曰 烏桓國有薔 似蓬草 實如葵子 十月熟 駰案 漢書音義曰 藏 似薍而葉大
莨 莨尾草也 蒹 蒹也 葭 蘆也

[색은] 장랑藏莨에 관해 곽박이 말했다. "낭미狼尾이고 띠와 같다. 蒹葭
는 '겸가蒹加'로 발음한다." 맹강이 말했다. "겸가는 노蘆(갈대)와 같다." 곽
박이 말했다. "겸蒹은 적薕(갈대)이다. 관藿(향초)과 비슷하고 가늘며 작은데,
높은 것은 여러 자이다. 강동 사람은 오구烏蘆라고 부른다." 薍의 발음은
'완[五患反]'이고 薕의 발음은 '적敵'이다. 동색東薔은 《속한서》를 살펴보니
이르기를 "동색은 봉초蓬草와 비슷하고 열매는 해바라기씨와 비슷하며
11월에 익는다."고 했다. 《광지》에서 말한다. "씨앗의 색은 푸르고 검으
며 하서河西의 말에 이르기를 '나에게 동색을 빌려주면 나는 백량白粱으
로 갚을 것이다.'라고 했다."

藏莨 郭璞云 狼尾 似茅 蒹葭音兼加 孟康云 蒹葭似蘆也 郭璞云 蒹 薕也 似萑
而細小 高數尺 江東人呼爲蒹蒿 又云 葭 蘆也 似葦而細小 江東人呼爲烏蓲 蓲
音五患反 薕音廉 東薔 案續漢書云 東薔似蓬草 實如葵子 十一月熟 廣志云 子
色青黑 河西語云 貸我東薔 償我白粱也

⑧ 雕胡조호

색은 조호彫胡이다. 살펴보니 고미를 이른다.

彫胡 案 謂菰米

신주 고미菰米는 포아풀과에 속하는 다년생 수초水草이다. 잎은 자리
를 만들고 열매와 어린 싹은 식용으로 쓴다.

⑨ 蓮藕菰蘆연우고로

집해 서광이 말했다. "물속에서 자란다."

徐廣曰 生水中

색은 곽박이 말했다. "고菰는 장蔣이다. 노蘆는 위葦이다."

郭璞云 菰 蔣也 蘆 葦也

⑩ 奄閭軒芋암려헌우

집해 《한서음의》에서 말한다. "엄려奄閭는 호蒿이다. 헌우軒芋는 유초
猶草(누린내)이다."

漢書音義曰 奄閭 蒿也 軒芋 猶草也

색은 곽박이 말했다. "암려奄閭는 호蒿(쑥)이고 씨앗으로는 병을 치료할
수 있다. 헌우軒芋는 물속에서 자라며 지금 양주楊州에 있다."

郭璞云 奄閭 蒿 子可療病也 軒芋生水中 今楊州有也

⑪ 圖도

곽박이 말했다. "도圖는 획畫(그리다)이다."

郭璞曰 圖 畫也

그곳의 서쪽에는 솟아오르는 샘과 맑은 연못이 있는데 물이 격
랑을 일으키며 흘러가는데 밖에는 연꽃과 마름꽃이 피고 안에는
큰 바위와 백사장이 숨어 있습니다. 그 안에는 신령한 거북과 교
룡과 악어,① 대모瑇瑁,② 자라가 살고 있습니다.

그곳의 북쪽에는 음지의 숲에③ 거대한 나무들이 있는데, 녹나무
와 예장豫章나무,④ 계수나무와 산초나무,⑤ 목란⑥과 황벽나무,
산배나무와 붉은 버들,⑦ 풀명자나무와 배나무, 고욤나무와 밤나
무,⑧ 귤나무와 유자나무가 향기를 뿜어냅니다.⑨

其西則有湧泉淸池 激水推移 外發芙蓉菱華 內隱鉅石白沙 其中則有
神龜蛟鼉① 瑇瑁②鼈黿 其北則有陰林③巨樹 梗枏豫章④ 桂椒⑤木蘭⑥
蘗離朱楊⑦ 樝梸梬栗⑧ 橘柚芬芳⑨

---

① 蛟鼉교타

곽박이 《산해경》에 주석하여 말했다. "교蛟는 뱀과 같고 4개의
다리가 있으며 머리가 작고 목이 가는데, 목에는 백영白嬰(목을 장식하는 것)
이 있다. 큰 것은 수십 아름이 되고 알을 낳으며, 새끼는 한두 섬이나 되
는 옹기와 비슷하고 사람을 삼킨다. 타鼉는 석척蜥蜴과 비슷하나 크며,
몸에는 껍질이 있고 가죽은 북을 씌워 쓸 수 있다."

郭注山海經云 蛟 似蛇而四腳 小頭細頸 有白嬰 大者數十圍 卵生 子如一二斛
瓮 吞人 鼉 似蜥蜴而大 身有甲 皮可以冒鼓

② 瑇瑁대모

[정의] 자휴觜䳋(바다거북)와 비슷하고 껍질에 무늬가 있으며 남해에서 나
오는데, 기물을 장식할 수 있다.

似觜䳋 甲有文 出南海 可飾器物也

③ 陰林음림

[집해] 곽박이 말했다. "수풀이 산의 북쪽 음지陰地에 있다."

郭璞曰 林在山北陰地

④ 梗枏豫章편남예장

[집해] 곽박이 말했다. "편梗은 기杞인데, 재梓(가래나무)와 비슷하다. 남枏
은 잎이 뽕나무와 비슷하다. 예장豫章은 거대한 나무이며 자란 지 7년이
되어야 가히 알 수 있다."

郭璞曰 梗 杞也 似梓 枏 葉似桑 豫章 大木也 生七年乃可知也

[정의] 살펴보니 《활인》에서 말한다. "예豫는 지금의 침목枕木이고 장章
은 지금의 장목樟木이다. 두 나무는 자란 지 7년에 이르러야 침枕과 장樟
을 분별할 수 있다."

案 (溫)活人云 豫 今之枕木也 章 今之樟木也 二木生至七年 枕樟乃可分別

⑤ 桂椒계초

[정의] 곽박이 말했다. "계桂는 비파枇杷의 잎과 비슷한데 크며, 흰 꽃

이 피고 꽃은 씨앗을 맺지 못한다. 바위산의 봉우리 사이에 떨기로 자라
며 다른 나무와 섞여 자라지 않고 겨울이나 여름이나 항상 푸르다." 살펴
보니 지금 여러 절에는 계수나무가 있다. 잎이 비파枇杷와 비슷한데 작으
며, 광채는 맑고 겨울이나 여름이나 항상 푸르다. 그 껍질은 먹는 데 알
맞지 않다. 아마도 두 가지 색의 계수桂樹가 있을 것이다.

郭璞云 桂 似枇杷葉而大 白花 花而不著子 藂生巖嶺間 無雜木 冬夏常青 案 今
諸寺有桂樹 葉若枇杷而小 光靜 冬夏常青 其皮不中食 蓋二色桂樹

⑥ 木蘭목란

[집해] 살펴보니 곽박이 말했다. "목란木蘭은 나무가 껍질이 맵고 향기로
운데, 먹을 수 있다."

駰案 郭璞曰 木蘭 樹 皮辛香可食

[정의] 《광아》에서 말한다. "계수나무와 비슷하고 껍질은 매운데 먹을
수 있다. 잎은 겨울이나 여름이나 번성하고 항상 겨울에 꽃이 핀다. 그
열매는 작은 감(고욤)과 비슷한데, 매우면서도 맛이 좋아 남쪽 사람들이
매梅로 여긴다."

廣雅云 似桂 皮辛可食 葉冬夏榮 常以冬華 其實如小(甘)柿 辛美 南人以爲梅也

⑦ 蘗離朱楊벽리주양

[집해] 서광이 말했다. "蘗의 발음은 '벼[扶戾反]'이다.《한서음의》에서
말한다. "이離는 산리山梨(산배)이다. 주양朱楊은 적양赤楊이다."

徐廣曰 蘗音扶戾反 漢書音義曰 離 山梨 朱楊 赤楊也

[색은] 주양朱楊에 관해 곽박이 말했다. "붉은 줄기의 버들이고 물가에
서 자란다."《이아》에서 '성하류檉河柳'라고 한 것이 이것이다.

朱楊 郭璞云 赤莖柳 生水邊 爾雅云檉河柳是也

⑧ 櫔栵樗栗사리영률

집해 서광이 말했다. "栵의 발음은 '영郢'이다." 살펴보니 《한서음의》에서 말한다. "영栵은 영조栵栗(고욤)이다."

徐廣曰 栵音郢 駰案 漢書音義曰 栵 栵栗也

신주 풀명자나무, 산배나무, 고욤나무, 밤나무이다.

⑨ 橘柚芬芳귤유분방

정의 작은 것은 귤橘이라 하고, 큰 것은 유柚라 한다. 나무에 가시가 있으며 겨울에도 시들지 않고 잎이 푸르며 흰 꽃이 피고 열매는 황적색黃赤色이다. 두 나무는 서로 비슷하나 등橙(등자나무)은 아니다.

小曰橘 大曰柚 樹有刺 冬不凋 葉青 花白 子黃赤 二樹相似 非橙也

그 위에는 붉은 원숭이 구蠷와 유蝚,[1] 완추鶷鶵와 공작새와 난새, 등원騰遠과 사간射干[2]이 있습니다. 그 아래에는 흰 호랑이와 검은 표범, 만연蟃蜒과 추貙와 안豻,[3] 외뿔소와 코끼리와 들소,[4] 궁기窮奇와 만연獌狿이 있습니다.

其上則有赤猨蠷蝚[1] 鶷鶵孔鸞 騰遠射干[2] 其下則有白虎玄豹 蟃蜒貙豻[3] 兕象野犀[4] 窮奇獌狿

---

① 蠷蝚구유

집해 서광이 말했다. "蠼蝚의 발음은 '구유劬柔'이다."

徐廣曰 音劬柔

정의 蠼의 발음은 '구劬'이고, 蝚의 발음은 '유柔'이다. 모두 원숭이의 종류이다.

蠼音劬 蝚音柔 皆猿猴類

② 鵷鶵孔鸞 騰遠射干완추공란 등원사간

집해 곽박이 말했다. "완추鵷鶵는 봉황의 무리이다. 공孔은 공작孔雀이다. 난鸞은 난조鸞鳥이다."《한서음의》에서 말한다. "등원騰遠은 새 이름이다. 사간射干은 여우와 비슷하고 나무를 타는 데 능하다."

郭璞曰 鵷鶵 鳳屬也 孔 孔雀 鸞 鸞鳥也 漢書音義曰 騰遠 鳥名 射干 似狐 能緣木

색은 맹강이 "등원은 새 이름이다."라고 했는데 잘못된 것이다. 사마표가 말했다. "등원은 뱀이다." 곽박이 말했다. "등사騰蛇이고 용龍의 무리인데 구름과 안개를 일으키는 데 능하다." 장읍이 말했다. "사간射干은 여우와 같고 나무를 타는 데 능하다."

孟康云 騰遠 鳥名 非也 司馬彪云 騰遠 蛇也 郭璞云 騰蛇 龍屬 能興雲霧 張揖 云 射干 似狐 能緣木

③ 蟃蜒貙豻만연추안

집해 곽박이 말했다. "만연蟃蜒은 큰 짐승이며 길이가 100심尋이다. 추貙는 이리와 비슷한데 크다."《한서음의》에서 말한다. "안豻은 호胡 땅의 들개이다. 여우와 비슷한데 작다."

郭璞曰 蟃蜒 大獸 長百尋 貙 似貍而大 漢書音義曰 豻 胡地野犬 似狐而小也

색은 곽박이 말했다. "만연은 큰 짐승이며 길이가 100심尋이다." 장읍이 말했다. "추貙는 이리와 비슷한데 크다. 안豻은 호胡 땅의 들개이며 여우와 비슷한데 작으며 부리가 검다." 응소는 豻의 발음은 '안顔'이라고 하고, 위소는 豻의 발음은 '안岸'이라고 했다. 추탄생은 豻의 발음은 '간[苦姦反]'이고 협음協音이 옳다고 하였다.

郭璞云 蜈蚣 大獸 長百尋 張揖云 貙 似貍而大 豻 胡地野犬 似狐而小 黑喙 應劭音顔 韋昭一音岸 鄒誕生音苦姦反 協音 是

④ 兕象野犀시상야서

定義 시兕는 모습이 물소와 같다. 상象은 거대한 짐승으로 긴 코에 어금니의 길이가 1장丈이나 되는데, 세속에서는 강원江猿이라고 부른다. 서犀는 머리가 원숭이와 비슷하나 뿔 하나가 이마에 있다. 《한서》에는 이 한 구절이 없다.

兕 狀如水牛 象 大獸 長鼻 牙長一丈 俗呼爲江猿 犀 頭似猿 一角在額 漢書無此一句

이에 전제專諸의 무리에게 손으로 이러한 짐승들을 때려잡게 합니다. 초왕楚王은 곧 길들인 박駮 네 마리에 수레[1]를 메우고, 옥으로 조각한 수레를 타고, 물고기 수염으로 꾸민 요전橈旃[2]을 휘두르며 명월주로 만든 기旗[3]를 끌고, 간장干將의 웅극雄戟[4]을 세웠으며, 오호烏號의 조각한 활[5]을 왼쪽에, 하후씨夏后氏 복장의 굳센 화살통[6]을 오른쪽에 차고, 양자(백락伯樂)가 참승驂乘하고 섬아纖阿가 수레를 몹니다.[7]

於是乃使專諸之倫 手格此獸 楚王乃駕馴駁之駟① 乘雕玉之輿 靡魚須
之橈旃② 曳明月之珠旗③ 建干將之雄戟④ 左烏嗥之雕弓⑤ 右夏服之勁
箭⑥ 陽子驂乘 纖阿爲御⑦

① 馴駁之駟순박지사

집해 《한서음의》에서 말한다. "순馴은 요擾(길들이다)이다. 박駁은 말과
같고 몸이 희며 꼬리가 검고 뿔이 하나인데, 톱니가 있어 호랑이나 표범
을 잡아먹는다. 길들여서 멍에를 씌우면 사마駟馬를 당해낸다."
漢書音義曰 馴 擾也 駁 如馬 白身 黑尾 一角 鋸牙 食虎豹 擾而駕之 以當駟馬

② 魚須之橈旃어수지요전

집해 곽박이 말했다. "바닷고기의 수염으로 유정旒旌(기각旗脚이 열둘이 있
는 기)을 만들었는데, 꺾이고 약하다는 것을 말한 것이다. 비단으로 전旃
을 만드는 것과 통한다."
郭璞曰 以海魚須爲旒旌 言橈弱也 通帛爲旃也

③ 明月之珠旗명월지주기

집해 《한서음의》에서 말한다. "명월주明月珠를 이어서 기를 장식하는
것이다."
漢書音義曰 以明月珠綴飾旗

④ 干將之雄戟간장지웅극

집해 《한서음의》에서 말한다. "간장干將은 한왕韓王의 검사劍師이다.

웅극雄戟은 호胡(갈고리) 안에 거毦(며느리발톱)가 있는 창인데 간장干將이 (웅극을) 만드는 곳이다."

漢書音義曰 干將 韓王劍師 雄戟 胡中有毦 干將所造也

색은 응소는 "간장은 오吳나라에서 쇠를 잘 다루는 사람의 성姓이다." 라고 하고, 여순은 "간장은 철鐵이 나오는 곳이다."라고 하며, 진작은 "합려闔閭가 간장검干將劍을 주조했다."라고 했는데, 응소의 설명이 옳다. 《방언》에서 말한다. "창 안의 작은 갈고리로 찌르는 것으로, 이른바 웅극雄戟이다." 주처周處의 《풍토기》에서 말한다. "극戟은 다섯 가지 병기 중, 뛰어난 것이 된다." 毦의 발음은 '거巨'이다. 살펴보니 《주례》에서 말한다. "야씨冶氏는 과戈를 만드는데 창의 갈고리가 셋이다."라고 했는데, 그 주석에서 "호胡는 갈고리이다."라고 하였다. 또 《예도》에서 말한다. "극戟의 가지는 아래로 굽어서 호胡(갈고리)가 된다."

應劭曰 干將 吳善冶者姓 如淳曰 干將 鐵所出 晉灼曰 闔閭鑄干將劍 應劭說是 方言云 戟中小子刺者 所謂雄戟也 周處風土記云 戟爲五兵雄也 毦音巨 案 周禮 冶氏爲戈 胡三之 注云 胡其子也 又禮圖謂戟支曲下爲胡也

⑤ 烏嘷之雕弓오호지조궁

색은 오호烏號의 조궁雕弓이다. 황제가 상선上仙하자 모든 신하가 활을 들고 부르짖었다고 〈봉선서〉와 《한서》〈교사지〉 글에 나타나 있다. 《한시외전》에서 말한다. "궁공弓工의 아내가 이르기를 '이 활은 대산大山의 남쪽 오호烏號의 산뽕나무이다.'라고 했다." 살펴보니 《회남자》에서 말한다. "오호烏號는 자상柘桑이고 그 재목은 굳고 단단해 까마귀가 그 위에 깃들었다가 장차 날려 하는데 가지가 굳세어서 다시 자라나서 그 위에서 울부짖으니 그 재목을 취해서 활을 만들고 이로 인해 '오호烏號'라고 한다."《고사고》와《풍속통》에도 모두 이 설명과 동일하다.

烏號之雕弓 黃帝上仙 群臣擧弓抱之而號 見封禪書及郊祀志文 韓詩外傳云 弓
工之妻曰 此弓大山南烏號之柘 案 淮南子云 烏號 柘桑 其材堅勁 烏棲其上 將
飛 枝勁復起 號呼其上 伐取其材爲弓 因曰 烏號 古史考風俗通皆同此說也

⑥ 夏服之勁箭하복지경전

집해 서광이 말했다. "위소는 하夏는 하예夏羿이고 화살집의 이름을 복
服이라 이른다고 했고, 여정呂靜은 보차步叉를 복服이라고 이른다고 했다."
徐廣曰 韋昭云 夏 夏羿也 矢室名曰服 呂靜曰 步叉謂之服也

색은 살펴보니 하예夏羿는 활을 잘 쏘는 사람이다. 또 복服은 화살집의
이름이다. 그러므로 "하복夏服"이라고 일렀다. 또 하후씨夏后氏는 좋은
활의 이름을 "번약繁弱"이라고 했고 그것의 화살도 또한 좋아서 곧 "번
약전복繁弱箭服"이라고 한 것이 이것이다.
案 夏羿 善射者 又服 箭室之名 故云 夏服 又夏后氏有良弓名 繁弱 其矢亦良
卽繁弱箭服是也

⑦ 陽子驂乘 纖阿爲御양자참승 섬아위어

집해 《한서음의》에서 말한다. "양자陽子는 선인僊人 능양자陵陽子이
다. 섬아纖阿는 월어月御(달의 수레를 모는 자)이다." 위소가 말했다. "양자陽子
는 옛 현인이다."
漢書音義曰 陽子 僊人陵陽子 纖阿 月御也 韋昭曰 陽子 古賢也

색은 복건이 말했다. "양자는 선인仙人 능양자陵陽子이다." 장읍이 말
했다. "양자陽子는 백락伯樂이다. 손양孫陽의 자는 백락伯樂이고 진목공
秦繆公의 신하이며 수레를 잘 몰았다." 복건이 말했다. "섬아는 월어月御

이다." 어떤 이는 아름다운 여인의 예쁜 용모라고 했다. 또 악산樂産이 말했다. "섬아는 산 이름이고 어떤 여자가 그곳의 바위에 거처했는데 달이 그 바위를 지나다가 뛰어 달 속으로 들어가 이로 인해 월어月御라고 이름한 것이다."

服虔云 陽子 仙人陵陽子也 張揖云 陽子 伯樂也 孫陽字伯樂 秦繆公臣 善御者也 服虔云 纖阿爲月御 或曰美女姣好貌 又樂産曰 纖阿 山名 有女子處其巖 月歷巖度 躍入月中 因名月御也

고삐를 당기고 조절해 (말의 발이) 퍼지지도 않았는데[1] 곧 교활한 짐승들을 두려움에 떨게 하고, 공공邛邛을 수레로 치고 거허距虛를 짓밟으며,[2] 야생마를 앞질러서 도도駒駼를 굴대 축으로 들이받고,[3] 유풍(천리마)을 타고 기마를 쏘아 사냥합니다.[4] (말과 수레는) 신속하고 재빨라[5] 우레가 쳐서 화염이 튀어 오르는 듯하며, 유성이 떨어져 번개와 부딪치는 듯하고, 활은 헛되이 쏘지 않으면서 쏘면 반드시 눈초리를 찢거나[6] 가슴을 관통하여 겨드랑이에 이르며 심장의 힘줄을 끊어 놓으니, 잡은 짐승이 비가 오는 듯하여 풀을 가리고 땅을 덮어 버렸습니다.

案節未舒[1] 卽陵狡獸 轊邛邛 蹴距虛[2] 軼野馬而轊駒駼[3] 乘遺風而射游騏[4] 儵眒凄浰[5] 靁動熛至 星流霆擊 弓不虛發 中必決眥[6] 洞胸達腋 絕乎心繫 獲若雨獸 揜草蔽地

---

① 案節未舒안절미서

色隱 곽박이 말했다. "돈비頓轡(고삐를 당기다)를 말한다." 사마표가 말했다. "고삐를 당겨 서서히 가며 조절하는 것이다. 그러므로 '안절案節'이라고 한 것이고, 말의 발이 퍼지지 않았기 때문에 '미서未舒'라고 한 것이다." 또한 뜻을 얻었다고 할 수 있다.

郭璞曰 言頓轡也 司馬彪云 案轡徐行得節 故曰案節 馬足未展 故曰未舒之也 亦(曰未)〔爲〕得也

② 轔邛邛 蹴距虛인공공 축거허

集解 곽박이 말했다. "공공邛邛은 말과 비슷하고 색은 푸르다. 거허距虛는 곧 공공邛邛이고 문장에 변화를 주어 호문互文으로 말한 것이다. 《목천자전》에서 '공공거허邛邛距虛는 하루에 500리를 달린다.'고 했다."

郭璞曰 邛邛 似馬而色青 距虛卽邛邛 變文互言之 穆天子傳曰 邛邛距虛 日走五百里也

③ 軼野馬而轊駏騟일야마이예도도

集解 서광이 말했다. "轊의 발음은 '예銳'이다." 살펴보니 곽박이 말했다. "야마野馬는 말과 같은데 작다. 도도駏騟는 말과 비슷하다. 예轊는 수레의 굴대 끝이다."

徐廣曰 轊音銳 駏案 郭璞曰 野馬 如馬而小 駏騟 似馬 轊 車軸頭

索隱 예도도轊駏騟이다. 앞 글자 轊의 발음은 '위衛'이다. 예轊는 수레의 굴대 끝이다. 수레의 굴대로 들이받아 죽이는 것을 이른다. 도도駏騟는 야생마이다.

轊駏騟 上音衞 轊 車軸頭也 謂車軸衝殺之 駏騟 野馬

④ 乘遺風而射游騏승유풍이사유기

집해 《한서음의》에서 말한다. "유풍遺風은 천리마이다. 《이아》에는 '휴
觽는 말과 같은데, 뿔이 하나이며, 뿔이 없는 것은 기騏이다.'라고 했다."

漢書音義曰 遺風 千里馬 爾雅曰觽 如馬 一角 不角者 騏也

색은 《여씨춘추》에서 말한다. "유풍遺風을 탄다." 《고금주》에서 말한
다. "진시황의 말 이름이다." 위소가 말했다. "기騏는 말과 같고 뿔이 하
나이다." 《이아》에서 말한다. "휴觽 중에 뿔이 없는 것을 기騏라고 한다."
기린의 기騏가 아니다. 觽의 발음은 '휴攜'이다.

呂氏春秋云 遺風之乘 古今注云 秦始皇馬名 韋昭云 騏如馬 一角 爾雅云 觽無
角曰騏 非麒麟之騏 觽音攜

⑤ 淒浰천리

집해 서광이 말했다. "淒의 발음은 '천[七見反]'이고 浰의 발음은 '리[力
詣反]'이다." 살펴보니 《한서음의》에서 말한다. "모두 신속한 모양이다."

徐廣曰 淒音七見反 浰音力詣反 駰案 漢書音義曰 皆疾貌

⑥ 決眥결제

집해 위소가 말했다. "눈을 가리켜 보이는 것은 (활로 쏘아) 명중하여 반
드시 눈초리를 찢어버리는 데에 있는 것이다."

韋昭曰 在目所指 中必決於眼眥也

이에 초왕은 곧 늦추어서 가는 것을 조절해 이리저리 도는데,[①] 새가 선회하며 날 듯 소요逍遙하고,[②] 산음山陰의 숲을 둘러보면서 장사들의 격노한 기세와 맹수들의 두려워하는 모습을 살펴보다가 짐승 중에 힘이 다해 지친 것들을 가로막고 사로잡아서[③] 여러 짐승이 변화하는 모습을 두루 살펴봅니다.

於是楚王乃弭節裴回[①] 翱翔容與[②] 覽乎陰林 觀壯士之暴怒 與猛獸之恐懼 徼䝙受詘[③] 殫睹衆物之變態

① 弭節裴回미절배회

[집해] 곽박이 말했다. "어떤 이는 절節은 지금 신절信節을 잡은 것이라고 했다."

郭璞曰 或云節 今之所杖信節也

[색은] 사마표가 말했다. "미弭는 저低와 같다. 어떤 이는 절節은 지금 신절信節을 잡은 것이라고 했다."

司馬彪云 弭猶低也 或云節 今之所言杖(節)信〔節〕也

② 翱翔容與고상용여

[색은] 곽박이 말했다. "자득自得함을 말한다."

郭璞曰 言自得

③ 徼䝙受詘요극수굴

[집해] 서광이 말했다. "䝙의 발음은 '극劇'이다." 살펴보니 곽박이 말했다. "극䝙은 피로가 지극한 것이다. 굴詘은 다함이다. 짐승 중 지친 것이

있으면 곧 잡아서 취하는 것이다."

徐廣曰 阹音劇 駆案 郭璞曰 阹 疲極也 詘 盡也 言獸有倦游者 則徼而取之

색은 요극수굴徼阹受詘이다. 사마표가 말했다. "요徼는 가로막는 것이고, 극阹은 지친 것이다. 그 지친 것을 가로막는다는 말이다." 阹의 발음은 '극劇'이다. 詘의 발음은 '굴屈'이다. 《설문》에서 말한다. "극阹은 노勞이다. 연燕나라 사람은 노勞를 극阹이라고 한다." 徼의 발음은 '교[古堯反]'이다.

徼阹受詘 司馬彪云 徼 遮也 阹 倦也 謂遮其倦者 阹音劇 詘音屈 說文云 阹 勞也 燕人謂勞爲阹 徼音古堯反

이에 정녀鄭女와 등만鄧曼은[1] 고운 비단옷을 입고[2] 모시 천과 흰 깁을 질질 끌며[3] 가는 비단으로 꾸민 무곡霧縠을 늘어뜨리고[4] 옷은 주름이 겹겹인데 (주름의 무늬가) 깊고 굽은 것이 계곡이 굽이친 듯합니다.[5] 긴 옷이 치렁치렁 늘어지고[6] 소매를 쳐들면 옷의 무늬가 선명합니다.[7] 옷 장식을 나풀거리게 하고 머리장식을 늘어뜨립니다.[8] 수레를 부여잡고 따라갈 때는[9] 옷자락이 스쳐 사그락거리는데,[10] 밑에서는 난초와 혜초를 스치고 위에서는 새의 깃으로 된 일산을 흔듭니다. 비취색 깃털이 섞여 있고[11] 옥 장식의 인끈도 얽혀 있어[12] 나부끼듯 가볍게 흐르는 모양이 신선을 방불仿佛케 하는 것 같습니다.[13]

於是鄭女曼姬[1] 被阿錫[2] 揄紵縞[3] 襍纖羅 垂霧縠[4] 襞積褰縐 紆徐委曲 鬱橈谿谷[5] 紛紛裶裶[6] 揚袘卹削[7] 蜚襳垂髾[8] 扶與猗靡[9] 噏呷萃

① 鄭女曼姬정녀만희

[집해] 곽박이 말했다. "만희曼姬는 등만鄧曼을 이른다. 희姬는 부인의
총칭總稱이다."

郭璞曰 曼姬謂鄧曼 姬 婦人之總稱

[정의] 문영이 말했다. "정나라에는 아름다운 여인이 난다. 만曼은 그의
얼굴과 피부가 아름답고 윤택한 것이다." 여순이 말했다. "정녀鄭女는 하
희夏姬이다. 만희曼姬는 초무왕楚武王의 부인夫人 등만鄧曼이다."

文穎云 鄭國出好女 曼者 其色理曼澤也 如淳云 鄭女 夏姬也 曼姬 楚武王夫人
鄧曼

② 被阿錫피아석

[집해] 《한서음의》에서 말한다. "아阿는 고운 비단이다. 석錫은 포布(베)
이다."

漢書音義曰 阿 細繪也 錫 布也

[정의] 살펴보니 동아東阿에서 증繪(비단)이 생산된다.

按 東阿出繪也

③ 揄紵縞유저호

[집해] 서광이 말했다. "揄의 발음은 '유臾'이다."

徐廣曰 揄音臾

정의 유揄는 예曳(끌다)이다. 위소가 말했다. "저紵의 색은 호縞와 같다."
안顔이 말했다. "저紵는 모시를 짠 것이다. 호縞는 선지鮮支이다."

揄 曳也 韋昭云 紵之色若縞也 顏云 紵 織紵也 縞 鮮支也

신주 선지鮮支는 지금의 흰 비단이다. 아석을 입고 저호를 끈다는 뜻이
다. 아阿는 발이 고운 비단, 석錫은 발이 가는 베, 저紵는 모시옷, 호縞는
지금의 흰 비단이다.

④ 襍纖羅 垂霧縠잡섬라 수무곡

집해 곽박이 말했다. "섬세한 것이 안개와 같은데, 머리에 덮어 늘어뜨
린 것을 말한다."

郭璞曰 言細如霧 垂以覆頭

신주 섬라纖羅는 발이 고운 비단이며, 무곡霧縠은 가볍기가 안개와 같
다고 해서 이른 말이다. 치장을 잘한 것을 이른다.

⑤ 襞積褰縐 ~ 鬱橈谿谷벽적건추~울요계곡

집해 《한서음의》에서 말한다. "벽적襞積은 간색簡齰이다. 건褰은 축縮
(수축되다)이다. 추縐는 재裁(재단)이다. 그 재단 중에 무늬의 주름이 풀숲처
럼 울창하고 구불구불하여 계곡이 있는 듯한 것이다."

漢書音義曰 襞積 簡齰也 褰 縮也 縐 裁也 其縐中文理 茀鬱迟曲 有似於谿谷也

색은 안사고가 말했다. "벽적은 지금의 치마 주름인데, 옛날에는 소적
素積이라고 일렀다." 소림이 말했다. "건추褰縐는 오그라드는 것이라고 한
것이 이것이다. 縐의 발음은 '추[側救反]'이다. 齰의 발음은 '척[又革反]'이
다. 裁의 발음은 '재[在代反]'이다." 울요계곡鬱橈谿谷에 관해 맹강이 말했
다. "그 주름 속 무늬의 결이 풀숲처럼 울창하고 구불구불하여 계곡이

있는 듯한 것이다." 迟의 발음은 《자림》에서 '격[丘亦反]'이다.

小顏云 襞積 今之裙襵 古謂之素積 蘇林曰 襄綯 縮蹙之是也 綯音側救反 齰音
叉革反 裁音在代反 鬱橈谿谷 孟康曰 其綯中文理 茀鬱迟曲 有似于谿谷也 迟
字林音丘亦反

⑥ 紛紛裶裶분분비비

[색은] 곽박이 말했다. "옷이 긴 모양이다."

郭璞云 衣長貌

[정의] 앞 글자 紛의 발음은 '분[芳云反]'이고, 뒷 글자 裶의 발음은 '비[方
非反]'이다.

上芳云反 下方非反

[신주] 분분紛紛은 옷이 치렁치렁한 모양이고, 비비裶裶는 옷이 늘어진
모양이다.

⑦ 揚袘卹削양이휼삭

[집해] 서광이 말했다. "袘의 발음은 '이迤'이다. 옷소매를 뜻한다." 살펴
보니 《한서음의》에서 말한다. "휼삭卹削은 천을 재단해 옷을 지은 모양
이다."

徐廣曰 袘音迤 衣袖也 駰案 漢書音義曰 卹削 裁制貌也

[색은] 양이술삭揚袘戌削이다. 장안이 말했다. "양揚은 들어 올리는 것이
다. 이袘는 옷소매이다. 술삭戌削은 천을 재단해 옷을 지은 모양이다."

揚袘戌削 張晏曰 揚 舉也 袘 衣袖也 戌削 裁制貌也

[신주] 양이揚袘는 소매를 쳐드는 모양이고, 휼삭卹削은 천을 재단해서
무늬를 넣어 화려하게 지은 옷의 모양이다.

⑧ 蜚纖垂髾비섬수소

집해 서광이 말했다. "纖의 발음은 '삼芟'이다." 살펴보니 곽박이 말했다. "섬纖은 여자 윗옷의 장식이다. 소髾는 계소髻髾(머리장식)이다."

徐廣曰 纖音芟 駰案 郭璞云 纖 袿衣飾 髾 髻髾也

⑨ 扶與猗靡부여의미

집해 곽박이 말했다. "《회남자》에서 이른바 '굽은 것은 땅을 스치고 수레를 붙들고 따라 간다.[曾折摩地 扶與猗委]'라고 했다."

郭璞曰 淮南所謂 曾折摩地 扶與猗委也

정의 與의 발음은 '여餘'이고, 猗의 발음은 '의[於綺反]'이다. 정녀鄭女와 만희曼姬가 왕을 시종하면서 그의 수레를 부여잡고 가는 모습이 아리따운 것을 말한다.

與音餘 猗 於綺反 謂鄭女曼姬侍從王者 扶其車輿而猗靡

⑩ 噏呷萃蔡흡합췌채

집해 《한서음의》에서 말한다. "흡합噏呷은 의상衣裳을 활짝 펼치는 것이다. 췌채萃蔡는 옷의 소리다."

漢書音義曰 噏呷 衣裳張起也 萃蔡 衣聲也

색은 맹강이 말했다. "흡합噏呷은 옷을 활짝 펼치는 것이다." 위소가 말했다. "呷의 발음은 '합[呼甲反]'이다." 췌찬萃에 관해 맹강은 "췌찬은 옷의 소리이다."라고 하고, 곽박은 "췌찬은 취찬璀璨(빛나다)과 같다."라고 했다.

孟康曰 噏呷 衣起張也 韋昭云 呷音呼甲反 萃 孟康云 萃 衣聲也 郭璞曰 萃猶璀璨也

정의 呷의 발음은 '합[火甲反]'이다. 萃의 발음은 '취翠'이다. 蔡의 발음은 '최[千賄反]'이다.

呷 火甲反 萃音翠 蔡 千賄反

⑪ 錯조

[집해] 서광이 말했다. "錯의 발음은 '조措'이다. 다른 판본에는 '조분취유錯粉翠蕤'로 된 곳도 있다."

徐廣曰 錯音措 或作錯粉翠蕤

⑫ 繆繞玉綏유요옥수

[집해] 곽박이 말했다. "수綏는 끈을 잡고 수레에 오르는 것이다."

郭璞曰 綏 所執以登車

[정의] 안顔이 말했다. "하마난혜下摩蘭蕙는 머리를 장식한 것을 이른다. 상불우개上拂羽蓋는 옷이 휘날리는 것을 이른 것이다. 옥수玉綏는 옥으로 끈을 장식한 것이다." 홑옷의 소맷자락을 휘날리며 머리장식을 늘어뜨리고 비취의 깃털로 장식한 깃발을 엇섞어 꽂아놓았으며, 어떤 이는 옥의 인끈을 두르기도 한 것을 이른다. 장읍이 말했다. "비취는 크기는 하나같이 참새만 하고 수컷은 붉으며 비翡라고 했고 암컷은 푸르며 취翠라고 했다."《박물지》에서 말한다. "비翡의 몸체는 온통 검고 오직 앞가슴과 등 위 날개 뒤에만 붉은 털이 있다. 취翠의 몸체는 온통 청황색靑黃色인데, 다만 6개의 깃촉 위의 털만 1치 남짓 푸르다. 그 새가 날면 깃에서 취비취비翠翡翠翡하는 소리가 울리는데, 이로 인하여 이름으로 삼은 것이다."

顔云 下摩蘭蕙 謂垂髻也 上拂羽蓋 謂飛襩也 玉綏 以玉飾綏也 言飛襩垂髻 錯襍翡翠之旌幡 或繞玉綏也 張揖云 翡翠大小一如雀 雄赤曰翡 雌靑曰翠 博物

志云 翡身通黑 唯胸前背上翼後有赤毛 翠身通青黃 唯六翮上毛長寸餘青 其飛
則羽鳴翠翡翠翡翠然 因以爲名也

⑬ 若神仙之仿佛약신선지방불

[정의] 방불仿佛은 신선과 비슷하다는 말이다. 《전국책》에서 말한다.
"정나라 미녀美女가 흰 분을 바르고 검은 눈썹먹을 그리고서 사거리에
서 있으면 알지 못하는 자는 그를 일러 신선이라고 한다."
仿佛 言似神仙也 戰國策云 鄭之美女粉白黛黑而立於衢 不知者 謂之神仙

이에 여러 재상과 함께 혜포蕙圃에서 밤사냥을 하는데,① 살금살
금 기어가서② 금제金隄에 올라 비취새를 덮치고 준의駿鸃③를 쏘
며, 작은 주살을 내어서 가는 주살④의 줄을 매 흰 고니를 쏘아
맞히고, 연이어 거위를 잡고,⑤ 한 쌍의 재두루미가 떨어지고, 검
은 학이 더해집니다.⑥
於是乃相與獠於蕙圃① 娑珊勃窣②上金隄 揜翡翠 射鵔鸃③ 微矰出 纖
繳④施 弋白鵠 連駕鵝⑤ 雙鶬下 玄鶴加⑥

---

① 獠於惠圃요어혜포

[집해] 곽박이 말했다. "요獠는 사냥이다. 獠의 발음은 '료遼'이다."
郭璞曰 獠 獵也 音遼

[색은] 《이아》에서 말한다. "밤에 사냥하는 것이 요獠이다." 곽박이 말했
다. "요獠는 사냥이다. 또 獠의 발음은 '료遼'이다."

爾雅云 宵獵曰獠 郭璞曰 獠 獵也 又音遼也

② 槃珊勃窣반산발솔

색은 반산발솔盤珊勃窣이다. 위소가 말했다. "반산盤珊은 위아래로 포복하는 것이다." 窣의 발음은 '솔[素忽反]'이다.

盤珊勃窣 韋昭曰 盤珊 匍匐上下也 窣音素忽反

③ 鵔鸃준의

집해 《한서음의》에서 말한다. "준의鵔鸃는 새이며 봉황과 비슷하다."

漢書音義曰 鵔鸃 鳥 似鳳也

색은 사마표가 말했다. "준의는 산계山雞이다." 허신이 말했다. "별조鷩鳥(금계)이다." 곽박이 말했다. "봉鳳과 비슷하고 광채가 있다. 鵔鸃의 발음은 '준의浚宜'이다." 이동이 말했다. "준의는 신조神鳥이고 날면 광채가 하늘까지 비친다."

司馬彪云 鵔鸃 山雞也 許慎云 鷩鳥也 郭璞曰 似鳳 有光彩 音浚宜 李彤云 鵔鸃 神鳥 飛光竟天也

④ 繳작

집해 서광이 말했다. "繳의 발음은 '작斫'이다."

徐廣曰 繳音斫

⑤ 弋白鵠 連駕鵝익백곡 연가아

집해 곽박이 말했다. "야생 거위이다. 駕의 발음은 '가加'이다."

郭璞曰 野鵝也 駕音加

색은 가아駕鵝이다. 《이아》에서 말한다. "서안舒鴈은 아鵝이다." 곽박이 말했다. "야생 거위이다."

駕鵝 爾雅云 舒鴈 鵝也 郭璞曰 野鵝也

정의 곡鵠은 물새이다. 가아련駕鵝連은 아울러서 잡는 것을 이른다. 《포박자》에서 말한다. "천세千歲의 고니는 순백색純白色으로 나무에 오를 수 있다."

鵠 水烏也 駕鵝連謂兼獲也 抱朴子云 千歲之鵠純白 能登於木

⑥ 雙鶬下 玄鶴加쌍창하 현학가

집해 곽박이 말했다. "《시경》에서 '활을 쏘아 잡으면'이라고 한 것이 이것이다."

郭璞曰 詩云 弋言加之是也

정의 사마표가 말했다. "창鶬은 기러기와 비슷한데 검다. 또한 부르기를 창괄鶬括이라고도 한다. 《한시외전》에서 '태생胎生'이라고 했다." 《상학경》에서 말한다. "학의 수명은 260세이면 순흑색純黑色이 된다." 살펴보니 한 쌍의 창鶬을 화살로 쏘아 이미 떨어뜨리고 또 더하여 현학玄鶴을 위에서 잡은 것이다.

司馬彪云 鶬似鴈而黑 亦呼爲鶬括 韓詩外傳云胎生也 相鶴經云 鶴壽二百六十歲則色純黑 案 弋雙鶬旣下 又加玄鶴之上也

싫증이 난 이후에야 맑은 연못에서 노니는데, 익조[1]의 무늬가 새겨진 배를 띄우고 계수나무로 만든 노[2]를 저으며, 비취 깃으로 장식한 장막을 치고 새의 깃으로 만든 일산을 세우며, 대모를 그물질하고 자색의 조개[3]를 낚습니다. 징을 치고 퉁소를 불며[4] 뱃사람이 노래를 부르는데[5] 그 소리를 목이 멜 정도로 내뿜자,[6] 물속의 벌레들이 놀라 솟구쳐서 파도를 일으키고, 샘이 솟아올라 세차게 흐르다가 튀어 올랐다가 만나며 큰 돌이 굴러 서로 부딪쳐 우르릉 탁탁하는 소리가 성난 우렛소리와 같아 수백 리 밖까지 들립니다.

怠而後發 游於清池 浮文鷁[1] 揚桂枻[2] 張翠帷 建羽蓋 罔瑇瑁 釣紫貝[3] 摐金鼓 吹鳴籟[4] 榜人歌[5] 聲流喝[6] 水蟲駭 波鴻沸 涌泉起 奔揚會 礧石相擊 硠硠礚礚 若靁霆之聲 聞乎數百里之外

① 鷁익

집해 《한서음의》에서 말한다. "익鷁은 물새이다. 그것의 형상을 배의 앞머리에 그린다. 《회남자》에서 '용주龍舟에 익수鷁首를 그린 것은 천자의 수레이다.'라고 했다"

漢書音義曰 鷁 水鳥也 畫其象於船首 淮南子曰 龍舟鷁首 天子之乘也

② 枻예

집해 서광이 말했다. "枻의 발음은 '예曳'이다." 살펴보니 위소가 말했다. "예枻는 즙檝(노)이다."

徐廣曰 音曳 駰案 韋昭曰 枻 檝也

③ 紫貝자패

[집해] 곽박이 말했다. "붉은 바탕에 검은 무늬이다."

郭璞曰 紫質黑文也

[정의] 《모시초목조수충어소毛詩草木鳥獸蟲魚疏》에서 말한다. "패貝(조개)는 물속의 갑각류이다. 큰 것은 항蚢이고 蚢의 발음은 '항[下郞反]'이다. 작은 것은 패貝가 되고, 그것의 흰 바탕은 옥玉과 같고, 붉은 점은 무늬가 되어 모두 행렬을 이루고 있다. 큰 것은 직경이 한 자이고, 작은 것은 7~8치이다. 지금 구진九眞과 교지交阯에서는 술잔이나 소반의 실물로 삼는다." 〈화식전〉에 '패보귀貝寶龜'라고 한 것이 이것이다.

毛詩蟲魚疏云 貝 水之介蟲 大者蚢 音下郞反 小者爲貝 其白質如玉 紫點爲文 皆成行列 當大者徑一尺 小者七八寸 今九眞交阯以爲杯盤實物也 貨殖傳云 貝 寶龜是也

④ 摐金鼓 吹鳴籟창금고 취명뢰

[집해] 《한서음의》에서 말한다. "창摐은 당撞(치다)이다. 뇌籟는 소簫(통소)이다."

漢書音義曰 摐 撞也 籟 簫也

[신주] 금고金鼓는 징이고, 명뢰鳴籟는 통소이다. 곧 징을 치고 통소를 부는 것이다.

⑤ 榜人歌방인가

[집해] 곽박이 말했다. "뱃노래를 부르는 것이다. 방榜은 선船이고, 榜의 발음은 '방謗'이다."

郭璞曰 唱櫂歌也 榜 船也 音謗

⑥ 喝애

집해 서광이 말했다. "喝의 발음은 '애[烏邁反]'이다."

徐廣曰 烏邁反

신주 '목이 메다'의 뜻이다.

장차 밤 사냥 하는 자들을 쉬게 하려고 영고靈鼓①를 치고 봉홧불을 지피니, 수레는 대열을 갖추고 기마는 대오를 맞춰 나아가는데, 떼지어 차츰차츰 줄지어 끊임없이 나갑니다.② 이에 초왕楚王은 양운대陽雲臺③에 올라 편안히 무위지치無爲之治하고 담연히 자기 자신을 지키며, 작약勺藥(다섯 가지 맛)의 조화함④을 갖추고 음식을 먹은 뒤에 수레를 몹니다. 그러나 대왕이 종일토록 달리며 수레에서 내리지도 않고 사냥한 짐승을 갈라 수레바퀴를 물들이면서⑤ 스스로 즐거움으로 삼는 것과는 같지 못합니다. 신이 몰래 살펴보니 제齊나라는 거의 이만 같지 못할 것입니다.'라고 하니, 이에 왕이 저에게 응대함이 없었습니다."

將息獠者 擊靈鼓① 起烽燧 車案行 騎就隊 纚乎淫淫 班乎裔裔② 於是楚王乃登陽雲之臺③ 泊乎無爲 澹乎自持 勺藥之和④具而後御之 不若大王終日馳騁而不下輿 胊割輪淬⑤ 自以爲娛 臣竊觀之 齊殆不如 於是王默然無以應僕也

① 靈鼓영고

집해 곽박이 말했다. "영고靈鼓는 6면六面이다."

郭璞曰 靈鼓 六面也

신주 영고는 여섯 면을 칠 수 있는 육각의 북이다.

② 纚乎淫淫 班乎裔裔사호음음 반호예예

집해 곽박이 말했다. "모두 무리가 행하는 모양이다."

郭璞曰 皆群行貌也

신주 사纚는 떼를 지어 가는 것이고, 음음淫淫은 차츰차츰 불어나는 모양이다. 반班은 줄지어 가는 것이고, 예예裔裔는 끊이지 않고 앞으로 나아가는 모양이다.

③ 陽雲之臺양운지대

집해 서광이 말했다. "송옥宋玉은 초왕이 양운대陽雲臺에서 노닌 것이라고 했다." 살펴보니 곽박이 말했다. "운몽雲夢의 안에 있다."

徐廣曰 宋玉云楚王游於陽雲之臺 駰案 郭璞曰 在雲夢之中

④ 勺藥之和작약지화

집해 곽박이 말했다. "작약勺藥은 오미五味이다."

郭璞曰 勺藥 五味也

신주 다섯 가지의 맛을 조화시키다.

⑤ 胏割輪淬연할윤쉬

집해 서광이 말했다. "淬의 발음은 '채[千內反]'이다." 살펴보니 곽박이 말했다. "연胏은 박脯(고기)이고, 쉬淬는 염染(물들이다)이다. 胏의 발음은 '연臠'이다."

徐廣曰 淬 千內反 駰案 郭璞曰 胏 脯 淬 染也 胏音臠也

오유선생烏有先生이 말했다.

"이 무슨 지나친 말이오! 족하足下는 1,000리를 멀다 하지 않고 오셔서 제나라에 도움을 주시려고 했습니다.[①] 왕께서는 경내의 사졸을 모조리 징발해 수레와 기병의 무리를 갖추시고 사냥을 나갔습니다. 이에 죽을힘을 다하여 사냥에서 얻은 수확으로 좌우를 즐겁게 하고자 한 것인데, 어떤 명분으로 자랑한다고 하시는 겁니까. 초楚나라 땅에 '있느냐 없느냐'의 여부를 물은 것은 대국大國의 풍속 중 아름다운 것에 관하여 선생先生의 넓은 견해를 들어보고자 원했기 때문입니다.

지금 족하께서 초왕楚王의 후덕함을 칭찬하지 않으시고, 운몽雲夢의 일만 성대하게 미루어 높이면서 음란한 즐거움만 지나치게 이야기하며 사치한 것만을 드러내시는데, 가만히 생각하니 족하에게 취할 것이 없습니다. 반드시 이야기한 바대로라면 진실로 초나라 아름다움이 아닐 것입니다. 있는 대로 이야기하셨다면 이는 군주의 악을 드러낸 것이요, 없는데도 이야기를 했다면 이는 족하의 신용을 해친 것입니다.

烏有先生曰 是何言之過也 足下不遠千里 來況[①]齊國 王悉發境內之士 而備車騎之衆 以出田 乃欲勠力致獲 以娛左右也 何名爲夸哉 問楚地之有無者 願聞大國之風烈 先生之餘論也 今足下不稱楚王之德厚 而盛推雲夢以爲高 奢言淫樂而顯侈靡 竊爲足下不取也 必若所言 固非楚國之美也 有而言之 是章君之惡 無而言之 是害足下之信

① 來況내황

곽박이 말했다. "은혜롭게 내려줌이 있음을 말한 것이다."

郭璞曰 言有惠況也

군주의 악을 드러내고 사사로운 의를 손상했으니 이 두 가지 중 하나도 옳은 것이 없는데, 선생께서 이를 행하신다면 반드시 또한 제나라에서 경시되어서 초나라에 누가 될 것입니다.

또 제나라는 동쪽으로 모래톱이 바다에 넓게 펼쳐져 있고[1] 남쪽으로 낭야琅邪[2]가 있으며, 성산成山을 관람하고,[3] 지부之罘[4]에서 활을 쏘아 사냥하며, 육지에 접해 있는 만瀿[5]에 배를 띄우고, 맹제孟諸[6]를 유람하며 동북쪽으로 숙신肅愼과 이웃을 하고[7] 오른쪽으로 탕곡湯谷[8]을 경계로 삼았으며 가을에는 청구青丘[9]에서 사냥하고 바다 밖에서 소요한다면 운몽雲夢 따위와 같은 것 8~9개를 삼켰다 해도 그의 가슴속에는 일찍이 작은 가시만큼도 거리끼지[10] 않을 것입니다.

章君之惡而傷私義 二者無一可 而先生行之 必且輕於齊而累於楚矣 且齊東陼巨海[1] 南有琅邪[2] 觀乎成山[3] 射乎之罘[4] 浮勃澥[5] 游孟諸[6] 邪與肅愼爲鄰[7] 右以湯谷[8]爲界 秋田乎青丘[9] 傍偟乎海外 吞若雲夢者 八九 其於胸中曾不蔕芥[10]

[1] 東陼巨海동저거해

저陼에 관해 소림이 말했다. "陼의 발음은 '저渚'이다. 작은 모래톱을 저陼라고 한다. 동쪽에 큰 바다의 저陼(모래톱)가 있다는 것을 이른 것이다."

陼 蘇林音渚 小洲曰陼 謂東有大海之陼也

② 琅邪낭야

[집해] 곽박이 말했다. "산 이름이고 낭야현의 경계에 있다."

郭璞曰 山名 在琅邪縣界

[정의] 산 이름이다. 밀주密州 동남쪽 130리에 있다. 낭야대琅邪臺가 산 위에 있다.

山名 在密州東南百三十里 琅邪臺在山上

③ 觀乎成山관호성산

[집해] 서광이 말했다. "동래東萊의 불야현不夜縣에 있다."

徐廣曰 在東萊不夜縣

[색은] 장읍이 말했다. "관觀은 궐闕(궁궐)이다. 산 위에 궁궐을 쌓았다." 곽박이 말했다. "산 아래에 유관이 있다. 觀의 발음은 '관館'이다."

張揖云 觀 闕也 於山上築宮闕 郭璞云 言在山下遊觀 音館也

[정의] 《봉선서》에는 "성산成山은 가파르게 바다로 들어간다."라고 했는데 산관山觀으로 오르는 것을 말한다. 《괄지지》에서 말한다. "성산成山은 내주萊州 문등현文登縣 동북쪽 180리에 있다."

封禪書云 成山斗入海 言上山觀也 括地志云 成山在萊州文登縣東北百八十里也

④ 之罘지부

[집해] 《한서음의》에서 말한다. "지부산之罘山은 모평현牟平縣에 있다. 그 위에서 활로 사냥한 것이다."

漢書音義曰 之罘山在牟平縣 射獵其上也

[정의] 《괄지지》에서 말한다. "부산罘山은 내주萊州 문등현文登縣 서북쪽 190리에 있다." 그 위에서 활로 사냥한 것을 말한 것이다. 罘의 발음은 '부浮'이다.

括地志云 罘山在萊州文登縣西北百九十里 言射獵其上也 罘音浮

⑤ 勃澥발해
[집해] 《한서음의》에서 말한다. "바다에서 갈라진 지류枝流의 이름이다."
漢書音義曰 海別枝名也
[색은] 살펴보니 《제도부》에서 말한다. "바다의 옆을 발勃이라고 하고 물이 단절된 것을 해澥라고 한다."
案 齊都賦云 海傍曰勃 斷水曰澥也

⑥ 孟諸맹제
[집해] 곽박이 말했다. "송宋나라 수택藪澤 이름이다."
郭璞曰 宋之藪澤名
[정의] 《주례》〈직방씨〉에서 말한다. "청주수靑州藪를 망제望諸라고 한다." 정현이 말했다. "망제望諸는 맹저孟瀦이다."
周禮職方氏 靑州藪曰望諸 鄭玄云 望諸 孟瀦也

⑦ 邪與肅愼爲鄰사여숙신위린
[정의] 사邪는 동북으로 이어지는 것을 이른 것이다. 《괄지지》에서 말한다. "말갈국은 옛 숙신肅愼이며 또한 읍루挹婁라고도 하며 경사의 동북쪽 8,400리에 있고, 남쪽의 부여扶餘와의 거리는 1,500리이며 동쪽과 북쪽은 각각 거대한 바다에 이른다."

邪謂東北接之 括地志云 靺鞨國 古肅愼也 亦曰挹婁 在京東北八千四百里 南
去扶餘千五百里 東及北各抵大海也

⑧ 湯谷탕곡

정의 우右라고 말한 것은 북쪽으로 천자를 향한 것이다. 《산해경》〈해
외경〉에서 말한다. "탕곡湯谷은 흑치黑齒의 북쪽에 있고 위에는 부상목
扶桑木이 있으며, 물속에서는 10개의 해가 목욕을 한다." 장읍이 말했다.
"태양이 나오는 곳이다." 허신이 말했다. "열기가 탕湯과 같다."

言右者 北向天子也 海外經云 湯谷在黑齒北 上有扶桑木 水中十日所浴 張揖
云 日所出也 許愼云 熱如湯

⑨ 靑丘청구

집해 곽박이 말했다. "청구靑丘는 산 이름이다. 또한 전田이 있고 구미
호九尾狐가 나오는데 바다 밖에 있다."

郭璞曰 靑丘 山名 亦有田 出九尾狐 在海外矣

색은 곽박이 말했다. "산 이름이다. 구미호가 나온다."

郭璞云 山名 出九尾狐也

정의 복건이 말했다. "청구국靑丘國은 해동海東 300리에 있다." 곽박이
말했다. "청구靑丘는 산 이름이다. 위에는 밭이 있고 또한 나라도 있으며
구미호가 나오는데 바다 밖에 있다."

服虔云 靑丘國在海東三百里 郭璞云 靑丘 山名 上有田 亦有國 出九尾狐 在海外

⑩ 蔕芥대개

색은 장읍이 말했다. '자경刺鯁'(생선가시)이다. 곽박이 말했다. "있음을

깨닫지 못했음을 말한다."

張揖曰 刺鯁也 郭璞云 言不覺有也

비범한 인물과 진기한 물건, 이역의 특이한 물류, 진기하고 괴이한 금수禽獸와 같은 것은 수만의 비늘이 모인 것처럼 그 안에 가득 차서 이루 다 기록할 수 없습니다. 그래서 우禹임금도 능히 이름을 짓지 못하고 설契도 능히 헤아릴 수 없었습니다.① 그러나 (제나라 왕은) 제후의 지위에 있어서 감히 유희하는 즐거움과 동산의 크기를 말하지 않은 것입니다. 선생②께 또 빈객의 예로 접대한 까닭으로③ 이로써 왕이 사양하며 대답하지④ 않은 것이지 어찌 응답할 수 없어서였겠습니까!"

若乃俶儻瑰偉 異方殊類 珍怪鳥獸 萬端鱗萃 充仞其中者 不可勝記 禹不能名 契不能計① 然在諸侯之位 不敢言游戲之樂 苑囿之大 先生②又見客③ 是以王辭而不復④ 何爲無用應哉

---

① 禹不能名 契不能計 우불능명 설불능계

정의 우禹는 요堯임금의 사공司空이 되어 구주九州의 토지와 산천과 초목과 금수를 분별했다. 설契은 사도司徒가 되어 오교五教를 베풀고 사방의 회계를 주관했다. 두 사람도 오히려 그 수를 헤아려서 이름 지을 수 없었음을 말한 것이다.

禹爲堯司空 辨九州土地山川草木禽獸 契爲司徒 敷五教 主四方會計 言二人猶不能名計其數

② 先生선생

[색은] 자허子虛를 가리킨다.

指子虛也

③ 見客견객

[색은] 여순이 말했다. "빈객으로 보고 예로써 대우하기 때문이다." 이선이 말했다. "선생 보기를 빈객처럼 하였음을 말한다."

如淳曰 見賓客禮待故也 李善曰 言見先生是(賓)客(之)也

④ 復복

[색은] 곽박이 말했다. "복復은 답答하는 것이다."

郭璞曰 復 答也

무시공無是公이 은연听然(씨익 웃는 모양)①히 웃으며 말했다.

"초楚나라 이야기는 잘못된 것이니, 제齊나라 이야기 역시 얻을 만한 것이 못됩니다. 대저 제후에게 공물을 바치게 하는 것은 재물이나 폐백을 위한 것이 아니라 술직述職②하기 위한 것입니다. 제후를 봉하고 경계를 구획하는 것은 수비하고 방어하기 위해서가 아니라 음란한 것들을 금지하기③ 위해서입니다.

지금 제나라는 열후로 동쪽을 지키는 울타리가 되어, 밖으로는 숙신肅愼과 사사로이 통하며 나라를 버리고 국경을 넘어 바다를 건너서 사냥하니 의義에 진실로 옳지 못한 것입니다.

또 두 분^④의 의논이 군주와 신하의 의를 밝히고 제후의 예를 바르게 하는 것에 힘쓰지 아니하고, 다만 유희하는 즐거움과 공원의 크기를 다투는 것을 일삼아 사치하는 것을 서로 이기려 하고 주색에 빠지는 것으로 서로 앞지르려고 합니다. 이것은 가히 명예를 떨쳐 일으키는 것이 아니요, 다만 군주를 폄하시키고 스스로 손해 보게 하는 것에 충분할 뿐입니다.

無是公听①然而笑曰 楚則失矣 齊亦未爲得也 夫使諸侯納貢者 非爲財幣 所以述職②也 封疆畫界者 非爲守禦 所以禁淫③也 今齊列爲東藩 而外私肅愼 捐國踰限 越海而田 其於義故未可也 且二君④之論 不務明君臣之義而正諸侯之禮 徒事爭游獵之樂 苑囿之大 欲以奢侈相勝 荒淫相越 此不可以揚名發譽 而適足以貶君自損也

① 听은

[집해] 곽박이 말했다. "은听은 웃는 모양이다."

郭璞曰 听 笑貌也

[색은] 《설문》에서 말한다. "은听은 웃는 모양이다."

說文云 听 笑皃

② 述職술직

[집해] 곽박이 말했다. "제후가 천자에게 조회하는 것을 술직述職이라고 하니, 맡은 바의 직무를 말하는 것이다. 《맹자》에 보인다."

郭璞曰 諸侯朝於天子曰 述職 言述所職 見孟子

③ 禁淫금음

<u>집해</u> 곽박이 말했다. "음란하고 방종한 것을 금지시켜 단절하는 것이다."
郭璞曰 禁絕淫放也

④ 二君이군

<u>신주</u> 자허子虛와 오유烏有를 가리킨다.

> 대저 제나라와 초나라 일 중에 또한 어떤 것을 말할 만한 것이 있
> 겠습니까? 그대는 거대하고 아름다운 것을 보지 못한 듯한데, 필
> 시 천자의 상림원上林苑에 관해 듣지 못한 것입니까?
> 왼쪽엔 창오蒼梧, 오른쪽엔 서극西極이 있으며,^① 단수丹水^②가 그
> 남쪽을 거치고, 자연紫淵^③이 그 북쪽을 가로지릅니다. (상림원의)
> 끝과 시작은 패수와 산수이고, 경수涇水와 위수渭水^④가 밖에서
> 흘러들었다가 흘러 나갑니다. 그리고 풍수酆水와 호수鄗水^⑤와 요
> 수潦水와 휼수潏水^⑥가 돌고 꺾이면서 이리저리 그 안에서 빙빙
> 돌아 흐릅니다.
> 且夫齊楚之事又焉足道邪 君未睹夫巨麗也 獨不聞天子之上林乎 左蒼
> 梧 右西極^① 丹水^②更其南 紫淵^③徑其北 終始霸滻 出入涇渭^④ 酆鄗^⑤ 潦
> 潏^⑥ 紆餘委蛇 經營乎其內

① 左蒼梧 右西極좌창오 우서극

<u>집해</u> 곽박이 말했다. "서극西極은 빈국邠國이다.《이아》에 보인다."

郭璞曰 西極 邠國也 見爾雅

정의 문영이 말했다. "창오군蒼梧郡은 교주交州에 속한다. 장안의 동남쪽에 있다. 그러므로 좌左라고 말한 것이다. 《이아》에는 서쪽으로 빈국幽國에 이르러 끝이라고 했다. 장안의 서쪽에 있다. 그러므로 우右라고 말한 것이다."

文穎云 蒼梧郡屬交州 在長安東南 故言左 爾雅云西至於幽國爲極 在長安西故言右

② 丹水단수

집해 《한서음의》에서 말한다. "단수丹水는 상락上洛의 총령산冢領山에서 나온다."

漢書音義曰 丹水出上洛冢領山

③ 紫淵자연

집해 곽박이 말했다. "자연紫淵은 미상이다."

郭璞曰 紫淵所未詳

정의 《산해경》에서 말한다. "자연수紫淵水는 근기산根耆山에서 나와 서쪽으로 흘러 하수河水로 쏟아진다." 문영이 말했다. "서하西河 곡라현穀羅縣에 자택紫澤이 있는데, 현의 북쪽에 있어 장안에서는 북쪽이 된다."

山海經云 紫淵水出根耆之山 西流注河 文穎云 西河穀羅縣有紫澤 (其水紫色注亦紫)在縣北 於長安爲北

④ 霸滻 出入涇渭패산 출입경위

색은 장읍이 말했다. "패수霸水는 남전藍田에서 나와 서북쪽으로 흘러

가다가 위수渭水로 들어간다. 산수滻水는 또한 남전의 골짜기에서 나와 북쪽으로 패릉霸陵에 이르러 파灞로 들어간다. 패수와 산수의 두 물은 원苑의 안에서 나가지 않는다. 그러므로 끝과 처음이라고 한 것이다. 경수涇水와 위수渭水의 두 물은 원苑의 밖으로부터 들어와 또 원苑에서 밖으로 흘러 나간다. 경수涇水는 안정安定 경양현涇陽縣의 견두산𦧝頭山에서 나와 동쪽으로 양릉陽陵에 이르러 위수渭水로 들어간다. 위수渭水는 농서隴西의 수양현首陽縣 조서동혈산鳥鼠同穴山에서 나와 동북으로 화음華陰에 이르러 하수로 들어간다."

張揖云 灞出藍田西北而入渭 滻亦出藍田谷 北至霸陵入灞 灞滻二水盡於苑中不出 故云終始也 涇渭二水從苑外來 又出苑去也 涇水出安定涇陽縣𦧝頭山 東至陽陵入渭 渭水出隴西首陽縣鳥鼠同穴山 東北至華陰入河

⑤ 酆鄗풍호

색은 풍호豐鎬이다. 장읍이 말했다. "풍수豐水는 호현鄠縣의 남산南山 풍곡豐谷에서 나와 북쪽의 위수渭水로 들어간다. 호鎬는 곤명지昆明池의 북쪽에 있다." 곽박이 말했다. "호수鎬水는 풍수豐水의 하류이다."

豐鎬 張揖云 豐水出鄠縣南山豐谷 北入渭 鎬在昆明池北 郭璞云 鎬水 豐水下流也

⑥ 潦潏요휼

집해 곽박이 말했다. "모두 물이 흐르는 모양이다. 발음은 '결決'이다"

郭璞曰 皆水流貌 音決

색은 응소가 말했다. "요潦는 흐르는 것이다. 휼潏은 솟아나오는 소리이다." 장읍이 말했다. "또 휼수潏水가 있는데 남산南山에서 나온다." 요씨가 말했다. "요료遼는 어떤 곳에는 '로潦' 자로 되어 있다. 노수潦水는 호현鄠縣에서 나와 북쪽의 위수渭水로 쏟아진다. 휼수潏水는 두릉杜陵에서 나오며 지금은 윤수沇水라고 이름한다. 남산南山의 황자피皇子陂의 서북쪽으로부터 흘러 곤명지昆明池로 쏟아져서 위수로 들어간다." 살펴보니 이 아래 문장에 '팔천분류八川分流'라고 한즉 경涇, 위渭, 패灞, 산滻, 풍豐, 호鎬, 요遼, 휼潏의 여덟이 된다. 진작이 말했다. "단수丹水로부터 아래로 하면 9개가 있고 패수灞水로부터 아래로 하면 7개가 있다." 살펴보니 지금의 휼潏은 이미 물 이름이고 단수丹水와 자수紫水의 두 하천을 제외하면 경수涇水와 위수渭水의 이하는 족히 8개의 천川이 되어야 하는데, 이것이 그 안에서 감도는 것이다. 또 반악潘岳의 《관중기》에서 말한다. "경涇, 위渭, 패灞, 산滻, 풍豐, 호鎬, 로潦, 휼潏은 《상림부》에서 이른바 '팔천분류八川分流'라고 한 것이다."

應劭云 潦 流也 潏 涌出聲也 張揖云 又有潏水 出南山 姚氏云 遼 或作潦也 潦 水出鄠縣 北注渭 潏水出杜陵 今名沇水 自南山皇子陂西北流注昆明池入渭 案 此下文八川分流 則從涇渭灞滻豐鎬遼潏爲八 晉灼曰 從丹水下則有九 從灞以 下則七 案 今潏旣是水名 除丹紫二川 自涇渭以下適足八川 是經營乎其內也 又潘岳關中記曰 涇渭灞滻豐鎬潦潏 上林賦所謂八川分流

넘실대며 8개의 하천河川^①이 나누어져 흘러 서로 등지고 괴이한
형태로 동서남북을 치달리면서 왕래하는데, 초구椒丘의 궁궐을
나와서 주어洲淤(모래톱)의 펄을 달려^② 계림桂林^③의 안을 가로질러
한없이 넓은 들^④을 거쳐 빠르게 뒤섞여 흘러서 언덕^⑤을 따라 좁
디좁은 골짜기 어귀로 달려갑니다.

蕩蕩兮八川^①分流 相背而異態 東西南北 馳騖往來 出乎椒丘之闕 行乎
洲淤之浦^② 徑乎桂林^③之中 過乎泱莽之野^④ 汨乎渾流 順阿^⑤而下 赴隘
陜之口

① 八川팔천

집해 곽박이 말했다. "팔천八川의 명칭은 앞의 주석에 나와 있다."

郭璞曰 八川名在上

② 椒丘之闕~行乎洲淤之浦초구지궐~행호주어지포

집해 곽박이 말했다. "초구椒丘는 언덕의 이름으로 암궐巖闕이 있다는
말이며《초사》에 보인다. 어淤는 또한 주洲의 이름이고 촉蜀나라 사람이
이르는 말로《방언》에 나온다."

郭璞曰 椒丘 丘名 言有巖闕也 見楚辭 淤亦洲名 蜀人云 見方言

색은 복건이 말했다. "언덕 이름으로《초사》에 '초구에서 달리다가 잠
시 여기에서 머문다.[馳椒丘且焉止息]'고 하였다." 살펴보니 두 산이 함께 일
어나 쌍궐雙闕과 같다. 여순이 말했다. "언덕에 산초山椒가 많은 것이다."

服虔云 丘名 楚詞曰 馳椒丘且焉止息也 案 兩山俱起 象雙闕 如淳云 丘多椒也

③ 桂林계림

집해 곽박이 말했다. "계림桂林은 숲 이름이다. 《산해경》에 나온다."

郭璞曰 桂林 林名也 見南海經也

④ 泱莽之野앙망지야

집해 《한서음의》에서 말한다. "《산해경》에는 이른바 '대황지야大荒之
野'라고 한다."

漢書音義曰 山海經所謂大荒之野

⑤ 阿아

집해 곽박이 말했다. "아阿는 큰 언덕이다."

郭璞曰 阿 大陵

큰 돌에 부딪히기도 하고 높고 굽은 언덕을 치면서,① 성난 소리를
내고 용솟음치는가 하면,② 치솟아 부딪치고, 세차게 달리듯 흘러
가며③ 다그쳐 서로 떠받치기도 하고④ 옆으로 흐르다가 거슬러
꺾여집니다. 경쾌하고 빠르게 흐르기도 하다가⑤ 소리를 내며 느
리게 흐르기도 하고⑥ 돌아흐르다가 솟구치기도 하며⑦ 이리저리
옮겨 다니다가 기울어 굽기도 하며⑧ 물결이 타넘어 깊은 곳으로
옮기기도 합니다.⑨

觸穹石 激堆埼① 沸乎暴怒 洶涌滂潰② 渾淖滵汩③ 湢測泌瀄④ 橫流逆
折 轉騰潎冽⑤ 澎濞沆瀣⑥ 穹隆雲撓⑦ 蜿灗膠戾⑧ 踰波趨浥⑨

① 觸穹石 激堆埼촉궁석 격퇴기

［집해］ 곽박이 말했다. "궁륭穹隆은 거대한 돌 모양이다. 퇴堆는 모랫더
미이다. 기埼는 굽은 언덕 어귀로 埼의 발음은 '기祁'이다."

郭璞曰 穹隆 大石貌 堆 沙堆 埼 曲岸頭 音祁

［색은］ 곽박이 말했다. "퇴堆는 모랫더미이다. 기埼는 굽은 언덕 어귀이다."

郭璞曰 堆 沙堆 埼 曲岸頭也

② 洶涌滂濞흉용팽배

［집해］ 洶의 발음은 '흉[許勇反]'이다. 涌의 발음은 '용勇'이다. 滂의 발음
은 '핑[浦橫反]'이다. 濞의 발음은 '배[浦拜反]'이다.

洶音許勇反 涌音勇 滂音浦橫反 濞音浦拜反

［색은］ 흉용팽배洶湧澎湃이다. 사마표가 말했다. "흉용洶湧은 뛰어 오르
는 모양이다. 팽배澎湃는 서로 어그러지는 것이다." 용湧은 어떤 판본에
는 '용容' 자로 되어 있다. 팽澎은 어떤 판본에는 '방滂' 자로 되어 있다.

洶湧澎湃 司馬彪云 洶湧 跳起貌 澎湃 相戾也 湧 或作容 澎 或作滂

③ 渾淈滵汩필발밀율

［색은］ 사마표가 말했다. "필불渾沸은 성성한 모양이다. 밀율滵汩은 떠나
는 것을 빨리 하는 것이다."

司馬彪云 渾沸 盛貌 滵汩 去疾也

［정의］ 渾淈滵의 발음은 '필발밀畢渤密'이고 세음이다. 汩의 발음은 '율
[于筆反]'이다.

畢渤密三音 汩 于筆反

④ 湢測泌潏핍측필즐

집해 곽박이 말했다. "湢測泌潏의 발음은 '핍측필즐逼側筆櫛'이고 네음이다."

郭璞曰 逼側筆櫛四音

색은 사마표가 말했다. "핍측湢測은 서로 다그치는 것이다. 필즐泌潏은 서로 떠받치는 것이다." 곽박이 말했다. "湢測泌潏의 발음은 '핍측필즐 逼側筆櫛'이고 네 음이다."

司馬彪云 湢測 相迫也 泌潏 相楔也 郭璞云 逼側筆櫛四音

⑤ 轉騰潎洌전등별렬

색은 소림이 말했다. "흐르는 것이 경쾌하고 빠른 것이다."

蘇林曰 流輕疾也

⑥ 澎濞沆瀣방비항해

색은 방비항개澎濞沆漑이다. 개漑는 또한 '해瀣'라고도 한다. 사마표가 말했다. "방비澎濞는 물이 흐르는 소리이다. 항개沆漑는 서서히 흐르는 모양이다." 곽박이 말했다. "기세가 강하고 굳센 모양이다."

澎濞沆漑 漑 亦作瀣 司馬彪云 澎濞 水流聲也 沆漑 徐流 郭璞云 鼓怒鬱鯁之皃也

정의 澎의 발음은 '팽[普彭反]'이고, 濞의 발음은 '비[普祕反]'이다. 沆의 발음은 '항[胡朗反]'이고, 漑의 발음은 '해[胡代反]'이다.

澎 普彭反 濞 普祕反 沆 胡朗反 漑 胡代反

⑦ 穹隆雲橈궁륭운요

집해 궁숭운요穹崇雲橈이다. 복건이 말했다. "물이 돌아 흐르다가 샘솟는 것이다." 곽박이 말했다. "물이 솟구치다가 낮아지는 것이다."

窈崇雲橈 服虔云 水旋還作泉也 郭璞云 水隴起回窳也

⑧ 蜿灗膠戾완선교려

[색은] 사마표가 말했다. "완선蜿灗은 '전전展轉'(이러저리 옮겨다님)이다. 교려膠戾는 사굴邪屈(기울어져 굽음)이다." 蜿灗膠戾의 발음은 '완선교려婉善交戾'이니 네 음이다.

司馬彪云 蜿灗 展轉也 膠戾 邪屈也 音婉善交戾四音也

[정의] 蜿의 발음은 '완婉'이다. 灗의 발음은 '선善'이다.

蜿音婉 灗音善

⑨ 踰波趨浥유파추업

[집해] 서광이 말했다. "浥의 발음은 '엽[烏狹反]'이다."

徐廣曰 烏狹反

[색은] 유파추업隃波趨浥이다. 사마표가 말했다. "유파隃波는 뒤에서 앞으로 타넘는 것이다. 추업趨浥은 깊은 샘에서 옮겨가는 것이다." 浥의 발음은 '엽[焉浹反]'이다.

隃波趨浥 司馬彪云 隃波 後陵前也 趨浥 輸于深泉也 浥音焉浹反

> 졸졸① 급하게 흘러내려 바위를 밀치고 물굽이에 부딪치며② 달리다 솟아올라 흩뿌리기도 하고③ 모래톱에 다다랐다가 골짜기로 쏟아져④ 철썩이면서⑤ 떨어지기도 합니다.⑥ 깊은 곳에⑦ 물이 모여

있기도 하고 부딪쳐 우르릉 쾅쾅 소리를 내며,[8] 용솟음칩니다. 뒤 섞이면서 물결이 터져 솥의 물이 끓어오르듯 하고[9] 치닫는 물결이 거품을 튀어 오르게 하며[10] 빠른 물결이 급하게 꺾이기도 하면서[11] 아득히 먼 긴 물줄기를 회유해[12] 고요하게 소리 없이 마침내는 영원한 곳으로 돌아갑니다.

苃苃[1]下瀨 批壧衝壅[2] 犇揚滯沛[3] 臨坻注壑[4] 瀺灂[5]霣墜[6] 湛湛[7]隱隱 砰磅訇礚[8] 潏潏淈淈 湁潗鼎沸[9] 馳波跳沫[10] 汩㴐漂疾[11] 悠遠長懷[12] 寂漻無聲 肆乎永歸

① 苃苃이리

색은 사마표가 말했다. "이리苃苃는 물소리이다. 苃의 발음은 '리利'이다."

司馬彪云 苃苃 水聲也 音利

② 批壧衝壅별암충옹

정의 批의 발음은 '별[白結反]'이다. 암壧은 암巖(바위)이다. 사마표가 말했다. "별批은 반격한다는 뜻이고, 옹壅은 물굽이이다."

批 白結反 壧 巖 司馬彪云 批 反擊也 壅 曲隈也

③ 犇揚滯沛분양체패

색은 체패滯沛에 관해 곽박이 말했다. "물이 뿌려져 흩어지는 모양이다." 滯의 발음은 '체[丑制反]'이다.

滯沛 郭璞云 水洒散皃 滯音丑制反

④ 臨坻注壑임지주학

[정의] 坻의 발음은 '지遲'이다. 지坻는 물속에서 모래가 약하게 일어 물로 나오는 것이다. 《이아》에서 말한다. "작은 물가를 지坻라고 한다." 학壑은 '허墟(기슭)'이다.

坻音遲 坻 水中沙微起出水者也 爾雅云 小沚曰坻 壑 墟也

⑤ 瀺灂참작

[색은] 앞 글자 瀺의 발음은 '삼[士湛反]'이고 뒷 글자 灂의 발음은 '삭[士卓反]'이다. 《설문》에서 말한다. "작은 물소리이다."

上音士湛反 下音士卓反 說文云 水小聲也

⑥ 霣墜운추

[정의] 霣의 발음은 '운隕'이고 墜의 발음은 '쥬[直類反]'이다.

霣音隕 墜 直類反

[신주] 운추霣墜는 떨어지는 모양이다.

⑦ 湛湛침침

[집해] 서광이 말했다. "湛의 발음은 '침沈'이다."

徐廣曰 湛音沈

[신주] 침침湛湛은 조용한 모양이다.

⑧ 隱隱 砰磅訇礚은은 팽방굉개

[정의] 砰의 발음은 '팽[披萌反]'이고 磅의 발음은 '꽝[蒲黃反]'이고, 訇의 발음은 '횡[呼宏反]'이고 礚의 발음은 '개[苦蓋反]'이다. 모두 물이 흐르면서

성난 듯한 소리가 나는 것이다.

砰 披萌反 磅 蒲黃反 訇 呼宏反 磕 苦蓋反 皆水流鼓怒之聲也

⑨ 潏潏淈淈 湁潗鼎沸휼휼굴굴 칩집정비

집해 곽박이 말했다. "湁의 발음은 '칩[敕立反]'이고 潗의 발음은 '집緝'
이다."

郭璞曰 湁音敕立反 潗音緝

색은 휼굴칩집淈潗湁潗이다. 곽박이 말했다. "모두 물이 잔잔히 유동하
고 잔잔하게 솟는 모양이다." 潏淈의 발음은 '결골決骨'이다. 湁의 발음
은 '척[敕力反]'이다. 潗의 발음은 '집緝'이다.《광아》에서 말한다. "굴굴淈
淈은 터져 흐르는 것이다." 주성周成의《잡자》에서 말한다. "칩집湁潗은
물이 끓는 모양이다."

潏淈湁潗 郭璞云 皆水微轉細涌貌 潏淈音決骨 湁音敕力反 潗音緝 廣雅云 淈
淈 決流也 周成襍字云 湁潗 水沸之皃也

⑩ 跳沫도말

집해 서광이 말했다. "일설에는 '흡합吸呷(숨을 들이마시고 침을 삼키다)'이라
고 했다."

徐廣 一云 吸呷

⑪ 汩漶漂疾율흅표질

색은 진작은 漶의 발음을 '흅[華給反]'이라고 했다. 곽박은 漶의 발음을
'힙[許立反]'이라고 했다. 율흅汩漶은 물이 급하게 꺾이는 모양이다.

漶 晉灼曰 華給反 郭璞云 許立反 汩漶 急轉皃也

⑫ 悠遠長懷유원장회

정의 놓여서 (여러 군데로) 흩어지는 모양이다.

放散貌也

신주 아득히 멀고 긴 물줄기를 호수나 강에서 수용해 품는 것이다.

그런 뒤에 끝도 없이 아득한 물길이① 날개를 펴고 천천히 맴돌 듯이 흐르다가 반짝반짝 흰 빛을 내며② 동쪽 태호大湖③로 쏟아져 물이 넘실대는 연못이 됩니다.

이에 교룡과 붉은 교룡의 새끼,④ 다랑어와 점리蟂離,⑤ 전어와 자가사리,⑥ 우우禺禺와 가자미와 도롱뇽⑦이 지느러미를 들고⑧ 꼬리를 흔들어 대며 비늘을 털고 날개를 뽐내며 깊은 바위 밑에 잠기어 자리를 잡고, 물고기와 자라는 시끄러운 소리를 냅니다. (이처럼 수중에는) 온갖 사물이 매우 많습니다.

然後灝溔潢漾① 安翔徐徊 翯乎滈滈② 東注大湖③ 衍溢陂池 於是乎蛟龍赤螭④ 䰽鰽蟂離⑤ 鰅鱅鰬魠⑥ 禺禺魼鰨⑦ 揵鰭⑧擢尾 振鱗奮翼 潛處于深巖 魚鼈讙聲 萬物衆夥

---

① 灝溔潢漾호요황양

정의 潢漾의 발음은 '황양潢漾'이다. 곽박이 말했다. "모두 물이 끝이 없는 것이다."

晃養二音 郭云 皆水無涯際也

② 鷺乎滈滈황호호호

[색은] 鷺의 발음은 '학鶴'이고, 滈의 발음은 '호鎬'이다.《시경》에서 말한다. "백조는 희고 희다.[白鳥鷺鷺]" 곽박이 말했다. "물이 희게 빛나는 모양이다."

鷺音鶴 滈音鎬 詩曰 白鳥鷺鷺 郭璞云 水白光皃 鷺音晶 滈音昊也

③ 大湖태호

[정의] 태호太湖는 소주蘇州의 서남쪽에 있다.

太湖 在蘇州西南

④ 蛟龍赤螭교룡·적리

[색은] 문영이 말했다. "용龍의 새끼를 이螭라 한다." 장읍이 말했다. "자룡雌龍(암 용)이다."

文穎曰 龍子曰螭 張揖云 雌龍也

[정의] 螭의 발음은 '치[丑知反]'이다. 문영이 말했다. "용의 새끼가 이螭가된다." 장읍이 말했다. "자룡雌龍이다." 두 사람의 설이 모두 틀렸다.《광아》에서 말한다. "뿔이 있는 것을 규虯라고 하고, 뿔이 없는 것을 이螭라고 한다." 살펴보니 규리虯螭는 모두 용龍과 유사하나 용이 아니다.

螭 丑知反 文穎云 龍子爲螭 張揖曰 雌龍也 二說皆非 廣雅云 有角曰虯 無角曰螭 案 虯螭皆龍類而非龍

⑤ 鯆䱐螹離긍몽점리

[집해] 서광이 말했다. "䱐의 발음은 '점漸'이다." 살펴보니 곽박이 말했다. "긍몽鯆䱐은 유鮪(다랑어)이다." 鯆䱐의 발음은 '긍몽亙蓸'이다. 점리螹

離는 들어보지 못했다.

徐廣曰 蚸音漸 駰案 郭璞曰 鮡鱣 鮪也 音互蕾 蚸離未聞

[정의] 鮡의 발음은 '긍[古鄧反]'이다. 鱣의 발음은 '믕[末鄧反]'이다. 이기李奇가 말했다. "주락周洛에서는 유鮪라고 하고, 촉蜀에서는 긍믕鮡鱣이라 한다. 공산鞏山의 암혈巖穴에서 나와 3개월간 하수를 거슬러 올라가 능히 용문龍門의 한계를 넘게 되면 용龍이 되는 것이다."

鮡 古鄧反 鱣 末鄧反 李奇云 周洛曰 鮪 蜀曰鮡鱣 出鞏山穴中 三月遡河上 能度
龍門之限 則爲龍矣

⑥ 鰅鱅鰬魠-옹-용-건-탁

[집해] 서광이 말했다. "鰅의 발음은 '융[娛匈反]'이다. 껍질에 무늬가 있고 낙랑樂浪에서 난다. 鰬의 발음은 '건虔'이다. 魠의 발음은 '탁託'이고 큰 입을 가진 물고기이다." 살펴보니 곽박은 "용鱅은 연어와 비슷한데 검다."고 했으며, 《한서음의》에서 말한다. "건鰬은 잉어와 비슷한데 크다."

徐廣曰 鰅音娛匈反 皮有文 出樂浪 鰬音虔 魠音託 哆口魚 駰案 郭璞曰 鱅似鰱
而黑 漢書音義曰 鰬似鯉而大也

⑦ 禺禺鱸魶-우-우-허-납

[집해] 서광이 말했다. "우우禺禺는 어우魚牛이다. 허鱸는 다른 판본에는 '허魼'로 되어 있다. 鱸의 발음은 '탑榻'이다. 魶의 발음은 '납納'이고 다른 판본에는 '탑鰨'으로 되어 있다." 살펴보니 《한서음의》에서 말한다. "허魼는 비목어比目魚이다. 납納은 제어鯷魚(메기)이다."

徐廣曰 禺禺 魚牛也 鱸 一作魼 音榻 魶音納 一作鰨 駰案 漢書音義曰 魼 比目
魚也 魶 鯷魚

⑧ 揵鰭건기

[정의] 揵의 발음은 '건乾'이다. 鰭의 발음은 '기祁'이다. 건揵은 거擧(들리
다)이다. 기鰭는 물고기의 등지느러미이다.

揵音乾 鰭音祁 揵 擧也 鰭者 魚背上鬣也

명월주明月珠가 강기슭에서 반짝이고,① 촉석蜀石과 황연黃礝②과
수정水晶 따위가 쌓여서③ 번쩍이며 밝게 빛나는데, 광채가 탁 트인
곳에서 찬란하게 비추니 그 안에 모든 (빛이) 쌓여 있는 듯합니다.
기러기와 고니, 숙鸘과 능에, 야생거위와 촉옥鸀鳿,④ 교청鵁鶄⑤과
환목鸛目,⑥ 번목煩鶩과 용거鷛渠,⑦ 짐사鵁鴜와 효로鵁鸕⑧가 그
위에 떼지어서 떠 있습니다. 둥실둥실 떠서⑨ 바람 따라 욕심 없
이 떠다니며 파도와 함께 요동을 치다가 온통 풀로 뒤덮인 물가로
가서⑩ 쩝쩝거리며⑪ 푸른 수초를 먹기도 하고⑫ 마름과 연뿌리를
씹기도 합니다.

明月珠子 玓瓅江靡① 蜀石黃礝② 水玉磊砢③ 磷磷爛爛 采色澔旰 叢積
乎其中 鴻鵠鸘鴰 䳑鵝鸀鳿④ 鵁鶄⑤ 鸛目⑥ 煩鶩鷛渠⑦ 鵁鴜鵁鸕⑧ 群浮
乎其上 汎淫泛濫⑨ 隨風澹淡 與波搖蕩 掩薄草渚⑩ 唼喋⑪ 菁藻⑫ 咀嚼
菱藕

---

① 玓瓅江靡적력강미

[집해] 곽박이 말했다. "미靡는 물 기슭이다."

郭璞曰 靡 崖也

적력강미的皪江靡이다. 응소가 말했다. "미靡는 변邊이다. 명월주는 강 속에서 생겨 그 빛이 도리어 강가에 비추는 것이다." 장읍이 말했다. "미靡는 '애涯'(기슭)이다." 곽박이 말했다. "적력的皪은 '조照'(비춤)이다."

的皪江靡 應劭曰 靡 邊也 明月珠子生於江中 其光耀乃照于江邊 張揖曰 靡 涯也 郭璞曰 的皪 照也

② 礝연

집해 곽박이 말했다 "연석礝石은 황색黃色이다."

郭璞曰 礝石黃色也

③ 水玉磊砢수옥뢰가

집해 곽박이 말했다. "수옥水玉은 수정水精이다."

郭璞曰 水玉 水精也

신주 뇌가磊砢는 돌이 쌓여 있는 것이다.

④ 鴻鵠鷫鴇 駕鵝鸀玏홍곡숙보 가아촉옥

집해 곽박이 말했다. "숙鷫은 숙상鷫霜(서방의 신조)이다. 촉옥鸀玏은 오리와 비슷한데 크고 목이 길고 눈이 붉으며 자감색紫紺色이다."

郭璞曰 鷫 鷫霜 鸀玏 似鴨而大 長頸赤目 紫紺色也

鴇의 발음은 '보保'이다. 곽박이 말했다. "보鴇는 기러기와 비슷한데 뒤에 발톱이 없다."《모시초목조수충어소毛詩草木鳥獸蟲魚疏》〈조수조〉에서 말한다. "보鴇는 기러기와 비슷한데, 호랑이의 무늬가 있다."

鴇音保 郭璞云 鴇似鴈 無後指 毛詩鳥獸疏云 鴇似鴈而虎文也

정의 鸀玏의 발음은 '촉옥燭玉'이다. 곽박이 말했다. "기러기와 비슷한데 크며, 목이 길고 눈이 붉으며 자감색紫紺色이다. 물의 독을 피하고 새끼를 낳는데 깊은 계곡의 산골 물속에 낳는다. 만약 비가 내리기라도 하면 (소리 내어) 운다. 암컷은 새끼를 낳고 (새끼 보호를 위해) 잘 싸운다. 강동江東에서는 촉옥燭玉이라고 부른다."

鸀鳿 燭玉二音 郭云 似鴨而大 長頸赤目 紫紺色 辟水毒 生子在深谷澗中 若時有雨 鳴 雌者生子 善鬪 江東呼爲燭玉

⑤ 鵁鶄교청

[정의] 곽박이 말했다. "교청鵁鶄은 오리와 비슷한데, 다리가 길고 벼슬 깃이 있어 화재를 피한다."

郭云 鮫鶄似鳧而腳高 有毛冠 辟火災

⑥ 䴏目환목

[집해] 서광이 말했다. "䴏의 발음은 '환環'이다."

徐廣曰 䴏音環

[색은] 환목䴏目에 관해 곽박은 자세하지 않다고 말했다. 안사고가 말했다. "형荊, 영郢의 사이에 수조水鳥가 있는데 크기는 백로와 같고 꼬리는 짧으며 그의 색은 붉고 희다. 눈이 깊고 눈 옆의 털은 길게 둘러져 있는데, 이것을 선목旋目이라고 하는 것인가?" 䴏의 발음은 '선旋'이다.

䴏目 郭璞云未詳 小顏云 荊郢間有水鳥 大如鷺而短尾 其色紅白 深目 目旁毛長而旋 此其旋目乎 䴏音旋

⑦ 煩鶩鷛鸜번목용거

[집해] 서광이 말했다. "번목煩鶩은 다른 판본에는 '번몽番鸏'으로 되어

있다. 鷛의 발음은 '용容'이다." 살펴보니 《한서음의》에서 말한다. "번목煩鶩은 오리이다. 용거鷛鶏는 집오리와 비슷한데, 닭발이 회색이다."

徐廣曰 煩鶩 一作番鸏 鷛音容 駰案 漢書音義曰 煩鶩 鳧也 鷛鶏似鶩 灰色而雞足

색은 번목·용거煩鶩鷛渠이다. 곽박이 말했다. "번목은 오리에 속한다. 용거는 일명 장거章渠라고도 한다."

煩鶩鷛渠 郭璞云 煩鶩 鴨屬 鷛渠 一名章渠也

⑧ 鱵鵁鵁鸕짐사효로

집해 서광이 말했다. "鱵의 발음은 '짐斟'이고 물새이다. 鵁의 발음은 '사斯'이다. 鵁의 발음은 '효[火交反]'이다." 살펴보니 《한서음의》에서 말한다. "짐사鱵鵁는 푸르고 검은색이다." 곽박이 말했다. "효鵁는 어효魚鵁이고 다리는 꼬리와 가깝다. 노鸕는 노자鸕鶿(바다가마우지)이다."

徐廣曰 鱵音斟 水鳥也 鵁音斯 鵁音火交反 駰案 漢書音義曰 鱵鵁 蒼黑色 郭璞曰 鵁 魚鵁也 腳近尾 鸕 鸕鷀也

색은 짐자葴鷙이다. 장읍이 말했다. "짐자葴鷙는 어호魚虎와 비슷한데 푸르고 검다." 추탄생본에는 '치자鴟鵁'로 되어 있다.

葴鷙 張揖云 葴鷙似魚虎而蒼黑 鄒誕本作鴟鵁也

⑨ 汎淫泛濫범음범람

색은 곽박이 말했다. "모두 새가 바람이 불면 부는 대로, 파도가 일면 이는 대로 저절로 마음껏 떠 있는 모양이다." 《광아》에서 말한다. "범범汎汎은 범범氾氾이니 물에 뜬 것이다."

郭璞云 皆鳥任風波自縱漂皃 汎音馮 泛音芳劍反 廣雅云 汎汎 氾氾 浮也

⑩ 掩薄草渚엄박초저

색은 장읍이 말했다. "엄掩은 복覆(덮다)이다. 풀이 떨기로 자란 것을 박薄이라고 한다."

張揖云 掩 覆也 草叢生曰薄也

정의 엄掩은 복覆이다. 박薄은 의依(의지하다)이다. 어떤 이는 풀이 난 물가에 의지해서 유희하는 것을 말한다고 했다.

掩 覆也 薄 依也 言或依草渚而遊戲也

⑪ 唼喋삽잡

정의 唼의 발음은 '삽[疎甲反]'이고 喋의 발음은 '잡[丈甲反]'이다. 새가 쪼아 먹는 소리이다.

唼 疏甲反 喋 丈甲反 鳥食之聲也

⑫ 菁藻청조

집해 곽박이 말했다. "청菁은 수초이다. 《여씨춘추》에는 '태호太湖의 청菁이다.'라고 했다."

郭璞曰 菁 水草 呂氏春秋曰 太湖之菁也

색은 곽박이 말했다. "청菁은 수초水草이다. 조藻는 총蔟(떨기)이다. 《여씨춘추》에는 '태호의 청菁이다.'라고 했다. 《좌전》에는 '빈번온조蘋蘩蘊藻'라고 했다. 온蘊은 곧 취聚이다."

郭璞云 菁 水草 藻 蔟也 呂氏春秋曰 太湖之菁 左傳云 蘋蘩蘊藻 蘊卽聚

이에 높은 산이 우뚝우뚝 솟아 산은 험준하고 가파르며,[①] 숲은 깊고 나무는 크며 깎아지른 것이 들쭉날쭉합니다.[②] 구종산, 절알산, 종남산은 험준하며 까마득히 높고[③] 가파르게 비탈진 것이[④] 시루와 솥을 닮았습니다. 불쑥 솟았다가 낮게 꺾여서[⑤] 시냇물이 계곡을 타고 흩뿌려져 골짜기를 통과하니[⑥] 굽이굽이[⑦] 도랑을 이룹니다. 골짜기는 입을 쩍 벌린 듯 휑뎅그렁하게 비었고,[⑧] 여러 언덕은 나뉘어져 섬이 되었습니다.[⑨] 산세가 험준하고[⑩] 언덕도 오르락내리락하다가[⑪] 들쭉날쭉, 구불구불하며[⑫] 높아졌다 낮아졌다 하며 죽 이어지다가[⑬] 연못에 이르러서야 점점 평평해집니다.[⑭] 물이 질펀하게 흘러[⑮] 흩어지고 흩어져 평평한 육지가 되니[⑯] 1,000여 리의 물가에 평지를 만들고 축대를 쌓지 아니한 곳이 없습니다.[⑰]

於是乎崇山龍嵸 崔巍嵯峨[①] 深林鉅木 嶄巖嵾嵯[②] 九嵏巀嶭 南山峨峨[③] 巖陁[④]甗錡 摧崣崛崎[⑤] 振谿通谷[⑥] 蹇産[⑦]溝瀆 谽呀豁閜[⑧] 阜陵別島[⑨] 崴磈嵔廆[⑩] 丘虛崛嵂[⑪] 隱轔鬱㠞[⑫] 登降施靡[⑬] 陂池貏豸[⑭] 沇溶淫鬻[⑮] 散渙夷陸[⑯] 亭皋千里 靡不被築[⑰]

① 崇山龍嵸 崔巍嵯峨 숭산롱종 최외차아

[정의] 龍의 발음은 '롱[力孔反]'이고 嵸의 발음은 '종[子孔反]'이고, 崔의 발음은 '죄[在回反]'이고, 巍의 발음은 '외[五回反]'이다. 곽박이 말했다. "모두 산이 높은 모양이다."

龍 力孔反 嵸 子孔反 崔 在回反 巍 五回反 郭云 皆峻貌

[신주] 차아嵯峨는 산이 우뚝우뚝 솟은 모양이다.

② 嶄巖嵾嵯참암참차

　정의　嶄의 발음은 '함咸' 또는 '삼[仕銜反]'이다. 嵾의 발음은 '침[楚林反]'이고, 嵯의 발음은 '칙[楚宜反]'이다. 안안顔이 말했다. "참암嶄巖은 첨예한 모양이다. 참치嵾嵯는 가지런하지 않은 것이다."

嶄音咸 又仕銜反 嵾音楚林反 嵯楚宜反 顔云 嶄巖 尖銳貌 嵾嵯 不齊也

③ 九嵏巀嶭南山峨峨구종절얼남산아아

　집해　《한서음의》에서 말한다. "구종산九嵏山은 좌풍익 곡구현의 서쪽에 있다. 절얼산巀嶭山은 지양현의 북쪽에 있다."

漢書音義曰 九嵏山在左馮翊谷口縣西 巀嶭山在池陽縣北

　정의　嵏의 발음은 '종[子公反]'이고 巀의 발음은 '절[才切反]'이고 嶭의 발음은 '열[五結反]'이다.

嵏 子公反 巀 才切反 嶭 五結反

　신주　아아峨峨는 산이 험준하고 높은 모양이다.

④ 陀타

　집해　陀의 발음은 '지遲'이다.

音遲

⑤ 巖陁甗錡 摧崣崛崎암타언의 최위굴의

　집해　곽박이 말했다. "타陁는 애제崖際(벼랑가)이다. 甗의 발음은 '안[魚晩反]'이고, 錡의 발음은 '의蟻'이고, 摧의 발음은 '죄[作罪反]'이다."

郭璞曰 陁 崖際 甗音魚晩反 錡音蟻 摧音作罪反

　색은　최위굴기摧崣崛崎이다. 곽박이 말했다. "모두 높아 굽고 우묵하고

꺾인 모양이다. 摧의 발음은 '죄[作罪反]'이고 崣의 발음은 '위委'이고 崛의
발음은 '굴掘'이고 崎의 발음은 '의倚'이다."

摧崣崛崎 郭璞云 皆崇屈窟折皃 摧音作罪反 崣音委 崛音掘 崎音倚

⑥ 振谿通谷진계통곡

색은 장읍이 말했다. "진振은 빼는 것이다. 물이 내로 흐르는 것이 계
谿이고 시내로 흐르는 것이 곡谷이다." 곽박이 말했다. "진振은 쇄灑(흩뿌
리다)와 같다."

張揖云 振 拔也 水注川曰溪 注溪曰谷 郭璞曰 振猶灑也

⑦ 蹇産건산

집해 《한서음의》에서 말한다. "건산蹇産은 굴절屈折이다."

漢書音義曰 蹇産 屈折也

⑧ 谽呀豁閜함하활하

집해 곽박이 말했다. "모두 산골짜기의 형용이다. 谽의 발음은 '함[呼含
反]'이고 呀의 발음은 '하[呼加反]'이고 閜의 발음은 '하[呼下反]'이다."

郭璞曰 皆澗谷之形容也 谽音呼含反 呀音呼加反 閜音呼下反

색은 함하활하谽呀豁閜이다. 사마표가 말했다. "함하谽呀는 거대한 모
양이다. 활하豁閜는 공허空虛이다."

谽呀豁閜 司馬彪云 谽呀 大皃 豁閜 空虛也

⑨ 阜陵別島부릉별도

정의 높고 평평한 것이 육陸이다. 대륙大陸은 부阜라 하고, 대부大阜는

능陵이라 하고, 물속의 산山은 도島이라 한다.

高平曰陸 大陸曰阜 大阜曰陵 水中山曰島

⑩ 嵔碨巍瘣위외외외

[정의] 嵔의 발음은 '외[於鬼反]'이고, 碨의 발음은 '외[魚鬼反]'이고, 巍의 발음은 '외[烏罪反]'이고, 瘣의 발음은 '회[胡罪反]'이다. 모두 높은 모양이다.

嵔 於鬼反 碨 魚鬼反 巍 烏罪反 瘣 胡罪反 皆高峻貌

⑪ 丘虛崛﨑구허굴뢰

[정의] 虛의 발음은 '허墟'이고, 崛의 발음은 '굴[口忽反]' 또는 '괴[口罪反]'이고, 﨑의 발음은 '뢰[力罪反]'이다. 모두 퇴롱堆壟(흙무더기)이 평평하지 않은 모양이다.

虛音墟 崛 口忽反 又口罪反 﨑 力罪反 皆堆壟不平貌

⑫ 隱轔鬱崛은인울률

[정의] 崛의 발음은 '율律'이다. 곽박이 말했다. "모두 그 형세이다."

崛音律 郭云 皆其形勢也

⑬ 施靡이미

[정의] 곽박이 말했다. "이미施靡는 연연連延과 같다."

郭云 施靡猶連延

[신주] 이미施靡는 굴곡이 연이어 펼쳐 있는 모양이다.

⑭ 陂池豼豸피지피치

집해 곽박이 말했다. "豼의 발음은 '의피衣被'(옷을 입는다)의 '피被'이고, 豸의 발음은 '충치蟲豸'(벌레)의 '치豸'이다."

郭璞曰 豼音衣被 豸音蟲豸也

색은 곽박이 말했다. "피지陂池는 두루 쇠퇴하는 모양이다. 陂의 발음은 '피皮'이고, 豼의 발음은 '의피衣被'의 '피被'이다."

郭璞曰 陂池 旁穨皃 陂音皮 豼音 衣被之被

⑮ 沇溶淫鬻윤용음육

색은 곽박이 말했다. "유격뇨연游激淖衍(흘러 넘치는 모양)한 모양이다."

郭璞云 游激淖衍皃

정의 溶의 발음은 '용容'이고 鬻의 발음은 '육育'이다. 장읍이 말했다. "물이 계곡 사이로 흐르는 것이다."

溶音容 鬻音育 張云 水流谿谷之間

⑯ 散渙夷陸산환이륙

색은 사마표가 말했다. "평지平地이다."

司馬彪曰 平地

⑰ 亭皋千里 靡不被築정고천리 미불피축

집해 곽박이 말했다. "정자를 만드는데 늪의 습지를 살펴서 모두 땅을 쌓아 평평하게 하는 것으로 가산賈山이 이른바 '은이금추隱以金椎'(금망치로 숨기다)라고 한 것이다."

郭璞曰 言爲亭候於皋隰 皆築地令平 賈山所謂隱以金椎也

신주 정자의 늪지대는 1,000리이고 모두 축대를 쌓지 않은 것이 없다
는 뜻이다.

푸른 혜초[1]와 강리江離(향초의 일종)로 가려 덮고, 미무蘪蕪(천궁)와
유이流夷[3](향초의 일종)를 섞어놓았습니다.[2] 결루結縷를 넓게 심
고[4] 사초를 모아 서로 얽혀 자라게 했으며[5] 게거揭車와 형란衡
蘭, 고본槀本과 사간射干,[6] 자강茈薑[7]과 양하蘘荷,[8] 침등葴橙과
약손若蓀,[9] 선지鮮枝와 황력黃礫,[10] 장저蔣芧와 청번靑薠[11] 따위가
너른 늪지에 두루 퍼져서 광야로 뻗어 넓고 편편하게 끝없이 이어
졌고, 바람과 응해 쓸려서 꽃다운 향기가 강하게 뿜어져 날리니[12]
짙고 그윽한 여러 향기가 퍼져 사람의 마음속에 스며들어 눈을
가리고서도 그윽한 향기를 느끼게 합니다.[13]

掩以綠蕙[1] 被以江離 糅[2]以蘪蕪 雜以流夷[3] 尃結縷[4] 欑戾莎[5] 揭車衡
蘭 槀本射干[6] 茈薑[7]蘘荷[8] 葴橙若蓀[9] 鮮枝黃礫[10] 蔣芧靑薠[11] 布濩閎
澤 延曼太原 麗靡廣衍 應風披靡 吐芳揚烈[12] 郁郁斐斐 衆香發越 肸蠁
布寫 晻薆芯勃[13]

---

① 綠蕙녹혜

[정의] 장읍이 말했다. "녹綠은 왕추王芻이다. 혜蕙는 훈초薰草이다." 안
顏이 말했다. "녹혜綠蕙는 혜초蕙草가 색이 푸른 것임을 말할 뿐이고 왕
추王芻는 아니다." 《이아》에서 말한다. "녹菉은 일명 왕추王芻이다."

張云 綠 王芻芻也 蕙 薰草也 顏云 綠蕙 言蕙草色綠耳 非王芻芻也 爾雅云菉一

名王蒭

② 糅유

[정의] 糅의 발음은 '우[女又反]'이다.

糅 女又反

③ 流夷유이

[집해] 《한서음의》에서 말한다. "유이流夷는 신이新夷이다."

漢書音義曰 流夷 新夷也

④ 専結縷부결루

[집해] 서광이 말했다. "부専는 옛날의 '포布' 자이고, 다른 판본에는 '포布' 자로 되어 있다." 살펴보니 《한서음의》에서 말한다. "결루結縷는 백모白茅와 같고 넝쿨로 이어져 자라 씨앗을 퍼뜨린다."

徐廣曰 専 古布字 一作布 駰案 漢書音義曰 結縷似白茅 蔓聯而生 布種之者

⑤ 欑戾莎찬려사

[집해] 서광이 말했다. "초草는 붉게 물들일 수 있는 것이다."

徐廣曰 草 可染紫

[신주] 여사戾莎는 사초풀이 서로 엇갈려 있는 것이다.

⑥ 揭車衡蘭 稿本射干게거형란 고본사간

[집해] 서광이 말했다. "揭의 발음은 '걸桀'이다." 살펴보니 곽박이 말했다. "게거揭車는 일명 걸여乞輿이다. 고본稿本은 고발稿茇이다. 사간射干

은 10월에 나고 모두 향초이다."

徐廣曰 揭音桀 駰案 郭璞曰 揭車 一名乞輿 稾本 稾茇 射干 十月生 皆香草

[색은] 고본에 대하여 살펴보니 동군桐君의 《약록》에서 말한다. "싹이 궁궁芎藭이와 비슷하다."

稾本 案桐君藥錄云 苗似芎藭也

⑦ 茈薑자강

[색은] 장읍이 말했다. "자강이다." 살펴보니 《사인월령》에서 말한다. "생강生薑을 자강이라고 이른다. 茈의 발음은 '자紫'이다."

張揖云 子薑也 案 四人月令云 生薑謂之茈薑 音紫

⑧ 蘘荷양하

[정의] 蘘의 발음은 '양[人羊反]'이다. 양하의 줄기와 뿌리 옆에는 순笋이 자라는데 부용芙蓉과 같아서 김치를 만들 수 있고, 또 독충毒蟲도 다스린다.

蘘 人羊反 柯根旁生笋 若芙蓉 可以爲菹 又治蟲毒也

⑨ 葴橙若蓀침등약손

[집해] 곽박이 말했다. "침葴은 자세하지 않다. 등橙은 유柚이다. 약손若蓀은 향초이다."

郭璞曰 葴 未詳 橙 柚 若蓀 香草也

[색은] 장읍이 말했다. "침葴은 지궐持蕨이다." 곽박이 말했다. "등橙은 유柚이다." 요씨姚氏는 이곳의 전후前後는 모두 풀이고 등橙은 잘못된 것이라고 여겼다. 안사고가 말했다. "침葴은 한장寒漿이다. 지持는 마땅히

'부符'가 되어야 하고, 부符는 귀목鬼目이다." 살펴보니 지금 독자讀者들이
또한 부르기를 '등登'이라고 하며 금등초金登草를 이른다. 장읍이 말했다.
"손蓀은 향초이다." 요씨가 말했다. "손초蓀草는 창포昌蒲와 같고 줄기가
없다. 시냇물이나 산골 물속에서 자란다. 蓀의 발음은 '손孫'이다."

張揖云 葴 持闕 郭璞云 橙 柚也 姚氏以爲此前後皆草 非橙也 小顔云 葴 寒漿
也 持當爲符 符 鬼目也 案 今讀者亦呼爲登 謂金登草也 張揖云 蓀 香草 姚氏
云 蓀草似昌蒲而無脊也 生溪澗中 蓀音孫

⑩ 鮮枝黃礫선지황력

[집해] 곽박이 말했다. "모두 미상이다."

郭璞曰 皆未詳

[색은] 선지황력鮮支黃礫이다. 장읍이 말했다. "모두 풀인데 자세하지 않
다." 사마표가 말했다. "선지鮮支는 지자支子이다. 어떤 이는 선지鮮支는
또한 향초라고 일렀다." 안사고가 "황력黃礫은 황설목黃屑木이다."라고 했
는데, 아마도 잘못된 것이다.

鮮支黃礫 張揖云 皆草也 未詳 司馬彪云 鮮支 支子 或云鮮支亦香草也 小顔云
黃礫 黃屑木 恐非也

⑪ 蔣芧靑薠장저청번

[집해] 서광이 말했다. "芧의 발음은 '저佇'이다." 살펴보니 《한서음의》에
서 말한다. "장蔣은 고菰(향초)이다. 저芧는 삼릉三稜이다."

徐廣曰 芧音佇 駰案 漢書音義曰 蔣 菰也 芧 三稜

[색은] 장蔣은 고菰이다. 곽박이 말했다. "芧의 발음은 '저佇'이다. 또 삼
릉저三稜芧라고도 한다. 薠의 발음은 '번煩'이다.

蔣 菰也 郭璞 芧音佇 又云 三稜芧 蘋音煩

⑫ 吐芳揚烈토방양렬

집해 곽박이 말했다. "향기가 매우 강한 것이다."

郭璞曰 香酷烈也

⑬ 晻曖苾勃엄애필발

정의 晻曖의 발음은 '엄애奄愛'이다. 모두 향기로움이 성盛한 것이다.
《시경》에는 "필필분분苾苾芬芬"(향기가 진동한)이라고 했는데, 기氣이다.

晻曖 奄愛二音 皆芳香之盛也 詩云 苾苾芬芬 氣也

이에 두루 관찰하고 넓게 살펴보니 눈이 가물가물하고 침침하
며① 까마득하고 황홀해서, 보아도 끝이 없고 살펴도 경계가 없습
니다. 해는 동쪽의 연못에서 나오고 서쪽의 비탈로 들어갑니다.②
그 남쪽은 한겨울에도 (식물이) 나서 자라고 물이 솟구치고 파도가
칩니다. 그 짐승으로는 용慵과 모旄, 막獏과 리犛,③ 침우沈牛와 주
미麈麋(고라니와 순록),④ 적수赤首와 환제圜題,⑤ 궁기窮奇와 코끼리와
무소⑥가 있습니다. 그 북쪽은 한여름인데도 하수河水가 얼고 땅
이 갈라져서 옷자락을 걷고 얼음 위를 걸어서 하수河水를 건너게
됩니다.⑦ 그 짐승들로는 기린麒麟⑧과 각서角觿,⑨ 도도騊駼와 탁
타橐駝, 공공蛩蛩과 탄혜驒騱, 결제駃騠와 여라驢騾⑩가 있습니다.

於是乎周覽泛觀 瞋盼軋沕① 芒芒恍忽 視之無端 察之無崖 日出東沼

入於西陂^② 其南則隆冬生長 踊水躍波 獸則犏旄獏犛^③ 沈牛麈麋^④ 赤
首圜題^⑤ 窮奇象犀^⑥ 其北則盛夏含凍裂地 涉冰揭河^⑦ 獸則麒麟^⑧角端
^⑨ 騊駼橐駝 蛩蛩驒騱 駃騠驢騾^⑩

① 瞋盼軋沕진분알물

　집해　서광이 말했다. "瞋의 발음은 '친[丑人反]'이고 분盼은 다른 판본
에는 '민緡'으로 되어 있다." 살펴보니 곽박이 말했다. "모두가 모양을 분
별하는 것이 불가하다."

徐廣曰 瞋音丑人反 盼 一作緡 駰案 郭璞曰 皆不可分貌

　신주　알물軋沕은 분명하지 않은 모양이다.

② 日出東沼 入於西陂일출동소 입어서피

　색은　장읍이 말했다. "해가 아침에는 원苑의 동쪽 연못으로 나가고 저
물어서는 원苑의 서쪽 방죽 안으로 들어간다."

張揖云 日朝出苑之東池 暮入于苑西陂中也

③ 犏旄獏犛용모맥리

　집해　서광이 말했다. "犏의 발음은 '용容'이고 짐승의 종류이다. 犛의
발음은 '리貍'이고 '모茅'의 발음도 있다." 살펴보니 곽박이 말했다. "모旄
는 모우旄牛이다. 맥獏은 곰과 비슷하고 다리는 짧으며 머리는 뾰족하다.
이우犛牛는 흑색이며 서남쪽 요새 밖에서 나온다."

徐廣曰 犏音容 獸類也 犛音貍 一音茅 駰案 郭璞曰 旄 旄牛 獏似熊 庳腳銳頭
犛牛 黑色 出西南徼外也

색은 곽박이 말했다. "용犝은 용우犝牛이고 목에 뭉친 고기가 있고 犝의 발음은 '용容'이다." 살펴보니 지금의 봉우犎牛이다. 장읍이 말했다. "모旄는 모우旄牛이고 모양은 소와 비슷하고 네 계절마다 털이 자란다. 맥貘은 흰 표범이고 곰과 비슷하며 다리는 짧고 머리는 뾰족하다. 뼈에는 골수骨髓가 없고 구리나 철을 먹는다. 貘의 발음은 '맥陌'이다. 犛의 발음은 '리貍' 또는 '모茅'이다. 어떤 이는 묘우貓牛라고도 했다. 이우犛牛는 흑색이고 서남쪽의 요새 밖에서 나오며 털은 불拂을 만들 수 있다고 한 것이 이것이다."라고 했다.

郭璞云 犝 犝牛 領有肉堆 音容 案 今之犎牛也 張揖云 旄 旄牛 狀如牛而四節生毛 貘 白豹也 似熊 庳腳銳頭 骨無髓 食銅鐵 音陌 犛音貍 又音茅 或以爲貓牛 犛牛黑色 出西南徼外 毛可爲拂是也

④ 沈牛麈麋침우주미

집해 《한서음의》에서 말한다. "침우沈牛는 수우水牛(물소)이다."

漢書音義曰 沈牛 水牛也

정의 주麈는 사슴과 비슷한데 크다. 살펴보니 미麋는 물소와 비슷한 것이다.

麈似鹿而大 案 麋似水牛

⑤ 題제

집해 곽박이 말했다. "제題는 액額인데 확실치 않다."

郭璞曰 題 額也 所未詳

⑥ 窮奇象犀궁기상서

집해 《한서음의》에서 말한다. "궁기窮奇의 모양은 소와 비슷하고 고슴
도치의 털과 비슷하며, 그의 소리는 호구嘷狗와 같고 사람을 잡아먹는다."
漢書音義曰 窮奇狀如牛而蝟毛 其音如嘷狗 食人也

색은 장읍이 말했다. "궁기의 모양은 소와 비슷하고 고슴도치의 털과
비슷하며 그 소리는 호구嘷狗와 비슷하고 사람을 잡아먹는다." 곽박이 말
했다. "상象은 큰 짐승이며 긴 코에 이빨의 길이는 일장一丈이다. 서犀는
머리는 돼지와 비슷하고 다리는 짧고 하나의 뿔이 머리에 있다."
張揖云 窮奇狀如牛而蝟毛 其音如嘷狗 食人 郭璞云 象 大獸 長鼻 牙長一丈 犀
頭似豬 庳腳 一角在頭也

⑦ 涉冰揭河섭빙게하
집해 곽박이 말했다. "물이 가득 차 얼어 풀리지 않고 땅이 갈라진 것
을 말한 것이다. 게揭는 옷자락을 걷어 올리는 것이다."
郭璞曰 言水漫凍不解 地坼裂也 揭 褰衣

⑧ 麒麟기린
색은 장읍이 말했다. "수컷은 기麒이고 암컷은 인麟이다. 그 모양은 노
루의 몸체, 소의 꼬리, 이리의 발굽에 뿔이 하나이다." 곽박이 말했다.
"기麒는 인麟과 비슷한데 뿔이 없다."《모시초목조수충어소》에서 말한
다. "인麟은 황색이고 뿔의 끝에는 살이 있다." 경방京房의《역전易傳》에
서 말한다. "오채五采가 있고 배 밑이 황색이다."
張揖曰 雄曰麒 雌曰麟 其狀麕身 牛尾 狼蹄 一角 郭璞云 麒似麟而無角 毛詩疏
云 麟黃色 角端有肉 京房傳云 有五采 腹下黃色也

⑨ 角䚸각단

집해 곽박이 말했다. "각단角䚸에서 䚸의 발음은 '단端'이다. 돼지와 비슷하며 뿔은 코 위에 있고 활로 만들기에 적합하다. 이릉李陵은 일찍이 이 활 10벌을 소무蘇武에게 준 적이 있다."

郭璞曰 角䚸 音端 似豬 角在鼻上 堪作弓 李陵嘗以此弓十張遺蘇武也

색은 장읍이 말했다. "䚸의 발음은 '단端'이다. 각단角䚸은 소와 비슷하다." 곽박이 말했다. "돼지와 비슷하고 뿔은 코 위에 있다. 《모시초목조수충어소》에는 '활을 만드는 것이 가하다.'라고 했다. 이릉이 일찍이 이 활로써 소무에게 보낸 적이 있다."

張揖云 音端 角䚸似牛 郭璞云 似豬 角在鼻上 毛詩疏云可以爲弓 李陵曾以此弓遺蘇武

⑩ 騊駼橐駞 蛩蛩驒騱 駃騠驢騾도도탁타 공공탄혜 결제여라

정의 騊駼의 발음은 '도도桃徒'이다. 橐의 발음은 '탁託'이고, 駞의 발음은 '다[徒河反]'이다. 蛩의 발음은 '공[其恭反]'이다. 驒騱의 발음은 '전혜顚奚'이다. 駃騠의 발음은 '결제決啼'이다.

騊駼 桃徒二音 橐音託 駞 徒河反 蛩音其恭反 驒騱 顚奚二音 駃騠音決啼

신주 도도騊駼는 야생마이다. 탁타橐駞는 낙타이다. 공공蛩蛩은 북해北海에 있다는 말과 비슷한 짐승이다. 전혜驒騱는 갈기가 검은 흰 말이다. 결제駃騠는 잘 달리는 말이다. 여라驢騾는 당나귀와 노새이다.

〈자허부〉 하편

이에 이궁離宮과 별관別館이 산을 가득 채우고 계곡에 걸쳐 있습
니다.① 높은 회랑이 사방으로 이어져 있으며, 겹추녀의 높은 누
각과 굽어진 각도閣道②에 화려한 서까래와 옥으로 장식한 서까
래 끝③과 연輦을 타는 길이 잇달아 이어졌고, 걸어 다니는 낭하
는 두루 흐르는 물길처럼 이어지고 길이 길어 중도에서 유숙해야
할 정돕니다.④ 종산嵕山을 평평하게 깎아 전당을 짓고 겹쳐 올린
누대 위에 층층이 성을 쌓았으며, 바위틈에 깊숙한 방을 꾸몄는
데,⑤ 굽어보아도 아득하여 보이는 것이 없고, 우러러 서까래를 부
여잡고서 하늘을 어루만지니 유성流星이 규달閨闥에서 바뀌고 굽
은 무지개가 난간과 추녀 사이에서 끌어당기고 있습니다.⑥

於是乎離宮別館 彌山跨谷① 高廊四注 重坐曲閣② 華榱璧璫③ 輦
道繩屬 步櫩周流 長途中宿④ 夷嵕築堂 纍臺增成 巖突洞房⑤ 俛杳眇而無見
仰攀橑而捫天 奔星更於閨闥 宛虹拖於楯軒⑥

① 彌山跨谷미산과곡

　정의　미彌는 만滿(가득차다)이다. 과跨는 기騎와 같다. 궁관宮館이 산에

가득하고 또 계곡에 걸쳐 있다는 것을 말한다.

彌 滿也 跨猶騎也 言宮館滿山 又跨谿谷也

② 高廊四注 重坐曲閣고랑사주 중좌곡각

집해 곽박이 말했다. "중좌重坐는 중헌重軒이다. 곡각曲閣은 각도閣道
가 굽은 것이다."

郭璞曰 重坐 重軒也 曲閣 閣道曲也

③ 華榱璧璫화최벽당

색은 위소가 말했다. "옥玉을 재단해서 벽璧을 만들고 서까래 끝의 장
식으로 사용하는 것이다." 사마표가 말했다. "옥벽으로써 와당瓦當을 만
든다."

韋昭曰 裁玉爲璧 以當榱頭 司馬彪曰 以璧爲瓦當

④ 長途中宿장도중숙

집해 곽박이 말했다. "도途는 누각樓閣 사이의 섬돌길이다. 중숙中宿은
길고 먼 것을 말한다."

郭璞曰 途 樓閣間陛道 中宿言長遠也

⑤ 夷嵏築堂~巖突洞房이종축당~암요동방

집해 곽박이 말했다. "종嵏은 산 이름이다. 그 산 위를 평평하게 해 편
안한 전당堂으로 삼았다. 성成은 또한 중重(층층이)의 뜻이다. 《주례》에서
'단壇을 삼중三重으로 만들었다.'라고 했다. 암혈 밑에 실室을 만들고 몰
래 대臺의 위로 통하게 한 것이다."

郭璞曰 嵏 山名 平之以安堂其上 成亦重也 周禮曰 爲壇三成 在巖穴底爲室 潛
通臺上者

색은 복건이 말했다. "이 산을 평평하게 해서 전당을 만든 것이다." 여
순이 말했다. "종嵏은 산 이름이다." 장읍이 말했다. "여러 번을 거듭해
완성한 것이다. 그러므로 증성增成이라 한다. 《예》에는 '단壇을 세 번에
이루었다.'라고 한다." 곽박이 말했다. "바위의 깊숙한 밑을 살펴서 실室
을 만들어 몰래 대臺 위로 통하게 한 것을 말한다." 突의 발음은 '요[一弔
反]'이다. 《이아》〈석명〉에는 '요突는 유幽(그윽하다)이다.'라고 했나. 《초사
楚辭》에는 "겨울의 깊숙한 큰 집은 여름에도 집이 시원하다.[冬有突厦夏屋
寒]"라고 했는데, 왕일王逸은 복실複室이라고 했다.

服虔云 平此山以爲堂 如淳云 嵏 山名也 張揖云 重累而成之 故曰增成 禮曰爲
壇三成也 郭璞曰 言在巖突底爲室 潛通臺上 突音一弔反 釋名以爲突 幽也 楚
辭云 冬有突厦夏屋寒 王逸以爲複室也

⑥ 宛虹拖於楯軒완홍타어순헌

집해 서광이 말했다. "楯의 발음은 '순[食尹反]'이다."

徐廣曰 楯音食尹反

정의 拖의 발음은 '다[徒我反]'이다. 안顔이 말했다. "완홍宛虹은 굽은
무지개이다. 타拖는 위에서 가운데로 잡아당기는 것이다. 순楯은 추녀 난
간에 대어 막는 널빤지이다. 집이 높으므로 별과 무지개가 지나는 것을
만날 수 있도록 그것(난간)을 덧대 놓았다는 말이다."

拖音徒我反 顔云 宛虹 屈曲之虹 拖謂中加於上也 楯 軒之闌板也 言室宇之高
故星虹得經加之

푸른 규룡虯龍은 동쪽 곁채에서 놀며 꿈틀거리고,① 상아로 장식한 수레는 서쪽 곁채에서 둠칫둠칫 움직입니다.② 영어靈圉③는 한 관閑觀에서 연회를 열고, 악전偓佺④의 무리는 남쪽 처마에서 햇볕을 쬡니다.⑤ 예천醴泉은 청실淸室에서 솟아나 개울을 거쳐 뜰의 가운데를 지납니다.

반석槃石으로 강기슭을 정비하자⑥ 높고 험한 산은 비스듬히 기울어 있고, 우뚝한 봉우리는 산세가 험하고 높아⑦ 새겨 깎은 것처럼 가파릅니다.⑧ 매괴玫瑰와 벽림碧琳과 산호珊瑚들이 떨기 지어 자라나고⑨ 민옥瑉玉과 방당旁唐,⑩ 빈반璸斒과 문린文鱗,⑪ 적하赤瑕와 박락駁犖⑫ 따위가 그사이에 섞여 있는데,⑬ 수수垂綏와 완염琬琰과 화씨벽和氏璧이 여기에서 나옵니다.⑭

青虯蚴蟉①於東箱 象輿婉蟬於西清② 靈圉③燕於閑觀 偓佺④之倫暴於南榮⑤ 醴泉涌於清室 通川過乎中庭 槃石裖崖⑥ 嶔巖倚傾 嵯峨磜碟⑦ 刻削崢嶸⑧ 玫瑰碧琳 珊瑚叢生⑨ 瑉玉旁唐⑩ 璸斒文鱗⑪ 赤瑕駁犖⑫ 雜臿⑬其間 垂綏琬琰 和氏出焉⑭

① 蚴蟉유류

정의 蚴의 발음은 '유[一糾反]'이고 蟉의 발음은 '류[力糾反]'이다.
蚴 一糾反 蟉 力糾反

신주 유류蚴蟉는 뱀이나 용이 꿈틀거리면서 가는 모양이다.

② 象輿婉蟬於西淸상여완선어서청

집해 《한서음의》에서 말한다. "산에서 상아로 장식한 상여가 나온다

고 했는데, (상여는) 상서로움을 상징하는 수레이다." 곽박이 말했다. "서청
西淸은 서쪽 곁채의 청정淸淨한 땅이다."

漢書音義曰 山出象輿 瑞應車也 郭璞曰 西淸 西箱淸淨地也

[정의] 婉蟬의 발음은 '완선宛善'이다. 안안이 말했다. "유규완선蚴蟉婉蟬
은 모두 가고 움직이는 모양이다."

婉蟬 宛善二音 顔云 蚴蟉婉蟬 皆行動之貌也

③ 靈圉영어

[집해] 곽박이 말했다. "영어靈圉는 순어淳圉이고 선인의 이름이다."

郭璞曰 靈圉 淳圉 仙人名也

[색은] 장읍이 말했다. "여러 신선의 호칭이다."《회남자》에서 말한다.
"비룡飛龍을 타고 순어淳圉를 따른다." 허신이 말했다. "순어淳圉는 선인
仙人이다."

張揖云 衆仙號 淮南子云 騎飛龍 從淳圉 許愼曰 淳圉 仙人也

④ 偓佺악전

[집해]《한서음의》에서 말한다. "악전偓佺은 선인의 이름이다."

漢書音義曰 偓佺 仙人名也

[색은] 위소가 말했다. "옛 선인이고 성姓은 악偓이다."《열선전》에서 말
한다. "괴리槐里의 약재를 캐는 사람이다. 솔방울을 먹고 형체에는 털이
여러 치가 나 있으며, 눈은 모나고 움직이면 달리는 말을 따를 수 있다."

韋昭曰 古仙人 姓偓 列仙傳云 槐里採藥父也 食松 形體生毛數寸 方眼 能行追
走馬也

⑤ 倫暴於南榮윤폭어남영

[색은] 응소가 말했다. "집의 처마 양쪽 끝부분이 날개와 같다." 그래서 정현이 말했다. "영榮은 지붕의 날개이다."《칠유》에서 '비영飛榮은 새가 날개를 펴는 것과 같다.'고 했는데, 이것을 말한다. 폭暴은 한낮에 엎드려 자는 것이다.

應劭云 屋檐兩頭如翼也 故鄭玄云 榮 屋翼也 七誘云 飛榮似鳥舒翼 是也 暴 偃臥日中也

⑥ 槃石袗崖반석진애

[집해] 서광이 말했다. "袗의 발음은 '진振'이다."

徐廣曰 袗音振

[색은] 반석진애盤石袗厓이다. 여순이 말했다. "袗은 '진振'으로 발음하는데, 매우 많은 것이다." 이기가 말했다. "진袗은 가지런하게 하는 것으로, 연못 밖의 가장자리를 정돈한다는 말이다. 袗의 발음은 '진[之忍反]'이다."

盤石袗厓 如淳曰 袗音振 盛多也 李奇曰 袗 整也 整頓池外之厓 音之忍反也

⑦ 嵯峨礁磼차아잡압

[집해] 서광이 말했다. "아峨는 다른 판본에는 '지池'로 되어 있다. 礁의 발음은 '잡雜'이고 磼의 발음은 '압[五合反]'이다."

徐廣曰 峩 一作池 礁音雜 磼音五合反

[색은] 잡압礁磼이《비창》에는 '높은 모양'이라고 했다. 앞 글자 礁의 발음은 '섭[士劫半]'이고 뒷 글자 磼의 발음은 '읍[魚揖反]'이다. 또한《자림》에서 말한다. "礁의 발음은 '잡[才匝反]'이고 磼의 발음은 '압[五匝反]'이다."

礁磼 埤蒼云 高皃也 上士劫反 下魚揖反 又字林音礁 才帀反 磼 五帀反

⑧ 刻削崢嶸각삭쟁영

[정의] 곽郭이 말했다. "자연스럽기가 조각한 것과 같다고 말한 것이다."
郭云 言自然若彫刻也

⑨ 玫瑰碧琳 珊瑚叢生매괴벽림 산호총생

[정의] 곽박이 말했다. "산호珊瑚는 물밑의 돌 가에서 자라고, 큰 것은 나무의 높이가 3자尺 남짓 되며, 가지가 격자모양으로 교차하는데 잎은 없다."
郭云 珊瑚生水底石邊 大者樹高三尺餘 枝格交錯 無有葉

[신주] 매괴玫瑰는 붉은 옥이고, 벽림碧琳은 푸른 옥이고, 산호珊瑚는 산호충이 모여 골격을 이룬 것이다. 총생叢生은 떨기로 자람을 의미한다.

⑩ 瑉玉旁唐민옥방당

[정의] 곽郭이 말했다. "방당旁唐은 광대한 모양을 말한다."
郭璞云 旁唐言盤薄

⑪ 璸斒文鱗빈반문린

[집해] 서광이 말했다. "璸의 발음은 '빈彬'이다. 斒의 발음은 '반班'이다."
徐廣曰 璸音彬 斒音班

[신주] 빈반璸斒은 무늬가 있는 옥돌이며, 문린文鱗은 무늬가 있는 돌이다.

⑫ 赤瑕駁犖적하박락

[색은] 적하박락赤瑕駁犖이다. 《설문》에서 말한다. "하瑕는 옥이 작고 적색赤色이다." 장읍이 말했다. "적옥赤玉이다." 사마표가 말했다. "박락駁

犖은 채색의 점이다. 犖의 발음은 '락[洛角反]'이다."

赤瑕駮犖 說文云 瑕 玉之小赤色 張揖曰 赤玉也 司馬彪曰 駮犖 采點也 犖音洛
角反

⑬ 雜畱잡삽

집해 서광이 말했다. "잡雜이 일설에는 '삽揷'이라고 했다. 삽畱이 일설
에는 '답遝'이라 했다."

徐廣曰 雜 一云揷 畱 一云遝

⑭ 垂綏琬琰 和氏出焉수수완염 화씨출언

집해 서광이 말했다. "수수垂綏가 다른 판본에는 '조채朝采'로 되어 있
다." 살펴보니 곽박이 말했다. "《죽서기년》에서 '걸桀이 민산岷山을 정벌
하고 2명의 여인을 얻었는데 완琬과 염琰이었다. 걸桀이 두 여인을 사랑
하고 그들의 이름을 초화옥苕華玉에 새겼다.'라고 했는데, 초苕는 완琬이
고 화華는 염琰이다."

徐廣曰 垂綏 一作朝采 駰案 郭璞曰 汲冢竹書曰 桀伐岷山 得女二人 曰琬曰琰
桀愛二女 斲其名于苕華之玉 苕是琬 華是琰也

이에 노귤盧橘은 여름에 익고① 황감黃甘과 등주橙楱,② 비파枇杷
와 연燃과 시柿,③ 정내樗奈와 후박厚朴,④ 영조樗棗⑤와 양매楊梅,⑥
앵두⑦와 포도,⑧ 은부隱夫와 울체鬱棣, 답답楷樑과 여지荔枝⑨가
후궁에 펼쳐져 있으며, 북원北園에 줄지어 있습니다. 언덕으로 뻗
고⑩ 평원平原으로 내려와 푸른 잎사귀를 드날리고 붉은 줄기를
흔들며⑪ 붉은 꽃을 피우는데, 붉은 꽃이 빼어나 (그 광채가) 반짝이
며 선명하게 거대한 들판을 밝게 비춰줍니다.

於是乎盧橘夏孰① 黃甘橙楱② 枇杷燃柿③ 樗奈厚朴④ 樗棗⑤楊梅⑥ 櫻
桃⑦蒲陶⑧ 隱夫鬱棣 榙樑荔枝⑨ 羅乎後宮 列乎北園 貤丘陵⑩ 下平原
揚翠葉 杌⑪紫莖 發紅華 秀朱榮 煌煌扈扈 照曜鉅野

① 盧橘夏孰노귤하숙

集解 곽박이 말했다. "지금 촉蜀의 안에는 머무는 객에게 내어주는 등
橙이 있다. 귤橘과 비슷한데 귤은 아니다. 유자와 같은데 향기롭고 겨울
과 여름에 꽃과 열매가 서로 잇따른다. 어떤 것은 탄환彈丸과 같고 어떤
것은 주먹만 한데, 1년 내내 먹는다. 이것이 곧 노귤이다."

郭璞曰 今蜀中有給客橙 似橘而非 若柚而芬香 冬夏華實相繼 或如彈丸 或如
拳 通歲食之 即盧橘也

索隱 응소가 말했다. "《이윤서》에는 '과일 중 맛있는 것은 기산箕山의
동쪽 청조靑鳥라는 곳에 노귤이 있는데, 여름에 익는다.'라고 했다." 진작
이 말했다. "이것이 비록 상림上林의 부賦이지만 널리 이방異方의 진기한
것을 인용해서 하나에 매이지 않았다." 살펴보니《광주기》에서 말한다.
"노귤은 껍질이 두껍고 크기가 감귤甘만 한데 신맛이 많으며, 9월에 열

매를 맺어 정월에 붉어지고 다음해 2월에 다시 청흑색이 되었다가 여름에 익는다."《오록》에서 "건안建安에 귤橘이 있는데 겨울철에 나무를 덮을 정도로 열매가 열리고 다음해 여름에 색은 청흑靑黑으로 변하고 그 맛은 매우 달고 맛있다."라고 했으니, 노盧는 곧 검다고 한 것이 이것이다.

應劭曰 伊尹書果之美者 箕山之東 靑鳥之所 有盧橘 夏孰 晉灼曰 此雖賦上林 博引異方珍奇 不係於一也 案 廣州記云 盧橘皮厚 大小如甘 酢多 九月結實 正赤 明年二月更靑黑 夏孰 吳錄云 建安有橘 冬月樹上覆裏 明年夏色變靑黑 其味甚甘美 盧卽黑是也

② 橙榛등주

집해 서광이 말했다. "榛의 발음은 '주湊'이다. 등주는 귤에 속한다."

徐廣曰 音湊 橘屬

③ 橪柿연시

집해 서광이 말했다. "橪의 발음은 '언[而善反]'이고 과일이다."

徐廣曰 橪音而善反 果也

색은 장읍이 말했다. "연橪은 연지橪支이고 향초香草이다." 위소가 말했다. "橪의 발음은 '오[汝蕭反]'이다." 곽박이 말했다. "연지橪支는 나무이고 橪의 발음은 '연煙'이다." 서광이 말했다. "연橪은 조棗(대추)이고 橪의 발음은 '언[而善反]'이다."《설문》에서 말한다. "연橪은 신맛이 나는 작은 대추이다."《회남자》에서 말한다. "연조橪棗를 베어서 창자루를 만들었다." 矜의 발음은 '근勤'이다.

張揖曰 橪 橪支 香草也 韋昭曰 橪音汝蕭反 郭璞云 橪支 木也 橪音烟 徐廣曰 橪 棗也 而善反 說文曰 橪 酸小棗也 淮南子云 伐橪棗以爲矜 音勤也

④ 梈奈厚朴정내후박

[집해] 서광이 말했다. "梈의 발음은 '정亭'이니, 돌배[山梨]이다."

徐廣曰 梈音亭 山梨

[색은] 장읍이 말했다. "정내梈奈는 돌배이다." 사마표가 말했다. "상당 上黨에서는 정내梈奈라고 이른다." 《제도부齊都賦》에는 "정내내숙梈奈梌熟"이라고 일렀다. 후박厚朴은 약 이름이다.

張揖云 梈奈 山梨也 司馬彪曰 上黨謂之梈奈 齊都賦云 梈奈梌熟也 厚朴 藥名

⑤ 樗棗영조

[집해] 서광이 말했다. "樗의 발음은 '엉[弋井反]'이다. 영조樗棗는 감과 비슷하다."

徐廣曰 樗音弋井反 樗棗似柿

[색은] 앞 글자 樗의 발음은 '엉[弋井反]'이다. 영조樗棗는 감과 비슷하다.

上音弋井反 樗棗似柿也

⑥ 楊梅양매

[색은] 장읍이 말했다. "그 크기는 저실楮實(닥나무 열매)와 같고 씨가 있으며 그것의 맛은 시다. 강남에서 생산된다." 《형양이물지》에서 말한다. "그 열매의 바깥 살에 씨가 붙어 익었을 때는 순수한 적색赤色이고 맛이 달고 시다."

張揖云 其大小似穀子而有核 其味酢 出江南 荊楊異物志 其實外肉著核 熟時 正赤 味甘酸

[신주] 파촉 지방에는 저실楮實을 곡자穀子로 표현하기도 한다.

⑦ 櫻桃앵도

[색은] 장읍이 말했다. "일명 함도含桃이다."《여씨춘추》에서 말한다. "앵조鸎鳥에게 먹힌다고 여겨져 함도含桃라고 한다."《이아》에서는 '형도 荊桃'라고 했다.

張揖曰 一名含桃 呂氏春秋 爲鸎鳥所含 故曰含桃 爾雅云爲荊桃也

⑧ 蒲陶포도

[집해] 곽박이 말했다. "포도蒲陶는 연욱燕薁과 비슷하며 술을 만드는 것이 가하다."

郭璞曰 蒲陶似燕薁 可作酒也

⑨ 隱夫鬱棣 荅𣐈荔枝은부울체 답답려지

[집해] 서광이 말했다. "울鬱은 다른 판본에는 '욱薁'으로 되어 있다. 荅의 발음은 '답畓'이다." 살펴보니 곽박이 말했다. "울鬱은 거하리車下李이다. 체棣는 열매가 앵두와 비슷하다. 답답荅𣐈은 오얏과 비슷하다." 棣의 발음은 '체逮'이다. 𣐈의 발음은 '답沓'이다. 은부隱夫는 들어보지 못했다.

徐廣曰 鬱 一作薁 荅音苔 駰案 郭璞曰 鬱 車下李也 棣 實似櫻桃 荅𣐈似李 棣音逮 𣐈音沓 隱夫未聞

[색은] 답답려지荅遝離支이다. 곽박이 말했다. "답답荅遝은 오얏과 비슷하고 촉蜀에서 나온다." 진작이 말했다. "리지離支는 크기가 계란과 같고 껍질은 거칠고, 찢어서 껍질을 제거하면 살이 계란의 노른자와 같고, 그것의 맛은 단맛이 많고 신맛이 적다."《광이지廣異志》에서 말한다. "나무의 높이는 5~6장丈이고 계수나무와 비슷하고, 푸른 잎은 겨울이나 여름에도 푸르고 무성하며, 꽃은 주색朱色이다." 리離는 어떤 곳에는 '려荔'

로 되어 있는데, 離의 발음은 '리[力致反]'이다.

荅遝離支 郭璞云 荅遝似李 出蜀 晉灼曰 離支大如雞子 皮麤 剝去皮 肌如雞子 中黃 其味甘多酢少 廣異志云 樹高五六丈 如桂樹 綠葉 冬夏青茂 有華朱色 離 字或作荔 音力致反

⑩ 貤丘陵이구릉

[집해] 곽박이 말했다. "이貤는 연延과 같다. 貤의 발음은 '이施'이다."

郭璞曰 貤猶延也 音施

[색은] 이구릉貤丘陵이다. 곽박이 말했다. "이貤는 늘어놓았다는 뜻이다."

貤丘陵 郭璞曰 貤 延也

⑪ 杭올

[집해] 곽박이 말했다. "올杭은 요搖이다."

郭璞曰 杭 搖也

사당沙棠과 역櫟과 저櫧,① 화범華氾(단풍나무)과 벽평과 황로나무,② 유락留落과 서여胥餘, 인빈仁頻과 병려并閭,③ 참단欃檀과 목란木蘭, 예장豫章과 여정女貞④은 높이가 1,000길[仞]이나 되고 크기는 몇 아름이며, 꽃가지는 곧고 시원스럽고 열매와 잎사귀는 크고 무성합니다. 모여 빽빽하게 기대어 서 있는데 이어져 말리고 포개 겹쳐졌으며, 서리어 어그러지고 서로 휘감겨서 나뭇가지가 얽혀 있기도 합니다.⑤ 뻗어 있는 나무의 가지와 잎이 무성하고⑥ 떨어지는

꽃잎이 바람에 날리면서[7] 어수선하게 무성한 모습으로 정기旌旗
가 바람을 따라 나부끼듯 흔들립니다.[8]

沙棠櫟櫧[1] 華氾檘櫨[2] 留落胥餘 仁頻幷閭[3] 欀檀木蘭 豫章女貞[4] 長
千仞 大連抱 夸條直暢 實葉葰茂 攢立叢倚 連卷累佹 崔錯癹骫[5] 阺衡
閭砢[6] 垂條扶於 落英幡纚[7] 紛容蕭蔘 旖旎[8]從風

① 沙棠櫟櫧사당력저

[집해] 《한서음의》에서 말한다. "사당沙棠은 당棠(산사나무)과 비슷하고 노
란 꽃에 붉은 열매인데 그 맛이 오얏과 비슷하다. 《여씨춘추》에서 '과일
의 아름다운 것은 사당의 열매이다.'라고 했다. 역櫟은 과일 이름이다. 저
櫧는 영枰과 비슷하고 잎은 겨울에도 떨어지지 않는다."

漢書音義曰 沙棠似棠 黃華赤實 其味如李 呂氏春秋曰 果之美者沙棠之實 櫟
果名 櫧似枰 葉冬不落也

② 華氾檘櫨화범벽로

[집해] 서광이 말했다. "범氾은 다른 판본에는 '풍楓'으로 되어 있다." 살
펴보니 《한서음의》에서 말한다. "화華는 나무이고 껍질은 노끈을 만들
수 있다."

徐廣曰 氾 一作楓 駰案 漢書音義曰 華 木 皮可以爲索也

[색은] 화풍벽로華楓檘櫨이다. 장읍이 말했다. "화華의 껍질은 노끈을
만들 수 있다."《고금자림》에서 말한다. "노櫨는 합화合樺나무이다. 풍楓
은 나무인데 잎은 두껍고 가지는 약하여 잘 흔들거린다." 곽박이 말했다.
"백양白楊과 비슷하고 잎이 둥글고 갈라졌으며 기름기가 있고 향기롭

다.” 건위사인犍爲舍人이 말했다. “풍楓은 나무의 잎이 두껍고 줄기는 약해서 큰바람이 불면 운다. 그러므로 풍楓이라 한다.”《이아》에서 말한다. “일명 섭欇이다.” 벽평欜枰은 곧 평중목平仲木이다. 노櫨는 지금의 황로목黄櫨木이다. 일설에는 옥정玉精이라고 이르고 그것의 열매를 먹으면 신선이 된다고 한다.

華楓欜櫨 張揖曰 華皮可以爲索 古今字林云 櫨 合樺之木 楓 木 厚葉弱支 善搖 郭璞云 似白楊 葉圓而岐 有脂而香 犍爲舍人曰 楓爲樹厚葉弱莖 大風則鳴 故曰楓 爾雅云 一名欇 欜枰卽平仲木也 櫨 今黄櫨木也 一云玉精 食其子得仙也

③ 留落胥餘 仁頻幷閭유락서여 인빈병려

집해 서광이 말했다. “빈頻은 다른 판본에는 ‘빈賓’으로 되어 있다.” 살펴보니 곽박이 말했다. “낙落은 확欋(피나무)이다. 서여胥餘는 병려幷閭와 같다. 병려는 종려椶櫚(종려나무)이며 껍질로 노끈을 만들 수 있다. 나머지는 자세하지 않다.”

徐廣曰 頻 一作賓 駰案 郭璞曰 落 欋也 胥餘似幷閭 幷閭 椶也 皮可作索 餘未詳

색은 유락서사留落胥邪이다. 진작이 말했다. “유락留落은 자세하지 않다.” 곽박이 말했다. “낙落은 확欋이며 그릇이나 노끈을 만드는 데 알맞다. 서사胥邪는 병려幷閭와 같다.” 사마표가 말했다. “서사胥邪는 나무의 높이가 10심十尋(80자)이고 잎은 그 끝에 있다.”《이물지》에서 말한다. “열매의 크기는 표주박만 하고 꼭대기에 매달려 있어 물건을 매달아놓은 것 같다. 열매의 겉은 껍질이 있고 속에는 씨가 있는데 호도胡桃와 같다. 씨 속에는 살이 있는데 두께는 반 치 정도이고 저고豬膏(돼지비계)와 같다. 속의 즙은 한 말 정도가 있으며 맑은 것이 물과 같고 맛은 꿀보다 맛있다.” 맹강이 말했다. “인빈仁頻은 종려椶櫚(종려나무)이다.” 장읍이 말했다. “병려의 껍질은 노끈을 만들 수 있다." 요씨가 말했다. "빈檳은 일명 종機으로 곧 인빈仁頻이다."《임읍기》에서 말한다. "나무의 잎사귀가 감초甘蕉와 같다." 頻의 발음은 '빈賓'이다.

留落胥邪 晉灼云 留落 未詳 郭璞曰 落 機也 中作器索 胥邪似并閭 司馬彪云 胥邪 樹高十尋 葉在其末 異物志 實大如瓠 繫在顛 若挂物 實外有皮 中有核 如胡桃 核裏有膚 厚半寸 如豬膏 裏有汁斗餘 淸如水 味美於蜜 孟康曰 仁頻 機也 張揖云 并閭皮可爲索 姚氏云 檳 一名機 卽仁頻也 林邑記云 樹葉似甘蕉 頻音賓

④ 欃檀木蘭 豫章女貞참단목란 예장여정

집해 《한서음의》에서 말한다. "참단欃檀은 단檀(박달나무)의 별명이다. 여정女貞은 나무이고 잎이 겨울에도 떨어지지 않는다."
漢書音義曰 欃檀 檀別名也 女貞 木 葉冬不落

색은 欃의 발음은 '참讒'이고 단檀의 별명이다. 《황람》에서 말한다. "공자의 묘 뒤에 참단수欃檀樹가 있다." 《형주기》에서 말한다. "의도宜都에 교목喬木이 있는데 떨기로 자라서 이름을 여정女貞이라고 하였는데 겨울에도 잎이 떨어지지 않는다."
欃音讒 檀別名也 皇覽云 孔子墓後有欃檀樹也 荊州記云 宜都有喬木 叢生 名爲女貞 葉冬不落

⑤ 骫위

집해 옛날의 '위委' 자이다.
古委字

⑥ 崔錯癹骫 阢衡閜砢최착발위 항형아가

집해 서광이 말했다. "癹의 발음은 '발拔'이다." 살펴보니 곽박이 말했다. "尵의 발음은 '위委'이다. 閞의 발음은 '아惡可反'이다. 砢의 발음은 '나魯可反'이다."

徐廣曰 癹音拔 駰案 郭璞曰 尵音委 閞音惡可反 砢音魯可反

색은 최착발위崔錯癹尵를 곽박이 말했다. "서리어 어그러지고 서로 휘감긴 것이다."《초사》에는 임목林木이라고 일렀다. 癹의 발음은 '발跋'이다. 尵의 발음은 '위委'이다. 갱형하라阬衡閞砢에 대하여 곽박이 말했다. "재앙에 걸려서 기울어지는 모양이다."

崔錯癹尵 郭璞云 蟠戾相摎 楚詞云林木 癹音跋 尵音委 阬衡閞砢 郭璞云 揭孼傾欹兒

⑦ 垂條扶於 落英幡纚수조부어 락영번쇄

집해 곽박이 말했다. "부어扶於는 부소扶疏와 같다. 번쇄幡纚는 편번偏幡(두루 나부끼다)이다. 纚의 발음은 '쇄灑'이다."

郭璞曰 扶於猶扶疏也 幡纚 偏幡也 音灑

색은 장안이 말했다. "날아오르는 모양이다. 纚의 발음은 '시所綺反'이다."

張晏云 飛揚兒 纚音所綺反

⑧ 旖旎의니

색은 장읍이 말했다. "의니旖旎는 아나阿那(나부끼다)이다."

張揖云 旖旎 阿那也

숲의 나무가 부딪쳐 소리를 내니① 대개 종과 경의② 소리 같기도 하고 피리나 통소③ 따위의 소리와 같기도 합니다. 들쑥날쑥하고 가지런하지 않은 것들이④ 후궁을 돌고 돌아 섞어 덮고 겹쳐서 모여⑤ 산을 덮고 계곡을 따르는가 하면 언덕을 돌아 습지까지 내려오기도 해서 보아도 끝이 없고 궁구해봐도 다함이 없습니다.

瀏莅㟛吸① 蓋象金石②之聲 管籥③之音 柴池苙虖④ 旋環後宮 雜⑤遝累輯 被山緣谷 循阪下隰 視之無端 究之無窮

① 瀏莅㟛吸유리훼흡

집해 서광이 말했다. "莅의 발음은 '율栗'이다."

徐廣曰 莅音栗

색은 유리훼흡瀏莅㟛歙이다. 곽박이 말했다. "모두 수풀의 나무가 고동치는 소리이다. 瀏의 발음은 '류留'이고 莅의 발음은 통상적인 발음으로 읽는다. 또한 莅의 발음은 '율栗'이다."

劉莅㟛歙 郭璞云 皆林木鼓動之聲 瀏音留 莅如字 又音栗也

② 金石금석

정의 금金은 종鍾이고 석石은 경쇠이다.

金 鐘 石 磬

③ 管籥관약

정의 《광아》에서 말한다. "상지象篪는 길이가 1자尺이고 둘레는 한 치이며 6개의 구멍이 있는데, 밑에는 없다. 약籥은 적笛이라고 이르며 7개의 구멍이 있다."《설문》에서 말한다. "약籥은 3개의 구멍이 있는 통소이다."

廣雅云 象簴 長一尺 圍一寸 有六孔 無底 籥謂之笛 有七孔 說文云 籥 三孔籥也

④ 柴池芘虒치지자치

집해 서광이 말했다. "柴의 발음은 '치差'이고 虒의 발음은 '치豸'이다."

徐廣曰 柴音差 虒音豸

색은 장읍이 말했다. "시지柴池는 참치參差(가지런하지 않은 것)이다. 자치芘
虒는 가지런하지 않은 것이다. 柴의 발음은 '치差'이다. 虒의 발음은 '치
[惻氏反]'이다."

張揖曰 柴池 參差也 芘虒 不齊也 柴音差 虒音惻氏反

⑤ 雜잡

집해 서광이 말했다. "잡雜은 다른 판본에는 '삽揷'으로 되어 있다."

徐廣曰 雜 一作揷

이에 수컷의 검은 원숭이와 암컷의 흰 원숭이, 긴꼬리원숭이와 암
컷 원숭이, 그리고 날다람쥐,① 비질飛蛭과 매미와 미유원숭이,②
참호蝳胡와 혹곡蟚과 궤웜③가 그 사이에서 서식합니다. 길게 휘파람
을 부는가 하면 슬피 울기도 하고 날며 나부끼듯 서로 지나가기도
하고,④ 가지 위를 왕성하게 오가기도 하며 엎드렸다가 펴기도 합
니다.⑤ 이에 끊어지고 막힌 다리를⑥ 건너뛰기도 하고 기이한 나
무 덤불에 뛰어오르기도 하며,⑦ 쭉 뻗은 가지를 재빠르게 잡아

채기도 하고[8] 가지가 없는 사이를 뛰기도 하며,[9] 급히 내달리며 산
만하게 뒤섞이다가 어지러이 흩어져 멀리까지 옮겨가기도 합니다.[10]

於是玄猨素雌 蜼玃飛鸓[1] 蛭蜩蠗蜦[2] 蜥胡豰蜼[3] 棲息乎其間 長嘯哀
鳴 翩幡互經[4] 夭蟜枝格 偃蹇杪顚[5] 於是乎隃絶梁[6] 騰殊榛[7] 捷垂條[8]
踔稀間[9] 牢落陸離 爛曼遠遷[10]

① 玄猨素雌 蜼玃飛鸓현원소자 유확비뢰

집해 서광이 말했다. "蜼의 발음은 '예[于季反]'이다." 살펴보니《한서음
의》에서 말한다. "유蜼는 미후獼猴(원숭이)와 비슷한데 코가 들려 있으며
꼬리가 길다. 확玃은 미후와 비슷하지만 크다. 비뢰飛鸓는 날다람쥐이다.
모양은 토끼와 같고 쥐의 머리이며 수염으로 난다."

徐廣曰 蜼音于季反 駰案 漢書音義曰 蜼似獼猴 仰鼻而長尾 玃似獼猴而大 飛
鸓 飛鼠也 其狀如兔而鼠首 以其頿飛也

색은 장읍이 말했다. "유蜼는 미후와 같고 코가 들려 있으며 꼬리가 길
다. 확玃은 미후와 비슷한데 크다. 비뢰飛鸓는 날다람쥐이다. 그 모양은
토끼와 같고 쥐의 머리를 하고 수염을 이용해서 난다." 곽박이 말했다.
"뇌蠝는 날다람쥐이다. 털은 자적색紫赤色이다. 날면서 또 태어나서 일명
비생飛生이라도 한다. 蜼의 발음은 '유遺'이다. 蠝의 발음은 '뇌誄'이다.
현원玄猨은 원숭이의 수컷의 색이다. 소자素雌는 원숭이의 암컷의 색이
다." 玃의 발음은 '곽钁'이다. 유蜼는 후猴와 비슷한데 꼬리의 끝이 두 갈
래로 되어 있으며, 비가 내리면 번번이 꼬리로써 코의 양쪽 구멍을 막는
다. 곽박이 말했다. "확玃은 푸르고 검은 색이며 능히 사람을 치고 할퀸
다. 그러므로 확玃이라고 이른다."

張揖曰 蜼似獼猴 卬鼻而長尾 玃似獼猴而大 飛蠝 飛鼠也 其狀如兔而鼠首 以
其頿飛 郭璞曰 蠝 飛鼠也 毛紫赤色 飛且生 一名飛生 蜼音遺 蠝音誄 玄猨 猨
之雄者色也 素雌 猨之雌者色也 玃音钁 蜼似猴 尾端爲兩岐 天雨便以尾窒鼻
兩孔 郭璞云 玃色蒼黑 能攫搏人 故云玃也

② 蛭蜩蠷蝚 질조각노

집해 서광이 말했다. "蛭의 발음은 '질質'이다." 살펴보니 《한서음의》에
서 말한다. "《산해경》에서 '불함산不咸山에 비질飛蛭이 있는데 날개가 4
개이다.'라고 했다." 곽박은 말했다. "각노蠷蝚는 미후獼猴와 비슷한데 누
렇다. 조蜩는 들어보지 못했다."

徐廣曰 蛭音質 駰案 漢書音義曰 山海經曰 不咸之山有飛蛭 四翼 郭璞曰 蠷蝚
似獼猴而黃 蜩未聞

색은 질조각노蛭蜩蠷蝚에 대하여 사마표가 말했다. "《산해경》에는 '불
함산에 비질飛蛭이 있는데 날개가 4개이다.'라고 했다." 조蜩는 선蟬(매미)
이다. 각노蠷蝚는 미후獼猴(원숭이)이다. 곽박이 말했다. "질조蛭蜩는 들어
보지 못했다." 여순이 말했다. "蛭의 발음은 '질質'이다." 고씨顧氏가 말했
다. "獲의 발음은 '닥[逴卓反]'이다. 《산해경》에는 '고도산皋塗山 아래에 짐
승이 있는데 사슴과 비슷하지만 말의 발에 사람의 머리를 하고 뿔이 4
개이며 이름을 확玃이라고 한다.'고 했다. 확노玃猱가 곧 이것이다. 글자
는 '확玃' 자로 되어 있다. 곽박은 '확玃은 틀렸다.'고 했다. 위에 유확蜼玃
이 있어서 여기서는 중복으로 나타내서는 아니 된다. 또 《산해경》〈신이
경〉에서 '서방西方의 깊은 산에 짐승이 있다. 털의 색은 후猴와 비슷하고
높은 나무에 의지하는 것이 능하여 그의 이름을 조蜩라고 한다.'고 했다.
《자림》에는 '蠷의 발음은 '적狄'이고, 蛭의 발음은 '질質'이다. 질조蛭蜩

는 두 짐승의 이름이다.'라고 했다."

蛭蜩蠦蛷 司馬彪云 山海經云 不咸之山有飛蛭 四翼 蜩 蟬也 蠦蛷 獼猴也 郭璞
云 蛭蜩未聞 如淳曰 蛭音質 顧氏云 玃音塗卓反 山海經曰 皐塗山下有獸 似鹿
馬足人首 四角 名爲玃 玃猱卽此也 字作玃 郭璞云 玃 非也 上已有蜼玃 此不應
重見 又神異經云 西方深山有獸 毛色如猴 能緣高木 其名曰蜩 字林蠦音狄 蛭
音質 蛭蜩二獸名

③ 蟳胡轂蛫참호혹궤

집해 서광이 말했다. "蟳의 발음은 '첨[在廉反]'이고 원猨과 같으며 몸
이 검다. 轂의 발음은 '혹[呼谷反]'이다. 蛫의 발음은 '궤詭'이다." 살펴보니
《한서음의》에서 말한다. "혹轂은 백여우 새끼이다."

徐廣曰 蟳音在廉反 似猨 黑身 轂音呼谷反 蛫音詭 駰案 漢書音義曰 轂 白狐子也

색은 참호혹궤蟳胡轂蛫이다. 장읍이 말했다. "참호蟳胡는 미후(원숭이)와
비슷하고 머리 위에 털이 있으며 허리의 뒤가 검다." 곽박이 말했다. "혹轂
은 날다람쥐와 비슷한데 크며 허리의 뒤가 누래서 일명 황요黃腰라고도
하며 원숭이를 잡아먹는다. 혹轂은 백여우의 새끼이다. 궤蛫는 들어보지
못했다." 요씨가 살펴보니 《산해경》에서 말한다. "곧 산에 사는 짐승으로
모양은 거북과 비슷한데 몸은 희며 머리는 붉다. 그의 이름을 궤蛫라 한
다." 또 《설문》에서 말한다. "참호蟳胡는 검은 몸에 흰 허리의 띠를 한 것
과 같고 손에는 길고 흰 털이 있어 널빤지를 쥐고 있는 것과 비슷하다."

蟳胡轂蛫 張揖曰 蟳胡似獼猴 頭上有髦 腰以後黑 郭璞曰 轂似鼯而大 腰以後
黃 一名黃腰 食獼猴 轂 白狐子也 蛫未聞 姚氏案 山海經卽山有獸 狀如龜 白身
赤首 其名曰蛫 又說文云 蟳胡黑身 白腰若帶 手有長白毛 似握板也

④ 互經호경

정의 곽박이 말했다. "호경互經은 서로 지나가는 것이다."

郭云 互經 互相經過

⑤ 夭蟜枝格 偃蹇杪顚요교지격 언건묘전

정의 夭의 발음은 '요妖'이고, 蟜의 발음은 '교矯'이고, 杪의 발음은 '모
[弭沼反]'이다. 곽박이 말했다. "모두 원후猨猴가 나무에 있으면서 멋대로
노는 모습이다. 요교夭蟜는 구부렸다 폈다 하는 것이다."

夭音妖 蟜音矯 杪音弭沼反 郭云 皆猨猴在樹共戲恣態也 夭蟜 頻申也

신주 '요교지격夭蟜枝格'은 원숭이가 자주 나뭇가지 위에서 왔다갔다
하는 것이다. '언건묘전偃蹇杪顚'은 교만하게 나뭇가지 끝에 엎드렸다 일
어났다 하는 모양이다.

⑥ 絶梁절량

정의 장읍이 말했다. "절량絶梁은 끊어진 다리이다." 곽박이 말했다.
"양梁은 두터운 돌로 물을 (막아) 단절시킨 것이다."

張云 絶梁 斷橋也 郭云 梁 厚石絶水也

⑦ 殊榛수진

정의 榛의 발음은 '슨[仕斤反]'이다. 《광아》에서 말한다. "나무가 떨기
로 자라는 것이 진榛이다." 수殊는 '이異'(기이함)이다.

榛 仕斤反 (爾)〔廣〕雅云 木叢生爲榛也 殊 異也

⑧ 捷垂條첩수조

정의 捷의 발음은 '접[才業反]'이다. 장읍이 말했다. "매어 늘어진 가지를 빨리 잡는 것이다."

捷音才業反 張云 捷持懸垂之條

⑨ 踔稀間탁희간

집해 곽박이 말했다. "탁踔은 굽으로 매달려 있는 것이다. 踔의 발음은 '토[託釣反]'이다."

郭璞曰 踔 縣蹄也 託釣反

색은 탁踔은 굽으로 매달려 있는 것이다.

踔 懸蹄也

⑩ 牢落陸離 爛曼遠遷뇌락육리 난만원천

정의 곽박이 말했다. "분주하게 뛰어오르는 모양이다." 안顔이 말했다. "모이고 흩어지는 것이 일정하지 않고 뒤섞여 어지럽게 옮겨가는 것을 말한다."

郭云 奔走崩騰狀也 顏云 言其聚散不常 雜亂移徙

신주 뇌락牢落은 드문드문한 상태이다. 육리陸離는 서로 뒤섞여 눈이 부시게 아름다움이고, 난만爛曼은 흩어져서 사라짐이다. 원천遠遷은 멀리 옮겨간다는 뜻이다.

이와 같은 무리는 수천, 수백 곳이나 되는데, 즐기고 놀며 왕래하시는 중에 이궁의 관사館舍에서 머무르며 주방을 옮기지 않고 후궁도 옮기지 않아도[1] 백관이 다 갖추어져 있습니다.

이에 가을이 가고 겨울에 이르면 천자는 교렵校獵[2]을 하십니다. 상아로 장식한 수레를 타고 여섯 마리의 규룡을 몰며,[3] 무지개 깃발을 끌고[4] 운기雲旗를 휘날리며,[5] 혁거革車를 앞세우고 도거道車와 유거游車를 뒤에 딸립니다.[6] 손숙孫叔이 말고삐를 잡고, 위공衛公이 참승驂乘하여,[7] 호종扈從하며 가로질러 가서 사교四校의 가운데에서 나갑니다.[8]

若此輩者 數千百處 嬉游往來 宮宿館舍 庖廚不徙 後宮不移[1] 百官備具 於是乎背秋涉冬 天子校獵[2] 乘鏤象 六玉虬[3] 拖蜺旌[4] 靡雲旗[5] 前皮軒 後道游[6] 孫叔奉轡 衞公驂乘[7] 扈從橫行 出乎四校之中[8]

① 庖廚不徙 後宮不移포주불사 후궁불이

[정의] 《설문》에서 말한다. "포庖는 주방이다." 정현이 《주례》의 주석에서 말했다. "포庖는 포苞를 말하는 것이니 고기 싸는 것을 포저苞苴(예물)라고 한다." 후궁後宮은 내인內人이다. 궁관宮館에 저마다 갖추고 있음을 말한다.

說文云 庖 廚屋 鄭玄注周禮云 庖之言苞也 苞裏肉曰苞苴也 後宮 內人也 言宮館各自有

② 校獵교렵

[신주] 울타리를 쳐 짐승을 포위하여 사냥하는 것이다.

③ 六玉虯육옥규

집해 서광이 말했다. "옥玉으로써 꾸민 것이다." 살펴보니 곽박이 말했다. "상산象山에서 나오는 여輿에 새기는 것으로 조각한 것이 있는 것을 말한다. 규虯는 용의 무리이다. 《한비자》에서 '황제黃帝는 여섯 마리의 교룡이 끄는 상거象車를 탔다.'고 한 것이 이것이다."

徐廣曰 以玉爲飾 駟案 郭璞曰 鏤象山所出輿 言有雕鏤 虯 龍屬也 韓子曰 黃帝駕象車六交龍是也

④ 拖蜺旌타예정

정의 拖의 발음은 '다[徒可反]'이다. 장읍이 말했다. "모우毛羽(깃)를 쪼개서 오색으로 물들여 실로 꿰매어 깃발을 만드는데, 무지개의 기운과 비슷한 점이 있는 것이다."

拖音徒可反 張云 析毛羽 染以五朶 綴以縷爲旌 有似虹蜺氣

신주 무지개 형상을 그린 깃발을 휘날린다는 의미이다.

⑤ 靡雲旗미운기

정의 장읍이 말했다. "곰과 호랑이를 기에 그려넣어 운기雲氣와 유사하게 한 것이다."

張云 畫熊虎於旌似雲氣也

⑥ 前皮軒 後道游전피헌 후도유

집해 곽박이 말했다. "피헌皮軒은 혁거革車이다. 어떤 이는 이에 《곡례》에서 '앞에는 사사士師가 있으니 호피虎皮를 실은 것이다.'라고 했다. 도道는 도거道車이다. 유游는 유거游車이다. 모두 《주례》에 나와 있다."

郭璞曰 皮軒 革車也 或曰卽曲禮前有士師 則載虎皮者也 道 道車 游 游車 皆見
周禮也

⑦ 孫叔奉轡 衛公驂乘손숙봉비 위공참승

[집해] 《한서음의》에서 말한다. "손숙孫叔은 태복太僕 공손하公孫賀이
다. 위공衛公은 위청衛靑이다. 태복이 수레를 몰고 대장군이 참승驂乘한
것이다."

漢書音義曰 孫叔者 太僕公孫賀也 衛公者 衛靑也 太僕御 大將軍驂乘也

[색은] 손숙孫叔이 말했다. "정씨가 태복 공손하라고 일렀다. 위공은 대
장군 위청이다." 살펴보니 천자의 대가大駕가 나가는데 태복이 수레를 몰
고 대장군이 참승한 것이다.

孫叔 鄭氏云太僕公孫賀 衛公 大將軍衛靑也 案 大駕出 太僕御 大將軍驂乘也

⑧ 扈從橫行 出乎四校之中호종횡행 출호사교지중

[집해] 곽박이 말했다. "호종하는데 함부로 날뛰며 방자해서 천자가 거
둥할 때 호종하는 의장대를 불안하게 한 것을 말한다."

郭璞曰 言跋扈縱恣 不安鹵簿矣

[색은] 진작이 말했다. "호扈는 대大이다." 장읍이 말했다. "호종하는데
함부로 날뛰며 방자해서 천자가 거둥할 때 의장대를 불안한 것을 말한
다." 문영이 말했다. "모두 오교五校인데 지금 사교四校라고 말한 것은 일
교一校는 천자의 승여乘輿를 따라 수레를 탔기 때문이다."

晉灼曰 扈 大也 張揖曰 跋扈縱橫 不案鹵簿也 文穎曰 凡五校 今言四者 一校隨
天子乘輿也

천자를 호종하는 의장대에서 밤으로 경계하는 시각에 맞추어 북
이 울려 사냥하는 군사들을 놓아주면[1] 강수와 하수를 우리로,
태산泰山을 망루로 삼아서[2] 거마가 우레처럼 일어나 천지를 진동
시킵니다. 앞서거니 뒤서거니 들쭉날쭉 흩어지면서 따로따로 추
격하며 우르르 나아가는데, 언덕을 뛰어올라 늪으로 퍼지는 것이
마치 구름이 깔리면서 비가 쏟아지듯 합니다.

집이執夷와 표범을 사로잡고[3] 이리와 승냥이를 포박하며[4] 곰과
말곰[5]을 손으로 쳐 잡고 들양을 발로 차 잡습니다.[6] 갈새의 깃을
꽂은 모자를 쓰고[7] 백호白虎 무늬의 바지에,[8] 얼룩무늬의 옷을
입고[9] 야생마에 걸터앉습니다.[10] 삼종산三㟲山을 아슬아슬하게
넘어[11] 비탈진 적력磧歷의 모래톱으로 내려가며,[12] 가파른 지형을
가로지르고 위험한 곳으로 나아가며 구릉을 넘고 물을 건넙니다.

鼓嚴簿 縱獠者[1] 江河爲阹 泰山爲櫓[2] 車騎靁起 隱天動地 先後陸離 離
散別追 淫淫裔裔 緣陵流澤 雲布雨施 生貔豹[3] 搏豺狼[4] 手熊羆[5] 足野
羊[6] 蒙鶡蘇[7] 絝白虎[8] 被豳文[9] 跨壄馬[10] 陵三㟲之危[11] 下磧歷之坻[12]
俓陵赴險 越壑厲水

① 鼓嚴簿 縱獠者고엄박 종료자

집해 《한서음의》에서 말한다. "고엄鼓嚴은 밤을 경계로 시각을 맞추어
북을 치는 것이다. 부簿는 천자가 거둥할 때 호종하는 의장대의 행렬이
다." 살펴보니 초목이 무성한 야외에서 경계의 북을 울린 연후에 자유자
재로 사냥하게 하는 것을 말하는 것이다.

漢書音義曰 鼓嚴 嚴鼓也 簿 鹵簿也 駬謂鼓嚴於林薄之中 然後縱獠也

[색은] 장읍이 말했다. "고鼓는 밤의 경계를 알려[嚴] 북을 치는 것이다. 부簿는 노부鹵簿이다. 천자가 거둥할 때의 의장행렬 중에 밤에 경계를 알려 북을 치는 것을 이른다."

張揖曰 鼓 嚴鼓也 簿 鹵簿也 謂擊嚴鼓於鹵簿中也

② 江河爲阹 泰山爲櫓강하위거 태산위로

[집해] 곽박이 말했다. "노櫓는 망루望樓이다. 산의 계곡을 따라 새와 짐승을 막아 우리로 삼는 것이다. 阹의 발음은 '거[去車反]'이다."

郭璞曰 櫓 望樓也 因山谷遮禽獸爲阹 音去車反

[색은] 곽박이 말했다. "산의 계곡을 따라 새와 짐승을 막아 우리로 삼는 것이다. 노櫓는 망루望樓이다."

郭璞曰 因山谷遮禽獸爲阹 櫓 望樓也

③ 生貔豹생비표

[집해] 곽박이 말했다. "비貔는 집이執夷이며 호랑이의 무리이다. 貔의 발음은 '비毗'이다."

郭璞曰 貔 執夷 虎屬也 音毗

④ 搏豺狼박시랑

[정의] 박搏은 격격擊(치다)이다. 두림이 말했다. "시豺는 맥貊과 비슷한데 흰색이다.《설문》에서 '낭조狼爪'라고 했다."

搏 擊也 杜林云 豺似貊 白色 說文云 狼爪

⑤ 熊羆웅비

[정의] 장읍이 말했다. "웅熊은 개의 몸에 사람의 발인데 검은색이다. 비
羆는 곰보다 크며 황백색이다. 모두 능히 나무를 휘어잡고 물을 따라가며
높은 나무에도 오른다. 겨울에는 굴로 들어가 겨울잠을 자고 봄이 시작
되면 나온다."

張云 熊 犬身人足 黑色 羆大於熊 黃白色 皆能攀沿上高樹 冬至入穴而蟄 始春
而出也

⑥ 足野羊족야양

[집해] 곽박이 말했다. "야양野羊은 양羊과 비슷한데 1,000근이나 된다.
손과 발로 차고 밟아서 죽이는 것을 이른 것이다."

郭璞曰 野羊如羊 千斤 手足 謂拍蹹殺之

⑦ 蒙鶡蘇몽갈소

[집해] 서광이 말했다. "소蘇는 꼬리이다."

徐廣曰 蘇 尾也

[색은] 맹강이 말했다. "갈새의 꼬리이다. 소蘇는 깃을 쪼갠 것이다." 장
읍이 말했다. "갈새는 꿩과 비슷한데 싸우면 죽어도 물러서지 않는다."
살펴보니 몽蒙은 뒤집어서 취한 것을 이른다. 갈새는 꼬리를 기이하게 여
기므로 특히 그 말을 해서 문장을 완성했을 뿐이다. 鶡의 발음은 '갈曷'
이다. 《결의주決疑注》에서는 "새의 꼬리는 소蘇가 된다."라고 했다.

孟康曰 鶡尾也 蘇 析羽也 張揖曰 鶡似雉 鬪死不卻 案 蒙謂覆而取之 鶡以蘇爲
奇 故特言之以成文耳 鶡音曷 決疑注云 鳥尾爲蘇也

⑧ 綺白虎고백호

집해 서광이 말했다. "綺의 발음 '고袴'이다." 살펴보니 곽박이 말했다. "고綺는 반락絆絡(줄무늬)을 이른 것이다."

徐廣曰 綺音袴 駰案 郭璞曰 綺謂絆絡之

색은 장읍이 말했다. "백호의 줄무늬를 나타낸 것이다." 곽박이 말했다. "고綺는 반락絆絡(줄무늬)을 이른 것이다."

張揖曰 著白虎文綺 郭璞曰 綺謂絆絡也

⑨ 被襂文피빈문

집해 곽박이 말했다. "얼룩무늬가 있는 옷을 입은 것이다."

郭璞曰 著斑衣

색은 피반문被斑文이다. 문영이 말했다. "얼룩무늬 옷을 입은 것이다. 《여복지輿服志》에서 '호분기虎賁騎는 호랑이 무늬의 단의單衣를 입는다.' 고 했다. 단의는 곧 이 얼룩진 무늬가 있는 옷이다."

被斑文 文穎曰 著斑文之衣 輿服志云 虎賁騎被虎文單衣 單衣卽此斑文也

⑩ 跨野馬과야마

색은 과야마跨野馬이다. 살펴보니 壄의 발음은 '야野'이다. 과跨는 승乘 (타다)이다.

跨壄馬 案 壄音野 跨 乘之也

⑪ 陵三嵏之危능삼종지위

집해 《한서음의》에서 말한다. "삼종三嵏은 세 봉우리를 이루고 있는 산이다."

漢書音義曰 三嵏 三成之山

⑫ 下磧歷之坻하적력지지

집해 곽박이 말했다. "적력磧歷은 비탈의 이름이다."

郭璞曰 磧歷 阪名也

정의 坻의 발음은 '지遲'이다. 적력磧歷은 얕은 물속의 모래와 돌이다. 지坻는 물속의 높은 곳이다. 사냥하는 사람이 이곳을 내려간다는 말이다.

坻音遲 磧歷 淺水中沙石也 坻 水中高處 言獵人下此也

비렴蜚廉을 때려잡고① 해치解豸를 희롱하며,② 하합瑕蛤을 때려잡고 맹씨猛氏를 작은 창으로 찔러 죽이며,③ 요뇨騕褭를 올무로 잡고 봉시封豕를 활로 쏘아 맞힙니다.④ 화살은 멋대로 해치려는 것은 아니지만 목을 가르고 뇌를 함몰시키며,⑤ 활은 헛되게 발사되지 않는다면 활시위 소리에 응해 거꾸러집니다.

이에 수레에 타고 서둘러 배회하고 날 듯이 왔다 갔다 하시며, 부部와 곡曲의 부대가 나아가고 물러남을 곁눈질하면서 장수들의 태도 변화를 관찰합니다. 그런 연후에 점점 급박하게 몰아⑥ 순식간에 멀리 가시어⑦ 가벼운 날짐승을 이리저리 쫓고 교활한 짐승을 차고 밟으시며, 흰 사슴을 수레바퀴로 치고⑧ 교활한 토끼를 가로질러 잡습니다.

붉은 번개보다 빠르게 번쩍이는 빛을 남기시며⑨ 괴물怪物을 쫓아 천지 사방으로 나아가⑩ 번약繁弱의 활을 당기고⑪ 백우白羽의 화살을 꽉 차게 당겨⑫ 노는 올빼미를 쏘고 비거蜚虡를 찌릅니다.⑬ 쏠 짐승을 택한 다음에 쏘시는데 쏘아 맞히기에 앞서 쏠 곳을

명하시고, 활시위에서 화살이 떠나가면 표적은 쓰러져 죽습니다.⑭

推蜚廉① 弄解豸② 格瑕蛤 鋋猛氏③ 胃腰褭 射封豕④ 箭不苟害 解脰陷

腦⑤ 弓不虛發 應聲而倒 於是乎乘輿彌節裴回 翶翔往來 睨部曲之進

退 覽將率之變態 然後浸潭促節⑥ 儵敻⑦遠去 流離輕禽 蹵履狡獸 轊白

鹿⑧ 捷狡兔 軼赤電 遺光燿⑨ 追怪物 出宇宙⑩ 彎繁弱⑪ 滿白羽⑫ 射游

梟 櫟蜚虡⑬ 擇肉後發 先中命處 弦矢分 藝殪仆⑭

① 推蜚廉추비렴

집해 곽박이 말했다. "비렴飛廉은 용작龍雀으로 새의 몸체에 사슴의 머
리를 한 것이다."

郭璞曰 飛廉 龍雀也 鳥身鹿頭者

색은 비렴蜚廉을 때려잡는 것이다. 곽박이 말했다. "비렴飛廉은 용작龍
雀으로 새의 몸체에 사슴의 머리를 했는데 형상이 평락관平樂觀에 있다."
推의 발음은 '주[直追反]'이다.

椎蜚廉 郭璞曰 飛廉 龍雀也 鳥身鹿頭 象在平樂觀 椎音直追反

② 弄解豸농해치

집해 《한서음의》에서 말한다. "해치解豸는 사슴과 비슷한데 뿔이 하나
이다. 군주가 올바른 형벌을 내리면 조정으로 나와서 곧지 못한 자를 저
촉하는 것을 주관한다. 가히 얻어서 희롱하는 것이다."

漢書音義曰 解豸似鹿而一角 人君刑罰得中則生於朝廷 主觸不直者 可得而弄也

색은 장읍이 말했다. "해치解豸는 사슴과 같고 뿔이 하나이다. 군주가
올바른 형벌을 내리면 조정으로 나와서 곧지 못한 자를 저촉하는 것을

주관한다. 지금 가히 얻어서 희롱하는 것을 말한 것이다." 解의 발음은 '해蟹'이다. 豸의 발음은 '지[丈嬭反]'이다. 또 다른 발음은 '재[丈介反]'이다.

張揖曰 解豸似鹿而一角 人君刑罰中則生於朝 主觸不直者 言今可得而弄也 解音蟹 豸音丈妳反 又音丈介反

③ 格瑕蛤 鋋孟氏 격하합 정맹씨

집해 《한서음의》에서 말한다. "하합瑕蛤과 맹씨孟氏는 모두 짐승 이름이다."

漢書音義曰 瑕蛤 猛氏皆獸名

색은 하합蝦蛤을 때려잡고, 맹씨猛氏를 작은 창으로 찌르는 것이다. 맹강이 말했다. "하합과 맹씨는 모두 짐승 이름이다." 진작이 말했다. "하합은 빠져야 한다." 곽박이 말했다. "지금 촉蜀 내에 있는 짐승인데 모양이 곰과 비슷하나 작으며 털은 짧고 광택이 있다. 이를 맹씨라고 이름했다." 《설문》에서 말한다. "선鋋은 작은 창이다." 鋋의 발음은 '선蟬'이다.

格蝦蛤 鋋猛氏 孟康曰 蝦蛤 猛氏皆獸名 晉灼曰 蝦蛤闕 郭璞曰 今蜀中有獸 狀如熊而小 毛淺有光澤 名猛氏 說文云 鋋 小矛也 音蟬

④ 胃騕褭 射封豕 견요뇨 사봉시

집해 곽박이 말했다. "요뇨騕褭는 신마神馬이고 하루에 1만 리를 간다. 騕褭의 발음은 '요뇨窈嫋'이다. 봉시封豕는 큰 돼지이다."

郭璞曰 騕褭 神馬 日行萬里 兩音窈嫋 封豕 大豬

⑤ 解脰陷腦 해두함뇌

색은 장읍이 말했다. "두脰는 경頸(목)이다." 陷의 발음은 '겸[苦念反]'이고 또한 통상적인 음으로 읽는다.

張揖云 脰 頸也 陷音苦念反 亦依字讀也

⑥ 浸潭促節침심촉절

[색은] 침심浸潭은 점염漸苒(점점 우거지는 것)과 같다. 《한서》에는 '침음浸淫'으로 되어 있다. 다른 판본에는 '승여안절乘輿案節'로 되어 있다. 潭의 발음은 '심尋'이다.

浸潭猶漸苒也 漢書作浸淫 或作乘輿案節也 潭音尋

⑦ 儵敻숙형

[집해] 곽박이 말했다. "敻의 발음은 '형[詡盛反]'이다."

郭璞曰 敻音詡盛反

[신주] 숙형儵敻은 쏜살처럼 떠나 멀어져 가는 것을 나타낸다.

⑧ 轃白鹿예백록

[집해] 서광이 말했다. "轃의 발음은 '예銳'이다. 다른 판본에는 '혜惠'로 되어 있다."

徐廣曰 轃音銳 一作惠也

[정의] 轃의 발음은 '위衛'이다. 《포박자抱朴子》에서 말한다. "백록白鹿은 1,000년을 살고 500세가 되면 색이 순백이 된다." 《진징상기晉徵祥記》에서 말한다. "백록白鹿은 색이 서리와 같고 다른 사슴과 더불어 무리를 짓지 않는다."

轃音衛 抱朴子云 白鹿壽千歲 滿五百歲色純白也 晉徵祥記云 白鹿色若霜 不與他鹿爲群

⑨ 軼赤電 遺光燿일적전 유광요

集解 서광이 말했다. "붉은 번개처럼 뛰어올라 전광電光도 미치지 못하게 신속히 떠나가는 것을 말한다."

徐廣曰 超陵赤電 電光不及 言去速也

⑩ 追怪物 出宇宙추괴물 출우주

定義 괴물怪物은 유효遊梟와 비거飛虡를 이른다. 장읍이 말했다. "천지 사방을 우宇라 하고 옛날이 가고 지금이 오는 것을 주宙라 한다." 허신이 말했다. "주宙는 배나 수레가 이르는 곳이다." 살펴보니 허신이 설명한 주宙가 옳다.

怪物 謂游梟飛虡也 張揖云 天地四方曰宇 往古來今曰宙 許愼云 宙 舟輿所極也 案 許說宙是也

⑪ 彎繁弱만번약

定義 앞 글자 彎의 발음은 '언[烏繁反]'이다. 문영이 말했다. "만彎은 견牽(끌다)이다. 번약繁弱은 하후씨의 좋은 활 이름이다. 《좌전》에서 '노공魯公에게 하후씨의 황璜과 봉보封父의 번약繁弱을 나누어주었다.'고 했다."

上烏繁反 文穎云 彎 牽也 繁弱 夏后氏良弓名 左傳云 分魯公以夏后之璜 封父之繁弱

⑫ 滿白羽만백우

定義 문영이 말했다. "활을 당기는데 화살촉이 끝까지 이르도록 하는 것을 만滿이라고 한다. 흰 깃의 깃 화살이다. 그러므로 백우白羽라고 일렀다."

文穎云 引弓盡箭鏑爲滿 以白羽羽箭 故云白羽也

⑬ 射游梟 櫟蜚虡사유효 럭비거

[집해] 곽박이 말했다. "효梟는 효양梟羊이다. 사람과 비슷한데 혀가 길고 발뒤꿈치가 반대로 되어 있으며, 머리를 풀어헤치고 사람을 잡아먹는다. 비거蜚虡는 사슴 머리에 용의 몸체를 한 신수神獸이다." 역櫟은 소梢(막대기)이다.

郭璞曰 梟 梟羊也 似人 長脣 反踵 被髮 食人 蜚虡 鹿頭龍身 神獸 櫟 梢也

⑭ 藝殪仆예에부

[집해] 서광이 말했다. "활을 쏘아 맞추는 표적을 예藝라고 한다. 仆의 발음은 '부赴'이다."

徐廣曰 射準的曰藝 仆音赴

> 그런 다음에 정기旌旗를 휘날려 위로 뜨게 해서 거센 바람을 넘고, 회오리바람①을 지나 하늘이 기운을 타 신과 함께 하며,② 현학玄鶴을 깔아뭉개고③ 곤계昆鷄를 흩어놓으며, 공작과 난새에 다가서고 준의駿䴊에 가까이 가며, 예조鷖鳥를 치고 봉황을 때려잡으며,④ 원추鵷雛를 포획하고 초명焦明을 덮칩니다.⑤
>
> 길이 다해서야 수레를 돌려서 돌아옵니다. 소요招搖하고 한가로이 거닐면서⑥ 북굉北紘⑦으로 내려와 머물다가 솔연率然히 곧바로 나가서 어두워지면 되돌아옵니다.

然後揚節而上浮 陵驚風 歷駭飇^① 乘虛無 與神俱^② 轔玄鶴^③ 亂昆雞 遒
孔鸞 促駿鷫 拂鷖鳥 捎鳳皇^④ 捷鴛雛 掩焦明^⑤ 道盡塗殫 迴車而還 招
搖乎襄羊^⑥ 降集乎北紘^⑦ 率乎直指 闇乎反鄉

① 飇표

[정의] 飇의 발음은 '표[必遙反]'이다. 《이아》에서 말한다. "부요의 폭풍은
아래로부터 위로 상승하기 때문에 '표飇'라 한다."

飇音必遙反 爾雅云扶搖暴風 從下升上 故曰飇

② 乘虛無 與神俱승허무 여신구

[정의] 장읍이 말했다. "허무(하늘)가 아득히 넓어 하늘과 함께 신령이 통
하는 것이니, 그 기운을 탄 바가 높은 까닭으로 나는 새 위로 나갈 수 있
어 신神과 함께한다는 것을 말하였다."

張揖云 虛無寥廓 與天通靈 言其所乘氣之高 故能出飛鳥之上而與神俱也

③ 轔玄鶴인현학

[집해] 서광이 말했다. "轔의 발음은 '린躪'이다."

徐廣曰 轔音躪

[정의] 轔의 발음은 '린吝'이다. 학鶴은 260세를 살면 엷은 흑색을 띤다.

轔音吝 鶴二百六十歲則淺黑色也

④ 亂昆雞~捎鳳皇난곤계~초봉황

[집해] 《한서음의》에서 말한다. "遒의 발음은 '쥬[奏由反]'이고, 鷖의 발

음은 '예[烏鷄反]'이다. 장읍이 말했다. "《산해경》에 이르기를 「구의산九疑
山에 오색 무늬의 새가 있는데 이름을 예조鷖鳥라고 한다.」고 했다.'"

漢書音義曰 遹 秦由反 鷖 烏鷄反 張云 山海經云九疑之山有五采之鳥 名曰鷖
鳥也

[정의] 捎의 발음은 '쇼[山交反]'이다. 경방의 《역전》에서 말한다. "봉황鳳
皇은 기러기보다 먼저 나오고 기린보다 나중에 나오는데, 닭의 부리, 제
비의 턱, 뱀의 목, 거북의 등, 물고기 꼬리에 날개를 나란히 한다. 키는 1
장丈 2척尺이다." 《동산경東山經》에서 말한다. "그 모양이 학鶴과 비슷하
고 오색의 빛깔을 띤다. 머리의 문채는 경經이라 하고, 날개의 문채는 순
順이라 하며, 등의 문채는 의義라 하고, 가슴의 문채는 인仁이라 하며, 넓
적다리의 문채는 신信이라 한다. 이 새는 스스로 노래 부르고 스스로 춤
을 추며, 수컷을 봉鳳이라고 하고 암컷을 황皇이라고 한다."

捎 山交反 京房易傳云 鳳皇 鴈前麟後 鷄喙燕頷 蛇頸龜背 魚尾駢翼 高丈二尺
東山經云 其狀如鶴 五采 而首文曰經 翼文曰順 背文曰義 膺文曰仁 股文曰信
是鳥自歌自舞 雄曰鳳 雌曰皇

[신주] 곤계昆雞는 학과 같으며 황백색이다. 공란孔鸞이나 준의鵕鸃는 새
이름이다.

⑤ 捷鴛雛 掩焦明첩원추 엄초명

[집해] 초명焦明은 봉鳳과 비슷한 것이다.

焦明似鳳

[색은] 장읍이 말했다. "초명焦明은 봉鳳과 비슷하고 서방의 새이다." 《악
협도징》에서 말한다. "초명의 모양은 봉황과 흡사하다." 송충宋衷은 물새
라고 했다.

張揖曰 焦明似鳳 西方鳥 樂叶圖徵曰 焦明狀似鳳皇 宋衷曰水鳥

정의 살펴보니 긴 부리에 날개는 성기고 꼬리는 둥글다. 깊고 조용한 곳이 아니면 모이지 않고, 진기한 것이 아니면 먹지 않는다.

案 長喙 疏翼 員尾 非幽閑不集 非珍物不食

⑥ 招搖乎襄羊소요호양양

색은 소요호양양逍搖乎襄羊이다. 곽박이 말했다. "양양襄羊은 방양仿佯 (어슬렁거리며 배회하다)과 같다."

逍搖乎襄羊 郭璞曰 襄羊猶仿佯

⑦ 紘굉

집해 곽박이 말했다. "굉紘은 유維(밧줄)이다. 북방의 밧줄을 위우委羽 라고 한다."

郭璞曰 紘 維也 北方之紘曰委羽

석관石關을 밟고 봉만封巒을 거치며 지작雉鵲을 지나고 노한露寒을 바라보며① 당리棠梨②로 내려가 의춘宜春③에서 휴식하고 서쪽으로 선곡宣曲으로 달리시며 우수牛首에서 익조를 새긴 배를 젓고④ 용대龍臺⑤에 오르고 세류細柳⑥에서 쉬며 사士와 대부들의 노고와 지략을 관찰하고 사냥에서 잡은 것을 고르게 배분합니다.⑦
사람이 끄는 수레바퀴로 치어 잡은 것,⑧ 기병이 말을 타고 짓밟아⑨ 죽인 것, 백성이 발로 밟아 잡은 것, 기진맥진 피로에 지치고⑩

놀라 질겁하고 두려워 엎드려 있는 것, 칼에 상처를 입지 않고도 죽은 것들이 여기저기 깔려서 구덩이를 메우고 계곡을 채우며 평원을 덮어버리고 늪지를 가득 채웁니다.

蹶石(闕)〔關〕歷封巒 過雉鵲 望露寒^① 下棠梨^② 息宜春^③ 西馳宣曲 濯鷁牛首^④ 登龍臺^⑤ 掩細柳^⑥ 觀士大夫之勤略 鈞^⑦獠者之所得獲 徒車之所轔轢^⑧ 乘騎之所蹂^⑨若 人民之所蹈踏 與其窮極倦卻^⑩ 驚憚讋伏 不被創刃而死者 佗佗籍籍 塡阬滿谷 揜平彌澤

① 蹶石關~望露寒궐석관~망로한

집해 서광이 말했다. "雉의 발음은 '지支'이다." 살펴보니《한서음의》에서 말한다. "모두 감천궁甘泉宮 좌우의 관觀 이름이다."

徐廣曰 雉音支 駰案 漢書音義曰 皆甘泉宮左右觀名也

신주 석관石關, 봉만封巒, 지작雉鵲, 노한관露寒觀 등 4개의 관은 무제 건원 연중에 건축했다.

② 棠梨당리

집해 《한서음의》에서 말한다. "궁宮 이름이고, 운양현雲陽縣 동남쪽 30리에 있다."

漢書音義曰 宮名也 在雲陽縣東南三十里

③ 宜春의춘

정의 《괄지지》에서 말한다. "의춘궁宜春宮은 옹주雍州 만년현萬年縣 서남쪽 30리에 있다."

括地志云 宜春宮在雍州萬年縣西南三十里

④ 宣曲~牛首선곡~우수

[집해] 《한서음의》에서 말한다. "선곡宣曲은 궁 이름이며 곤명지昆明池 서쪽에 있다. 우수牛首는 지池의 이름이고 상림원上林苑의 서쪽 어귀에 있다."

漢書音義曰 宣曲 宮名 在昆明池西 牛首 池名 在上林苑西頭

⑤ 龍臺용대

[집해] 《한서음의》에서 말한다. "관觀 이름이며 풍수豐水의 서북쪽으로 위수渭水에 가까이 있다."

漢書音義曰 觀名 在豐水西北近渭

⑥ 細柳세류

[정의] 곽박이 말했다. "관觀 이름이고 곤명의 남쪽 유시柳市에 있다."

郭云 觀名 在昆明南柳市

⑦ 鈞균

[집해] 서광이 말했다. "균鈞은 다른 판본에는 '진診'으로 되어 있다."

徐廣曰 鈞 一作診也

⑧ 轔轢인력

[정의] 인轔은 천踐(밟다)이다. 역轢은 전輾(깔리다)이다.

轔 踐也 轢 輾也

⑨ 蹂유

집해 서광이 말했다. "蹂의 발음은 '우[人久反]'이다."

徐廣曰 蹂音人久反

신주 발로 밟는 것이다.

⑩ 䬅극

집해 서광이 말했다. "䬅의 발음은 '극劇'이다."

徐廣曰 音劇

신주 몹시 지친 상태를 말한다.

이에 사냥하며 노는 것이 싫증이 나면 호천대昊天臺[①]에서 주연을
베풀고 교갈轇輵의 우宇에서[②] 음악을 베풀며, 12만 근[③]이나 되
는 종鍾을 치고 120만 근이나 되는 종대를 세우며, 비취의 깃으로
장식한 깃발을 세우고 악어 가죽으로 만든 북을 설치하며,[④] 도당
씨陶唐氏의 춤을 추게 하고 갈천씨葛天氏의 노래[⑤]를 듣게 합니다.
또 1,000명이 노래부르고 1만 명이 화답하여 산과 언덕이 진동[⑥]
하고 시내와 계곡의 물결이 파도치듯 합니다.

於是乎游戲懈怠 置酒乎昊天之臺[①] 張樂乎轇輵之宇[②] 撞千石[③]之鐘 立
萬石之鉅 建翠華之旗 樹靈鼉之鼓[④] 奏陶唐氏之舞 聽葛天氏之歌[⑤] 千
人唱 萬人和 山陵爲之震動[⑥] 川谷爲之蕩波

① 昊天之臺호천지대

색은 장읍이 말했다. "대臺가 호천皓天까지 높이 오른 것이다."

張揖云 臺高上干皓天也

② 轇輵之宇교갈지우

집해 서광이 말했다. "轕의 발음은 '갈葛'이다."

徐廣曰 輵音葛

색은 곽박이 말했다. "넓고 멀며 깊은 모양을 말한다."

郭璞云 言曠遠深貌也

신주 교갈지우轇輵之宇는 넓고 멀며 깊은 모양으로 곧 상청上淸의 기이다.

③ 石석

신주 중량을 나타내는 단위이다. 1석은 120근이다.

④ 樹靈鼉之鼓수영타지고

집해 곽박이 말했다. "나무가 북의 안을 관통하고 깃을 더해서 그 위를 장식한 것이 이른바 수고樹鼓이다."

郭璞曰 木貫鼓中 加羽葆其上 所謂樹鼓

⑤ 葛天氏之歌갈천씨지가

집해 《한서음의》에서 말한다. "갈천씨葛天氏는 옛날 제왕의 호칭이다. 《여씨춘추》에는 '갈천씨의 음악은 3인이 소꼬리를 가지고 발로 밟으며 노래 부르는 것이다.'라고 한다."

漢書音義曰 葛天氏 古帝王號也 呂氏春秋曰 葛天氏之樂 三人操牛尾 投足以歌

색은 장읍이 말했다. "갈천씨는 삼황三皇 때 군주의 호칭이다. 《여씨춘추》에서 '그의 음악은 3인이 소꼬리를 가지고 발로 밟으며 노래한다. 팔결八関에는 첫째는 재인載人, 둘째는 현조玄鳥, 셋째는 수초목遂草木, 넷째는 분오곡奮五穀, 다섯째는 경천상敬天常, 여섯째는 건제공建帝功, 일곱째는 의지덕依地德, 여덟째는 총금수지극總禽獸之極이라 한다.'라고 했다."

張揖曰 葛天氏 三皇君號也 呂氏春秋云 其樂三人持牛尾 投足以歌 八関 一曰載人 二曰玄鳥 三曰遂草木 四曰奮五穀 五曰敬天常 六曰建帝功 七曰依地德 八曰總禽獸之極

⑥ 動동

집해 서광이 말했다. "다른 판본에는 '훈動'으로 되어 있다."

徐廣曰 一作勳

파유무巴兪舞와 송宋, 채蔡, 회남淮南의 우차곡于遮曲①과 문성현文成縣, 전현顚縣의 노래②를 함께 연주하기도 하고③ 교대로 연주되기도 하며, 징과 북이 번갈아 일어나니 징징 둥둥 울리는 소리④에 마음이 열리고 귀를 놀라게 합니다. 형荊과 오吳와 정鄭과 위衛나라 음악, 소韶와 호濩와 무武와 상象의 음악, 음란함에 빠지는 음악, 언鄢과 영郢의 음악과 춤, 격초激楚와 결풍結風⑤의 곡조로 광대와 난쟁이 배우, 적제狄鞮⑥의 가수들이 귀와 눈을 즐겁게 하고 마음과 뜻을 즐겁게 하며, 앞에는 화려하고 감미로운 음악이 흐르고⑦ 뒤에는 가냘프고 고운 살결⑧의 아름다운 여인이

있습니다.

巴俞宋蔡 淮南于遮[1] 文成顚歌[2] 族舉[3]遞奏 金鼓迭起 鏗鎗鐺鼞[4] 洞心駭耳 荊吳鄭衞之聲 韶濩武象之樂 陰淫案衍之音 鄢郢繽紛 激楚結風[5] 俳優侏儒 狄鞮[6]之倡 所以娛耳目而樂心意者 麗靡爛漫[7]於前 靡曼[8]美色於後

① 巴俞宋蔡 淮南于遮파유송채 회남우차

집해 곽박이 말했다. "파巴의 서쪽 낭중閬中에 유수俞水가 있고 요인獠人이 그 물가에서 사는데 모두 굳세고 용맹하며 춤추는 것을 좋아했다. 한고조漢高祖가 불러 모아 삼진三秦을 평정했다. 뒤에 악부樂府를 익히게 해, 이 때문에 이름을 파유무巴俞舞라고 한다."《한서음의》에서 말한다. "우차于遮는 가곡歌曲의 이름이다."

郭璞曰 巴西閬中有俞水 獠人居其上 皆剛勇好舞 漢高募取以平三秦 後使樂府習之 因名巴俞舞也 漢書音義曰 于遮 歌曲名

색은 곽박이 말했다. "파巴의 서쪽 낭중閬中에 유수俞水가 있는데 요인獠人이 그 물가에서 살며 춤추는 것을 좋아했다. 처음 고조高祖가 이들을 불러 모아 삼진三秦을 평정했으며 뒤에 악부樂府를 익히게 하고 이 때문에 '파유무'라고 이름했다." 장읍이 말했다. "《예기》의 〈악기〉에서 '송나라 음악은 유약하게 하여 기분을 빠지게 한다.'라고 했다. 채나라 사람의 노래는 인원이 3인이다. 《초사》에는 '오吳에서는 요謠, 채蔡에서는 구謳이다.'라고 했다. 회남淮南의 북은 인원이 4인이다. 〈우차곡〉은 그런 뜻이다."

郭璞曰 巴西閬中有俞水 獠人居其上 好舞 初 高祖募取以平三秦 後使樂人習

之 因名巴俞舞也 張揖曰 禮樂記曰 宋音宴女溺志 蔡人謳 員三人 楚詞云 吳謠
蔡謳 淮南鼓 員四人 于遮曲是其意也

② 文成顛歌문성전가

집해 곽박이 말했다. "들어보지 못했다."

郭璞曰 未聞也

색은 곽박이 말했다. "들어보지 못했다." 문영이 말했다. "문성文成은
요서遼西의 현 이름이다. 그 현의 사람들이 노래를 잘 부른다. 전顛은 익
주益州의 전현顛縣이며 그곳의 사람들이 서남이가西南夷歌를 만들었다.
전顛은 곧 전滇이다."

郭璞云 未聞 文穎曰 文成 遼西縣名 其縣人善歌 顛 益州顛縣 其人能作西南夷
歌 顛卽滇也

③ 擧거

집해 서광이 말했다. "거擧는 다른 판본에는 '거居'로 되어 있다."

徐廣曰 擧 一作居

④ 鏜䶀당답

집해 곽박이 말했다. "당답鏜䶀은 북소리이다."

郭璞曰 鏜䶀 鼓音

⑤ 激楚結風격초결풍

집해 곽박이 말했다. "격초激楚는 가곡歌曲이다. 《열녀전》에는 '청격초
지유풍聽激楚之遺風'(격초의 유풍을 듣다)이라고 한다."

郭璞曰 激楚 歌曲也 列女傳曰 聽激楚之遺風也

[색은] 문영이 말했다. "격激은 충격이니 급풍急風이다. 결풍結風은 회풍
回風인데, 회回 또한 급풍急風이다. 초나라 땅의 풍기風氣가 이미 세차고
사나우니, 노래하는 자들은 오히려 다시 세차고 단단한 급풍急風에만 의
지해 절조를 지었으니 음악이 빠르면서도 애절하다."

文穎曰 激 衝激 急風也 結風 回風 回亦急風也 楚地風氣旣自漂疾 然歌樂者猶
復依激結之急風以爲節 其樂促迅哀切也

⑥ 狄鞮적제

[집해] 서광이 말했다. "위소는 '적제狄鞮는 땅 이름이고 하내河內에 있
으며 노래를 잘 부르는 자들이 나온다.'라고 했다."

徐廣曰 韋昭云狄鞮 地名 在河內 出善倡者

⑦ 爛漫난만

[색은] 곽박이 말했다. "그 관람을 멋대로 하는 것을 말한 것이다. 《열녀
전》에서 '걸桀이 난만爛漫한 음악을 만들었다.'고 한다."

郭璞云 言恣其觀也 列女傳曰 桀造爛漫之樂

⑧ 靡曼미만

[색은] 장읍이 말했다. "미靡는 가냘픈 것이며, 만曼은 윤택한 것이다.
《한비자》에서 '옷에 윤이 나고 이가 희다.[曼服皓齒]'라고 했다."

張揖曰 靡 細 曼 澤也 韓子 曼服皓齒

[신주] 미만靡曼은 부드럽고 고운 살결이다.

저 청금靑琴과 복비宓妃[1]라는 여인은 빼어남이 속세와는 다르게[2] 아름답고 청아한 여신입니다.[3] 짙은 화장[4]과 곱게 꾸민 모습이 경쾌하며 곱고[5] 가냘프며 부드럽고 날렵합니다.[6] 비단 치마를 끌고 선 모습이[7] 아름답고 기다란 옷매무새가 마치 새기고 그려놓은 그림과 같습니다.[8] 걸을 때마다 옷의 물결치는 모양이[9] 여느 세상의 옷과는 다르며, 아름다운 향기가 풍기는데 강렬하면서도 맑게 스밉니다. 새하얀 이가 찬란하게 빛을 내니 웃는 모습마저도 선명합니다.[10] 기다란 눈썹에 가늘게 굽어진 눈으로 먼 곳을 바라보는 듯 곁눈질합니다.[11] 저편의 얼굴이 오고 이편의 혼이 가니 마음만큼은 그 곁에서 즐겁습니다.[12]

若夫靑琴宓妃[1]之徒 絕殊離俗[2] 姣冶嫺都[3] 靚莊[4]刻飭 便嬛綽約 柔橈嬛嬛[5] 嫵媚姌嫋[6] 抴獨繭之褕袘[7] 眇閻易以戌削[8] 編姺徶䋺[9] 與世殊服 芬香漚鬱 酷烈淑郁 晧齒粲爛 宜笑旳㿥[10] 長眉連娟 微睇緜藐[11] 色授魂與 心愉於側[12]

① 靑琴宓妃청금복비

집해 《한서음의》에서 말한다. "모두 옛 신녀神女의 이름이다."

漢書音義曰 皆古神女名

색은 복엄伏儼이 말했다. "청금靑琴은 옛 신녀神女이다." 여순이 말했다. "복비宓妃는 복희伏羲의 딸이며 낙수洛水에서 익사溺死해 마침내 낙수洛水의 신이 되었다." 宓의 발음은 '복伏'이다.

伏儼曰 靑琴 古神女也 如淳曰 宓妃 伏羲女 溺死洛水 遂爲洛水之神 宓音伏

② 絕殊離俗절수리속

색은 곽박이 말했다. "세상에 견줄 만한 것이 없다는 것이다."

郭璞云 俗無雙

신주 절수絶殊는 뛰어나다. 리속離俗은 속세와 다르다는 의미이다.

③ 姣冶嫺都교야한도

색은 교야한도姣冶閑都이다. 곽박이 말했다. "교姣는 예쁜 것이다. 도都는 우아한 것이다."《시경》에서 "예쁜 사람 아름다움이여[姣人嫽兮]"라고 했다.《방언》에서 말한다. "관동쪽 하수와 제수 사이에서는 무릇 아름다운 것을 교姣라고 이른다." 姣의 발음은 '교絞'이다.《설문》에서 말한다. "한嫺은 우아한 것이다." 다른 판본에는 '한閑'으로 된 곳도 있다. 〈소아〉에서 말한다. "도都는 성한 것이다."

姣冶閑都 郭璞云 姣 好也 都 雅也 詩云 姣人嫽兮 方言云 自關而東 河濟之間 凡好或謂之姣 音絞 說文曰 嫺 雅也 或作閑 小雅曰都 盛也

④ 靚莊도장

집해 곽박이 말했다. "정장靚莊은 분을 발라 희고 눈썹먹을 칠해 검은 것이다."

郭璞曰 靚莊 粉白黛黑也

⑤ 柔橈嬛嬛유요연연

집해 서광이 말했다. "嬛의 발음은 '연娟'이다."

徐廣曰 音娟

색은 곽박이 말했다. "유요연연柔橈嬛嬛은 모두 몸매가 가냘프고 연약하며 키가 크고 고운 모습이다."《광아》에서 말한다. "연연嬛嬛은 용모이다." 장읍이 말했다. "연연嬽嬽은 완완婉婉과 같다."

郭璞曰 柔橈嬽嬽 皆骨體奐弱長豔皃也 廣雅云 嬽嬽 容也 張揖曰 嬽嬽猶婉婉也

⑥ 嫵媚姌嫋무미염요

집해 서광이 말했다. "姌의 발음은 '염[乃冉反]'이고, 嫋의 발음은 '약弱'이다."

徐廣曰 姌音乃冉反 嫋音弱

색은 무미섬약嫵媚孅弱이다. 《비창》에서 말한다. "무미嫵媚는 기뻐하는 것이다." 《풍속통》에서 말한다. "협보頰輔(뺨)를 무미嫵媚라고 한다." 곽박이 말했다. "섬약孅弱은 약한 모습이다." 《비창》에서 말한다. "섬약孅弱은 용모와 몸체가 섬세하고 유약한 것을 이른 것이다."

嫵媚孅弱 埤蒼云 嫵媚 悅也 通俗文云 頰輔謂之嫵媚 郭璞云 孅弱 弱皃 埤蒼曰 孅弱 謂容體纖細柔弱也

⑦ 抴獨繭之褕袣예독견지유이

집해 서광이 말했다. "抴의 발음은 '예曳'이다. 길이가 긴 홑옷이다."

徐廣曰 抴音曳 襜褕

색은 유예褕抴이다. 장읍이 말했다. "유褕는 길이가 긴 홑옷이다. 예抴는 소매이다." 곽박이 말했다. "독견獨繭은 하나의 고치실이다." 《비창》에서 말한다. "예抴는 옷이 긴 모양이다."

褕袣 張揖云 褕 襜褕也 袣 袖也 郭璞曰 獨繭 一繭絲也 埤蒼云 袣 衣長皃也

⑧ 眇閻易以戌削묘염이이술삭

집해 서광이 말했다. "염이閻易는 옷이 긴 모양이다. 술삭戌削은 조각

168 제117권 사마상여열전

하고 그려서 만드는 것과 같은 것을 말한다."

徐廣曰 閻易 衣長貌 戌削 言如刻畫作之

　색은　묘염이이휼삭眇閻易以恤削이다. 곽박이 말했다. "염이閻易는 옷이
긴 모양이다. 휼삭恤削은 조각하고 그려서 만든 것과 같다는 말이다."

眇閻易以恤削 郭璞曰 閻易 衣長皃 恤削 言如刻畫作也

⑨ 媥姺徹偰편선별설
　집해　곽박이 말했다. "의복이 너울너울 춤추는 모양이다."

郭璞曰 衣服婆娑貌

　정의　媥의 발음은 '변[白眠反]'이다. 姺의 발음은 '선先'이다. 徹의 발음
은 '별[白結反]'이다. 偰의 발음은 '설屑'이다.

媥 白眠反 姺音先 徹音白結反 偰音屑

⑩ 晧齒粲爛 宜笑的皪호치찬란 의소적력
　색은　곽박이 말했다. "선명한 모습이다."《초사》에서 말한다. "미인이
흰 치아 곱고도 아름답네." 또 이르기를 "반달 같은 눈썹, 웃음이 선명하
구나."라고 했다. 皪의 발음은 '력礫'이다.

郭璞曰 鮮明皃也 楚詞曰 美人晧齒〔媔〕以娽 又曰 娥眉笑以旳皪 皪音礫也

⑪ 長眉連娟 微睇緜藐장미연련 미체면막
　색은　곽박이 말했다. "연연連娟은 눈썹이 굽고 가는 것이다. 면막緜藐
은 멀리 보는 모습이다." 娟의 발음은 '언[一全反]'이고 睇의 발음은 '뎨[大
計反]'이고 藐의 발음은 '막邈'이다.

郭璞曰 連娟 眉曲細也 緜藐 遠視皃也 娟音一全反 睇 大計反 藐音邈

⑫ 色授魂與 心愉於側색수혼여 심유어측

장읍이 말했다. "저 얼굴이 와서 나에게 주고 나의 혼이 가서 함께 접하는 것이다." 愉의 발음은 '유踰'이고 가다의 뜻이다. 유愉는 기쁜 것이다. 두 뜻이 나란히 통용된다.

張揖曰 彼色來授我 我魂往與接也 愉音踰 往也 愉 悅也 二義竝通也

이에 술이 거나해지고 음악이 무르익자 천자는 망연한 생각으로 있는 듯 없는 듯 말합니다.

"아! 슬프구나. 이는 심한 사치로다. 짐이 정사를 보고 남은 시간에 일이 없이 날을 헛되게 버리게 되어서, 하늘의 도리를 따라 살육을 하면서 이따금 이곳에서 휴식한 것인데, 후세에 사치하고 화려함에 마침내 빠져서 돌아오지 못할까 두렵구나. 후세를 위하여 창업의 수통垂統으로 물려줄 만한 것이 아니도다."

이에 주연을 그만두고 사냥을 파하며 유사有司에게 명해서 말합니다.

"개간할 만한 땅을 넓혀 모두 농사짓는 들로 만들어 백성을 넉넉하게 하고, 담을 헐고 해자를 메워서 산이나 연못가에 사는 백성에게 이르도록 하라. 보와 연못에 (물고기를) 가득 길러서 (백성이 잡는 것을) 금지하지 말고,① 이궁과 별관을 비워서 (백성을 하인으로) 채우지 말라.② 창고를 열어서 궁색한 이들을 구제하고 부족한 것을 보충해주고, 홀아비와 과부를 구휼해 주고 고아와 고독한 이들을 보호하라. 덕이 있는 호령을 내리고 형벌을 줄일 것이며 제도를

고치고 복색을 바꾸며 정월의 초하루를 고쳐서 천하와 함께 시
작하라."

於是酒中樂酣 天子芒然而思 似若有亡 曰 嗟乎 此泰奢侈 朕以覽聽餘
間 無事棄日 順天道以殺伐 時休息於此 恐後世靡麗 遂往而不反 非所
以爲繼嗣創業垂統也 於是乃解酒罷獵 而命有司曰 地可以墾辟 悉爲
農郊 以贍萌隸 隤牆塡塹 使山澤之民得至焉 實陂池而勿禁^① 虛宮觀而
勿仞^② 發倉廩以振貧窮 補不足 恤鰥寡 存孤獨 出德號 省刑罰 改制度
易服色 更正朔 與天下爲始

① 實陂池而勿禁실피지이물금

[정의] 實實은 滿(채우다)이다. 사람들이 방죽과 연못에 가득 차게 해서
마음대로 채취하여 취하게 하는 것을 말한다.

實 滿也 言人滿陂池 任采捕所取也

② 虛宮觀而勿仞허궁관이물인

[정의] 仞의 발음은 '인刃'이다. 또한 滿滿이다. 이궁離宮과 별관別官에 사
람을 거처하지 않게 하고 모두 폐지시킨 것을 말한다.

仞音刃 亦滿也 言離宮別館勿令人居止 竝廢罷也

이에 길일吉日을 잡아 재계하고, 조복을 입고 법가法駕를 타고 화
기華旗를 세우고 옥란玉鸞을 울리며 육예六藝의 동산①에서 놀고,
인의仁義의 길에서 달리며, 《춘추》의 숲②을 살폈습니다. 이수狸首
로 절도를 삼아 활을 쏘고, 추우騶虞를 겸하여③ 현학玄鶴을 주살
로 쏘고 방패와 도끼로 춤을 추며, 운한雲罕을 싣고④ 군아群雅를
덮쳐 잡고⑤ 〈벌단〉을 슬피 여기고,⑥ 낙서樂胥의 시구를 즐기고⑦
《예기》의 정원⑧에서 몸가짐을 수양하고, 《상서》의 들판⑨에서 빙
빙 돌아 날며 《역경》의 도를 서술합니다.⑩

於是歷吉日以齊戒 襲朝衣 乘法駕 建華旗 鳴玉鸞 游乎六藝之囿① 騖
乎仁義之塗 覽觀春秋之林② 射狸首 兼騶虞③ 弋玄鶴 建干戚 載雲罕④
撟群雅⑤ 悲伐檀⑥ 樂樂胥⑦ 修容乎禮園⑧ 翺翔乎書圃⑨ 述易道⑩

① 六藝之囿육예지유

정의 육예六藝는 사냥에 마치게 됨을 말한다. 곧 육예에서 두루 놀면
서 인의仁義의 길을 신속하게 달리는 것을 말한다.

六藝 云言田獵訖 則遍遊六藝 而疾驅於仁義之道也

② 春秋之林춘추지림

집해 곽박이 말했다. "《춘추》는 성공과 실패를 관찰하고 선과 악을 밝
히는 것이다."

郭璞曰 春秋所以觀成敗 明善惡者

③ 射狸首 兼騶虞사리수 겸추우

집해 《예기》〈사의射義〉의 (일시逸詩에서) 말한다. "천자는 추우騶虞로 절도를 삼고, 제후는 이수貍首로 절도를 삼는다. 추우는 악관이 갖추어진 것에 즐거워하고, 이수貍首는 천자와 모이는 때를 즐거워하는 것이다."

禮射義曰 天子以騶虞爲節 諸侯以貍首爲節 騶虞者 樂官備也 貍首者 樂會時也

④ 建干戚 載雲䍐 건간척 재운한

색은 장읍이 말했다. "한䍐은 필畢(그물)이다." 문영이 말했다. "곧 천필天畢은 별 이름이다. 앞에는 구류九旒 운한雲䍐의 수레가 있다." 살펴보니 설명한 자가 운한雲䍐으로 정기旌旗를 삼았다고 하는 것은 잘못이다. 또 살펴보니 《중조로부도中朝鹵簿圖》에서 "운한가사雲䍐駕駟"라고 했는데, 구류九旒를 아울러 말하지 않았으니 한거䍐車는 구류거九旒車와는 별도이다.

張揖云 䍐 畢也 文穎曰 卽天畢 星名 前有九旒雲䍐之車 案 說者以雲䍐爲旌旗 非也 且案中朝鹵簿圖云 雲䍐駕駟 不兼言九旒 䍐車與九旒車別

⑤ 揜群雅 엄군아

집해 《한서음의》에서 말한다. "《시경》의 〈대아大雅〉와 〈소아小雅〉이다."
漢書音義曰 大雅 小雅也

색은 엄揜은 포捕(덮어 잡다)이다. 장읍이 말했다. "《시경》〈소아〉의 재목은 74인이고, 〈대아〉의 재목은 31인이다. 이 때문에 군아群雅라고 한 것이다. 운한雲䍐을 수레에 싣고 군아群雅의 사士를 포획하는 것을 말한다."

揜 捕也 張揖曰 詩小雅之材七十四人 大雅之材三十一人 故曰群雅也 言雲䍐載之於車 以捕群雅之士

⑥ 悲伐檀비벌단

[색은] 장읍이 말했다. "그 시는 어진 이가 현명한 군주를 만나지 못한 것을 풍자한 것이다."

張揖曰 其詩刺賢者不遇明主也

⑦ 樂樂胥낙락서

[색은] 《모시》에서 말한다. "군자께서 즐기시니 천우신조를 얻었다네." 왕자王者가 어진 인재를 얻어 등용해서 지위에 있게 한 것을 즐거워한 것이다. 그러므로 하늘이 복록福祿으로써 주었다고 말한 것이다. 胥의 발음은 '셔[先呂反]'이다.

毛詩云 君子樂胥 受天之祜 言王者樂得賢材之人 使之在位 故天與之福祿也 胥音先呂反

⑧ 禮園예원

[정의] 《예禮》로써 스스로 장식하여 위의威儀를 정돈하는 것이다.

禮所以自修飾整威儀也

⑨ 書圃서포

[정의] 《상서》(서경書經)로 제왕帝王과 군신君臣의 도를 밝히는 것이다.

尙書所以明帝王君臣之道也

⑩ 述易道술역도

[정의] 《역易》은 깨끗하고 고요하며 미묘한 것으로써 위로는 이의二儀인 음양을 분별하고, 가운데에서는 인사人事를 알고, 아래에서는 지리地

理를 밝히는 것이다. 사냥에서 활쏘기를 마치면 또 육경六經의 요체를 거쳐 섭렵하게 하는 것을 말한다.

易所以絜靜微妙 上辨二儀陰陽 中知人事 下明地理也 言田獵乃射訖 又歷涉六經之要也

괴상한 짐승을 놓아주고,① 명당明堂에 올라서 청묘淸廟에 앉아② 모든 신하의 마음을 편안하게 하여 얻고 잃은 것들을 아뢰게 하니 천하의 안에서 은혜를 받지 못한 자가 없습니다.③ 이때 천하 사람들은 크게 기뻐하며 바람이 향하듯 기울여 듣고 물결이 따르듯 교화되니, 아!④ 도道가 일어나 의義로 옮겨가서 형벌은 놓아두고 쓰지 않아도, 덕은 삼황三皇 때보다 융성하고 공로는 오제五帝 때보다 넘칩니다.⑤ 이와 같은 이유로 사냥은 이에 기뻐할 만한 것입니다.

放怪獸① 登明堂 坐淸廟② 恣群臣 奏得失 四海之內 靡不受獲③ 於斯之時 天下大說 嚮風而聽 隨流而化 喟④然興道而遷義 刑錯而不用 德隆乎三皇 功羨⑤於五帝 若此 故獵乃可喜也

① 放怪獸방괴수

정의 장읍이 말했다. "원苑 안에 기괴한 짐승을 다시 사냥하지 않는 것이다."

張揖云 苑中奇怪之獸 不復獵也

② 登明堂 坐淸廟등명당 좌청묘

[정의] 명당明堂에는 오제묘五帝廟가 있다. 그러므로 '청묘淸廟'라고 말했으니 왕자가 제후에게 조회 받는 곳이다.

明堂有五帝廟 故言淸廟 王者朝諸侯之處

③ 靡不受獲미불수획

[정의] 천하의 사람이 은혜를 받지 않은 자가 없는 것을 말한 것이다.

言天下之人無不受恩惠

④ 喟위

[색은] 위喟는 《한서》에 '喗훼'로 되어있고 喟의 발음은 '휘[許貴反]'이다.

喟 漢書作喗 音許貴反

⑤ 羨선

[색은] 사마표가 말했다. "선羨은 일溢(넘치다)이다." 羨의 발음은 '언[怡戰反]'이다.

司馬彪云 羨 溢也 音怡戰反

그런데 온종일 비바람을 맞으며 말을 달려 정신을 수고롭게 하고 육신을 괴롭히며, 수레와 말을 피로하게 사용하고, 사졸士卒들의 정신도 꺾이고,① 창고의 재물도 허비되고 덕의 두터운 은혜도 없으면서, 홀로 즐기는 데만 힘쓰고 백성을 돌보지 않는다면, 국가의 정사를 망각하게 되고 꿩과 토끼의 노획물만을 탐하게 될 것이니, 곧 인자仁者는 말미암지 않습니다.

이에 따라 살펴보건대 제나라와 초나라의 일이 어찌 슬프지 않습니까. 땅이 사방으로 1,000리를 넘지 않는데도 동산이 900리를 차지하고 있습니다. 이에 풀과 나무 때문에 개간하여 넓힐 수 없어 백성은 먹을 것이 없는데, 대저 제후라는 하찮은 직책으로 만승萬乘(천자)의 사치를 즐긴다면 저는 백성들이 그 허물을 입을까 두렵습니다."

若夫終日暴露馳騁 勞神苦形 罷車馬之用 抏①士卒之精 費府庫之財 而無德厚之恩 務在獨樂 不顧衆庶 忘國家之政 而貪雉兔之獲 則仁者不由也 從此觀之 齊楚之事 豈不哀哉 地方不過千里 而囿居九百 是草木不得墾辟 而民無所食也 夫以諸侯之細 而樂萬乘之所侈 僕恐百姓之被其尤也

① 抏완

색은 抏의 발음은 '완[五官反]'이다.

抏音五官反

신주 '꺾인다'라는 뜻이다.

서남이를 열다

이에 두 사람이 추연愀然[1]히 낯빛을 고치고 서글퍼서 망연자실한 듯, 주춤주춤 뒤로 물러나 자리를 피하며 말합니다.

"시골 사람이 고루해서 꺼리고 숨기는 것을 알지 못했습니다. 이에 오늘 가르침을 받고 삼가 명을 듣겠습니다."

부賦가 무제에게 아뢰어지자, 무제는 그를 낭郎으로 삼았다.

무시공無是公은 상림上林의 광대한 산, 계곡, 물, 샘물과 만물을 이야기했으며, 또한 자허子虛는 운몽雲夢에 있는 것이 매우 많음을 이야기했는데, 사치스럽고 화미한 것이 실상보다 지나치고, 또한 의리상 숭상할 만한 아니었기 때문에 그 중요한 것만을 골라 취해서 바른 도道로 돌아갈 것을 논한 것이다.[2]

於是二子愀然[1]改容 超若自失 逡巡避席曰 鄙人固陋 不知忌諱 乃今日見教 謹聞命矣 賦奏 天子以爲郎 無是公言天子上林廣大 山谷水泉萬物 乃子虛言楚雲夢所有甚衆 侈靡過其實 且非義理所尙 故刪取其要 歸正道而論之[2]

---

① 愀然추연

곽박이 말했다. "낯빛이 변하는 모양이다." 愀의 발음은 '쥬[作酉反]'이다.

郭璞云 變色兒 音作酉反

② 歸正道而論之귀정도이논지

대안大顔이 말했다. "지나치고 넘치며 화미華美한 이야기는 취하지 않고, 오직 종편終篇을 취해 정도正道로 돌아갔을 따름이다." 안사고가 말했다. "산요刪要는 그의 사詞를 삭제시킨 것을 이른 것이 아니다. 논자들이 이 부賦는 이미 경사가經史家가 덜어내고 깎아냄을 거쳤다고 하는데, 잘못 본 것이다."

大顔云 不取其夸奢靡麗之論 唯取終篇歸於正道耳 小顔云 刪要 非謂削除其詞 而說者謂此賦已經史家刊劋 失之也

사마상여는 낭郎이 된 지 여러 해가 되었다. 때마침 당몽唐蒙이 사신이 되어① 야랑夜郎과 서쪽의 북중僰中을 약취略取하고 (길을) 통하려고,② 파巴와 촉蜀③의 관리와 군졸 1,000명을 동원했다. 군郡에서도 또한 군량을 육로와 수로④로 운송하기 위해 많은 사람을 동원했는데, 만여 명이나 되었다. 그리고 군법을 발흥해⑤ 그 거수渠帥(우두머리)를 처벌하자 파와 촉 땅의 백성이 크게 놀라고 두려워했다.

주상이 듣고, 이에 사마상여를 보내 당몽 등을 꾸짖게 하고, 파와 촉 땅의 백성에게 주상의 뜻이 아님을 깨닫게 했다.

相如爲郎數歲 會唐蒙使略通^①夜郎西僰中^② 發巴蜀^③吏卒千人 郡又多
爲發轉漕^④萬餘人 用興法^⑤誅其渠帥 巴蜀民大驚恐 上聞之 乃使相如
責唐蒙 因喻告巴蜀民以非上意

① 唐蒙使略通당몽사략통

색은 장읍이 말했다. "당몽은 옛날 파양鄱陽의 현령으로 지금은 낭중
郎中이 되어서 사신으로 가서 빼앗아 길을 통하게 한 것이다."

張揖曰 蒙 故鄱陽令 今爲郎中 使行略取之

② 夜郎西僰中야랑서북중

집해 서광이 말했다. "강羌의 별도 종족이다. 僰의 발음은 '복[扶逼反]'
이다."

徐廣曰 羌之別種也 音扶逼反

색은 야랑夜郎, 북중僰中인데, 문영은 모두 '서남이西南夷'라고 했다. 뒤
에 야랑은 장가牂柯에 소속되었고, 북僰은 건위犍爲에 소속되었다. 僰의
발음은 '북[步北反]'이다.

夜郎 僰中 文穎曰皆西〔南〕夷 後以爲夜郎屬牂柯 僰屬犍爲 音步北反

③ 巴蜀파촉

색은 살펴보니 파와 촉은 2개의 군郡 이름이다.

案 巴蜀 二郡名

④ 轉漕전조

육로로 운반하는 것을 전轉이라 하고, 수로水路로 운송하는 것을
조漕라고 한다.

⑤ 用興法용흥법

《한서》에서 말한다. "군사를 일으키는 법을 사용하다.[鳥尾爲蘇]"

漢書曰 用軍興法也

그 격문에서 말했다.

"파巴와 촉蜀의 태수太守에게 고한다. 만이蠻夷가 제멋대로 해도
토벌하지 아니한 날이 오래되니, 수시로 변경을 침범해서 사士와
대부大夫들을 수고롭게 했다. 폐하께서 즉위해 천하를 보존하고
어루만져 중국中國을 편안하게 한 연후에 군사를 일으키고 병력
을 보내 북쪽의 흉노를 정벌했다. 선우單于는 두려워하고 놀라 두
손 모아 공손히 (한나라) 사업을 받고 무릎을 꿇어 화해를 청했다.
강거康居와 서역西域은 거듭 통역해 조공할 것을 청하고 머리를
조아리며 (조회에) 들어와서 공물을 바쳤다. 군사를 옮겨 동쪽을
가리키니 민閩과 월越이 서로를 처벌했다. 오른쪽으로 반우番禺①
에 이르니 태자太子가 조회에 들어왔다.

남이南夷의 군주와 서북西僰의 우두머리가 늘 공물을 바치는데
감히 게으르지 않았고 목을 늘이며 발뒤꿈치를 들어 옹옹연喁喁
然②히 모두가 다투어 의義에 귀의歸依하고 신첩이 되고자 했으나
길이 아득히 멀고 산천이 험하고 깊어 스스로가 이를 수 없었다.

檄曰 告巴蜀太守 蠻夷自擅不討之日久矣 時侵犯邊境 勞士大夫 陛下
卽位 存撫天下 輯安中國 然後興師出兵 北征匈奴 單于怖駭 交臂受
事 詘膝請和 康居西域 重譯請朝 稽首來享 移師東指 閩越相誅 右弔番
禺① 太子入朝 南夷之君 西僰之長 常效貢職 不敢怠墮 延頸舉踵 喁喁
然②皆爭歸義 欲爲臣妾 道里遼遠 山川阻深 不能自致

① 番禺반우

색은 문영이 말했다. "반우番禺는 남해군南海郡의 치소이다. 조弔는 지
至(이르다)이다. 동쪽으로 민월閩越을 정벌하고 뒤에 반우番禺에 이르렀다.
그러므로 오른쪽으로 이르다[右至]라고 말한 것이다." 살펴보니 요씨가 말
했다. "조弔 자를 통상적인 음으로 읽는다." 안사고가 말했다. "두 나라가
서로 정벌하자 한나라에서 군사를 일으켜 구원하고, 영을 내려 반우番禺
를 위로하게 했다. 이 때문에 태자를 보내 조회에 들게 한 것이다. 조弔는
지至의 뜻이 아니다."
文穎曰 番禺 南海郡理也 弔 至也 東伐閩越 後至番禺 故言右至也 案 姚氏弔讀
如字 小顔云 兩國相伐 漢發兵救之 令弔番禺 故遣太子入朝 弔非至也

② 喁喁然옹-옹연

정의 喁의 발음은 '옹[五恭反]'이다. 입을 위로 향하고 있는 모습이다.
喁 五恭反 口向上也

신주 '옹-옹연喁喁然'은 우러러 사모하는 모습을 말한다.

대저 따르지 않는 자는 이미 처단했지만, 선善을 행한 자는 아직 상을 주지 못했다. 그래서 중랑장中郎將(당몽)을 보내 그들을 위문하게 했다.① 이에 파巴와 촉蜀의 군사와 백성을 각각 500명씩 징발하여 폐백을 받들게 하고 사신이 뜻밖의 일을 당하지 않도록 호위하게 해서 전쟁의 일이나 전투의 근심이 일어나지 않았다.

지금 들어보니 그(당몽)는 군사를 발동시키고 제도를 일으켜② 자제들을 놀라고 두려워하게 만들며 장로長老들을 근심하게 하고, 군郡이 또 멋대로 군량을 옮겼다고 하는데 모두 폐하의 뜻이 아니다. 징발당한 자 중에 혹 도망하기도 하고 자해하여 죽는다고 하니 또한 신하의 절개가 아니다.

저 변방의 군사들은 봉홧불이 올랐다는③ 소식을 들으면 모두 활을 끼고④ 병기를 메고서 달리고, 땀을 흘리며 서로가 잇닿으며 오직 뒤처질까 두려워하고 번득이는 칼날을 부딪치며 나는 화살을 무릅쓰고 의義로우면 뒤돌아보지 않음을 의로 여기고 발길을 돌리지 않을 계책으로 분노하는 마음을 품고 사사로이 원수를 갚듯이 했다.

저들인들 어찌 죽음을 즐기고 삶을 미워할 것이며, 호적에 편성되지 아니한 백성일지라도 파巴, 촉蜀의 백성과 더불어 군주를 달리 여기겠는가?

夫不順者已誅 而爲善者未賞 故遣中郎將往賓之① 發巴蜀士民各五百人 以奉幣帛 衛使者不然 靡有兵革之事 戰鬪之患 今聞其乃發軍興制② 驚懼子弟 憂患長老 郡又擅爲轉粟運輸 皆非陛下之意也 當行者或亡逃自賊殺 亦非人臣之節也 夫邊郡之士 聞烽擧燧燔③ 皆攝④弓而馳 荷

兵而走 流汗相屬 唯恐居後 觸白刃 冒流矢 義不反顧 計不旋踵 人懷怒
心 如報私讎 彼豈樂死惡生 非編列之民 而與巴蜀異主哉

① 賓之빈지

색은 가규가 말했다. "빈賓은 복伏이다."

賈逵云 賓 伏也

신주 위에 색은 주석에서 빈賓은 복伏의 의미라고 했으나, 문맥으로 보아 복伏의 의미로 보기보다는 대待(대우하다)의 의미로 보는 것이 타당하다.

② 發軍興制발군흥제

색은 장읍이 말했다. "삼군三軍의 군사를 발동시킨 것이다. 흥제興制는 군의 법과 제도를 일으키는 것을 이른다." 살펴보니 당몽이 사신이 되어 군대를 사용해 법제를 일으킨 것이다.

張揖曰 發三軍之衆也 興制 謂起軍法制也 案 唐蒙爲使 而用軍興法制也

③ 烽擧燧燔봉거수번

집해 《한서음의》에서 말한다. "봉烽은 쌀 조리를 덮은 것과 같고, 길고 桔槔(두레박틀)의 앞쪽 끝에 붙여 매달아놓고 도둑이 있으면 들어올리는 것이다. 수燧는 땔나무를 쌓아두고 도둑이 있으면 불을 살라 연기를 피우는 것이다."

漢書音義曰 烽如覆米𥰫 縣著桔槔頭 有寇則擧之 燧 積薪 有寇則燔然之

색은 봉수烽燧이다. 위소가 말했다. "봉烽은 풀을 묶어서 긴 나무의 끝에 두어 설고挈皋(두레박)와 같이 하고, 적이 나타나면 불을 놓아서 들어올리는 것이다. 수燧는 섶나무를 쌓아두고 난리가 나면 불사르는 것이다. 봉燧은 낮을 주관하고 수燧는 밤을 주관한다."《자림》에서 말한다. "욱䉛은 쌀을 이는 조리이다. 䉛의 발음은 '육[一六反]'이다." 또 《찬요》에서 말한다. "욱䉛은 쌀을 이는 키이다." 이 주석은 맹강의 설명이다.

燧燧 韋昭曰 燧 束草置之長木之端 如挈皐 見敵則燒擧之 燧者 積薪 有難則焚之 烽主晝 燧主夜 字林云 䉛 漉米籔也 音一六反 又纂要云 䉛 淅箕也 此注是孟康說

④ 攝섭

색은 앞 글자 攝의 발음은 '녑[奴頰反]'이다.

上音奴頰反

계획을 깊게 하고 원대한 일을 생각해서 국가가 어렵게 될 것을 경계하면서 신하된 도리를 다하며 즐기는 것이다. 그러므로 부절을 쪼개어 봉하고 옥규玉珪를 쪼개서① 작위로 삼고 지위는 통후通侯가 되어 동제東第②에 반열하여 거처하고, 끝내는 명성을 드러내 후세에게 남겨주고 자손에게 토지를 전했으며, 일을 행하는데 매우 충성하고 존경했고, 자리에 있어서는 매우 편안했고, 명성은 다하지 않는 곳까지 베풀어졌으며 공렬이 드러나 사라지지 않았다. 이 때문에 현인賢人과 군자君子는 간과 뇌를 중원中原에 쏟고 기름과 피로 초야에 물들이기를 마다하지 않았다.
이제 폐백을 받들고 남이南夷에 이르렀는데 곧 스스로 해쳐 죽고 혹은 도망해서 죽음에 이르기도 하는데, 몸이 죽어 명성이 없으면 시호도 지극히 어리석다고 여겨 부끄러움이 부모에게 이르고 천하의 웃음거리가 되었으니, 사람의 도량이 서로 채워지기까지 어찌 멀다고 하지 않겠는가. 그러나 이것은 홀로 행한 자의 죄가 아니라 아버지나 형의 가르침에 선행되지 못하고, 자제들의 거느림을 삼가지 않은 것이며, 염치도 적고 풍속이 공손하고 후덕하지 못한 것이니, 그 형벌과 죽임을 당하는 것이 또한 마땅하지 않겠는가.

폐하께서는 사신과 유사들이 이같이 하는 것을 근심하고, 불초한 어리석은 백성이 이같이 하는 것을 슬퍼하셨다. 이 때문에 신망하는 사신을 보내서 백성에게 군사들을 징발하는 일을 말해서 깨우치게 하고, 이로 인하여 불충함으로써 사망한 죄를 헤아리고, 삼로三老와 효제孝弟[3]에게 가르치고 뉘우치지 못한 과실을 꾸짖게 했다.

計深慮遠 急國家之難 而樂盡人臣之道也 故有剖符之封 析珪[1]而爵 位爲通侯 居列東第[2] 終則遺顯號於後世 傳土地於子孫 行事甚忠敬 居位甚安佚 名聲施於無窮 功烈著而不滅 是以賢人君子 肝腦塗中原 膏液潤野草而不辭也 今奉幣役至南夷 卽自賊殺 或亡逃抵誅 身死無名 謚爲至愚 恥及父母 爲天下笑 人之度量相越 豈不遠哉 然此非獨行者之罪也 父兄之教不先 子弟之率不謹也 寡廉鮮恥 而俗不長厚也 其被刑戮 不亦宜乎 陛下患使者有司之若彼 悼不肖愚民之如此 故遣信使曉喩百姓以發卒之事 因數之以不忠死亡之罪 讓三老孝弟[3]以不教誨之過

① 析珪석규

색은 여순이 말했다. "석析은 가운데를 나눈 것이다. 백白은 천자가 보관하고, 청靑은 제후가 지닌다."

如淳曰 析 中分也 白藏天子 靑在諸侯也

② 東第동제

색은 귀족의 저택과 호족의 저택은 제성帝城의 동쪽에 있다. 그러므로 동제東第라고 이른다.

列甲第在帝城東 故云東第也

③ 三老孝弟삼로효제

신주 삼로三老는 백성의 교화를 담당하는 향관鄕官이고, 효제孝弟는 백성의 교화를 담당하는 관원을 가리킨다.

지금 농사철이 이르러 백성을 번거롭게 하기가 어렵다.① 이미 가까운 현縣은 친히 살펴보겠지만, 멀리 계곡이나 산이나 연못가의 백성들은 두루 듣지 못할까 걱정되니, 격문이 이르면 신속하게 만이蠻夷로 가는 길②에 내려보내, 모두 폐하의 뜻임을 알리는 데에 소홀함이 없도록 할지어다!"

사마상여가 돌아와서 보고했다.

당몽唐蒙이 이미 야랑夜郎을 빼앗아 통했으니, 이로 인해 서남이西南夷의 길을 통해 파巴와 촉蜀과 광한廣漢의 군사와 노역할 자수만 명을 징발했다.

길을 닦은 지 2년인데 길이 완성되지 않았으나, 사졸들도 많이 죽고 비용은 수억 만금[3]을 헤아렸다.

方今田時 重[1]煩百姓 已親見近縣 恐遠所谿谷山澤之民不徧聞 檄到 亟下縣道[2] 使咸知陛下之意 唯毋忽也 相如還報 唐蒙已略通夜郎 因通西南夷道 發巴蜀廣漢卒 作者數萬人 治道二歲 道不成 士卒多物故 費以巨萬[3]計

① 重중

색은 중重은 난難(어렵다)과 같다.

重猶難也

② 縣道현도

집해 《한서》〈백관표〉에서 말한다. "현縣에 만이蠻夷가 있는 것을 도道라 한다."

漢書百官表曰 縣有蠻夷曰道

색은 亟의 발음은 '격[紀力反]'이다. 극極은 급急(급히)이다.

亟音紀力反 亟 急也

③ 巨萬거만

색은 거만巨萬은 만만萬萬과 같다. 살펴보니 수에는 대수大數, 소수小數의 두 가지 법이 있다. 장읍은 "산법算法에서 만만萬萬은 억億이 된다."라고 했는데 이것은 대수이다. 육자鬻子는 "십만이 억億이 된다."라고 했는데 이것은 소수이다.

案 巨萬猶萬萬也 案 數有大小二法 張揖曰 算法萬萬爲億 是大數也 鷿子曰 十
萬爲億 是小數也

촉蜀의 백성과 한漢나라 위정자爲政者①가 그 불편함을 많이 말했
다. 이때 공도현邛都縣과 정작현定筰縣의 군장軍長들은② 남이南夷
와 한나라가 통하여 상을 받고 하사품이 많다는 것을 듣고 모두
가 한나라의 신첩이 되기를 원하며 (한나라) 관리를 (둘 것을) 요청해
남이와 나란히 했다.③

주상이 사마상여에게 묻자, 사마상여가 대답했다.

"공도현과 정작현과 염冄과 방駹 땅은 촉蜀 땅에 가깝고 도로는
쉽게 통하며, 진秦나라 때에는 일찍이 통해서 군현郡縣이 되었지
만, 한나라가 흥성함에 이르러 없어졌습니다.

지금 참으로 다시 통해서 군현을 두게 된다면 남이보다 나을 것입
니다.④"

蜀民及漢用事者①多言其不便 是時邛筰之君長②聞南夷與漢通 得賞賜
多 多欲願爲內臣妾 請吏 比南夷③ 天子問相如 相如曰 邛筰冄駹者近蜀
道亦易通 秦時嘗通爲郡縣 至漢興而罷 今誠復通 爲置郡縣 愈於南夷④

---

① 漢用事者한용사자

색은 살펴보니 공손홍公孫弘을 이르는 것이다.

案 謂公孫弘也

② 邛笮之君長공작지군장

[색은] 공작邛笮의 군장이다. 문영이 말했다. "공邛은 지금의 공도현邛都
縣이 되고, 작笮은 지금의 정작현定笮縣이 되며 모두 월수군越嶲郡에 속한
다."

邛笮之君長 文穎曰 邛者 今爲邛都縣 笮者 今爲定笮縣 皆屬越嶲郡

③ 比南夷비남이

[색은] 한나라 관리를 두는 것을 청한 것이니 남이南夷와 더불어 (한나라)
관례로 나란히 한다는 것을 이른다.

謂請置漢吏 與南夷爲比例也

④ 愈於南夷유어남이

[색은] 장읍이 말했다. "유愈는 차差(낫다)이다." 또 말했다. "유愈는 승勝
(낫다)과 같다." 진작이 말했다. "남이南夷는 건위犍爲와 장가牂柯를 이른
다. 서이西夷는 월수越嶲와 익주益州를 이른다."

張揖曰 愈 差也 又云 愈猶勝也 晉灼曰 南夷謂犍爲牂柯也 西夷謂越嶲益州

주상이 그렇겠다고 여기고, 이에 사마상여에게 제수하여 중랑장
中郎將①으로 삼고 절부節符를 세워 사신으로 보냈다. 부사인 왕
연우王然于와 호충국壺充國②과 여월인呂越人은 사승四乘의 전마
傳馬를 달려서 파巴와 촉蜀의 관리를 통해 뇌물로 서남이西南夷에
패물을 주었다.

촉 땅에 이르자 촉의 태수太守 이하가 모두 교외에서 맞이하고, 현령縣令이 쇠뇌와 화살을 지고 먼저 길을 안내하니③ 촉 땅 사람들이 영광으로 여겼다.④ 이에 탁왕손卓王孫과 임공臨邛의 여러 공公들이 모두 문하門下에서 우주牛酒를 바치며 교유를 맺고 기뻐했다.

天子以爲然 乃拜相如爲中郎將① 建節往使 副使王然于壺充國②呂越人馳四乘之傳 因巴蜀吏幣物以賂西夷 至蜀 蜀太守以下郊迎 縣令負弩矢先驅③ 蜀人以爲寵④ 於是卓王孫臨邛諸公皆因門下獻牛酒以交驩

① 中郎將중랑장

색은 장읍이 말했다. "녹봉이 400석이고, 5년에 옮겨서 대현大縣의 현령에 보임補任되었다."

張揖曰 秩四百石 五歲遷補大縣令

② 副使王然于壺充國부사왕연우호충국

색은 살펴보니 《한서》〈공경표〉에는 태초 원년에 홍려경鴻臚卿을 삼았다고 했다.

案 漢書公卿表太初元年爲鴻臚卿也

③ 縣令負弩矢先驅현령부노시선구

색은 살펴보니 정리亭吏는 2인으로 쇠뇌와 화살을 모두 정장亭長이 짊어졌다. 현령이 스스로 화살을 지면 정장亭長이 쇠뇌 지는 것을 담당하게 했다. 또 쇠뇌를 지는 것은 태수나 지방장관에게는 정해진 것이 없는데, 어떤 이는 경중輕重을 따를 뿐이라고 했다. 살펴보니 곽거병霍去病이

흉노로 출격하자 하동태수가 교외에서 맞이하는데 노弩를 등에 지고 있었다. 또 위공자魏公子가 조나라를 구원하고 진秦나라를 공격하여 진나라 군대가 해산해 떠나자 평원군平原君이 동개에 넣은 화살을 등에 지고 위공자를 국경 근처에서 맞이했다.

案 亭吏二人 弩矢合是亭長負之 令縣令自負矢 則亭長當負弩也 且負弩亦守宰無定 或隨輕重耳 案 霍去病出擊匈奴 河東太守郊迎負弩 又魏公子救趙擊秦 秦軍解去 平原君負鞬矢迎公子於界上

④ 蜀人以爲寵촉인이위총

색은 촉이위총蜀以爲寵을 《화양국지》에서 말한다. "촉蜀의 대성大城의 북쪽 10리에 승선교升仙橋가 있고 송객관送客觀이 있다. 사마상여가 처음으로 장안으로 들어가 그 문門에 제호를 써서 이르기를 '적거赤車 사마駟馬를 타지 않으면 이 밑으로 지나지 않을 것이다.[不乘赤車駟馬 不過汝下]'라고 했다."

蜀以爲寵 華陽國志云 蜀大城北十里有升仙橋 有送客觀也 相如初入長安 題其門云 不乘赤車駟馬 不過汝下也

탁왕손이 아아! 하며 탄식하고 자신의 딸이 사마장경司馬長卿의 배필①이 된 것을 뒤늦게 인정하고 그의 딸에게 후하게 재물을 나누어주어 아들과 동등하게 했다.

사마장경이 곧 서이西夷를 점령하고 안정시키니, 공도현과 정작현과 염과 방과 사유斯楡②의 군장들이 모두 내신內臣이 될 것을 청했다.

이에 변방의 관문을 제거하고 변방의 길을 더욱 넓혀[3] 서쪽으로 매수沫水와 약수若水[4]에 이르고, 남쪽으로 장가牂柯에 이르러 변방[5]으로 삼고, 영관현零關縣의 길[6]을 통하게 하고 손수孫水[7]에 다리를 놓고 이로써 공도현[8]까지 통하게 했다.

돌아와서 무제에게 보고하자 천자가 크게 기뻐했다.

卓王孫喟然而歎 自以得使女尙[1]司馬長卿晚 而厚分與其女財 與男等同 司馬長卿便略定西夷 邛筰冉駹斯楡[2]之君皆請爲內臣 除邊關 關益斥[3] 西至沫若水[4] 南至牂柯爲徼[5] 通零關道[6] 橋孫水[7]以通邛都[8] 還報天子 天子大說

① 尙상

색은 안사고가 말했다. "상尙은 배配(배필)와 같다. 혹은 '당當'으로 된 본도 있다."

小顔云 尙猶配也 本或作當也

② 斯楡사유

색은 사斯는 정씨鄭氏가 '예曳'로 발음한다고 했다. 장읍이 말했다. "사유斯楡는 나라 이름이다." 살펴보니 여기의 사斯는 통상적인 음으로 읽는다. 《익부기구전》에서 '사유斯臾'라고 했다. 《화양국지》에도 공도현邛都縣에는 사부四部가 있는데 그중 사유斯臾가 하나라고 했다.

斯 鄭氏音曳 張揖云 斯俞 國也 案 今斯讀如字 益郡耆舊傳謂之 斯臾 華陽國志 邛都縣有四部 斯臾一也

③ 斥척

[색은] 장읍이 말했다. "척斥은 광廣(넓힌다)이다."

張揖曰 斥 廣也

④ 沫若水매약수

[색은] 장읍이 말했다. "매수沫水는 촉蜀 땅 광평廣平의 요새 밖에서 나와 청의수青衣水와 합쳐진다. 약수若水는 모우旄牛의 요새 밖에서 나와 북도僰道에 이르러 강수로 들어간다."《화양국지》에서 말한다. "한가현漢嘉縣에 매수沫水가 있다." 沫의 발음은 '매妹' 또는 '말末'이다.

張揖曰 沫水出蜀廣平徼外 與青衣水合也 若水出旄牛徼外 至僰道入江 華陽國志漢嘉縣有沫水 音妹 又音末

⑤ 徼요

[색은] 장읍이 말했다. "요徼는 새塞이다. 물에 목책木柵을 쳐서 만이蠻夷와 경계로 삼았다."

張揖曰 徼 塞也 以木柵水爲蠻夷界

⑥ 零關道영관도

[집해] 서광이 말했다. "월수越嶲의 영관현零關縣이다."

徐廣曰 越嶲有零關縣

⑦ 孫水손수

[집해] 위소가 말했다. "손수孫水에 다리를 놓은 것이다."

韋昭曰 爲孫水作橋

⑧ 邛都공도

色隱 손수孫水에 다리를 놓아 작笮으로 통하게 했다. 위소가 말했다. "손수에 다리를 놓은 것이다." 살펴보니 《화양국지》에서 말한다. "사마상여가 마침내 북도焚道를 열어 남이南夷와 통하게 하고 월수군을 설치했다. 한열韓說이 익주益州를 열었고 당몽唐蒙이 장가牂柯를 열어 작왕笮王의 머리를 베고 장가군을 설치했다."

橋孫水通笮 韋昭曰 爲孫水作橋也 案 華陽國志云 相如卒開焚道通南夷 置越巂郡 韓說開益州 唐蒙開牂柯 斬笮王首 置牂柯郡也

사마상여가 사신으로 갔을 때 촉蜀 땅의 장로長老들이 대부분 말하기를 서남이西南夷로 통하는 것은 쓸모없는 것이라고 했고, 대신大臣들 또한 그렇게 생각한다고 대답했다.

상여도 그렇게 간하고 싶었으나 사업①이 이미 수립되어 감히 하지 못했다. 이에 글을 지었는데, 촉蜀의 부로父老들이 한 말을 구실로 사辭를 만들어 자기를 힐난하면서 천자에게 풍간하고,② 또 이로 인하여 자신이 지향하는 것을 펴서 백성에게 천자의 본뜻을 알게 했다.

相如使時 蜀長老多言通西南夷不爲用 唯大臣亦以爲然 相如欲諫 業① 已建之 不敢 乃著書 籍以蜀父老爲辭 而己詰難之 以風②天子 且因宣其使指 令百姓知天子之意

① 業업

색은 살펴보니 업業은 본本이다. 본래 사마상여로 말미암아 이 일을 세웠음을 이르는 것이다.

案 業者 本也 謂本由相如立此事也

② 風풍

신주 풍간諷諫이다. 즉 다른 대상의 잘못을 비유해 그의 잘못을 고치도록 말하는 것이다.

한나라를 풍자하다

그 사辭에서 말했다.

"한나라가 창업된 지 78년,[1] 덕德이 무성하여 6세六世[2]에 걸쳐 보존되고 위엄과 무용이 융성해지니, 깊은 은혜[3] 넓고 깊어 모든 중생이 혜택을 입고 사방의 밖으로 흘러서 넘쳤다네.

이에 사신에게 명해 서쪽을 정벌하게 하니[4] 시대의 흐름을 따라 침탈하고, 바람이 부는 곳에 따라 초목이 쓰러지듯이 굴복하지 않는 곳이 없었네. 이에 따라 염冉이 조회에 들고 방駹이 따르며 작筰을 평정하고 공邛을 존속시키며 사유斯榆를 공략하고 포만苞滿[5]을 점령하여 수레바퀴를 굽히고[6] 수레의 끝채를 돌려 동쪽으로 향해 장차 보고하려고 촉蜀의 도읍에 이르렀네."

其辭曰 漢興七十有八載[1] 德茂存乎六世[2] 威武紛紜 湛恩[3]汪濊 群生 澍濡 洋溢乎方外 於是乃命使西征 隨流而攘[4] 風之所被 罔不披靡 因 朝冉從駹 定筰存邛 略斯榆 擧苞滿[5] 結軼[6]還轅 東鄉將報 至于蜀都

① 七十有八載칠십유팔재

[집해] 서광이 말했다. "원광元光 6년이다."

徐廣曰 元光六年也

② 六世육세

정의 고조高祖, 혜제惠帝, 고후高后, 효문제孝文帝, 효경제孝景帝, 효무제
孝武帝이다.

高祖 惠帝 高后 孝文 孝景 孝武

③ 湛恩침은

색은 위소가 말했다. "앞 글자 湛의 발음은 '침沈'이다."

韋昭云 上音沈

④ 攘양

색은 양攘은 각卻(물리치다)이고, 攘의 발음은 '양[汝羊反]'이다.

攘 卻也 汝羊反

⑤ 苞滿포만

색은 복건이 말했다. "이종夷種(오랑캐 종족)이다." '만滿' 자는 혹은 '포蒲'
자로 된 곳도 있다.

服虔云 夷種也 滿字或作蒲也

⑥ 結軼결철

색은 아래 글자 軼의 발음은 '철轍'이다. 《한서》에는 '궤軌'로 되어 있
다. 장읍이 말했다. "결結은 굴屈(굽히다)이다."

下音轍 漢書作軌 張揖云 結 屈也

기로耆老 대부大夫와 진신薦紳 선생의 무리 27명이 엄숙한 모습으로 (사마상여를) 방문했다. 인사를 마치고 나아가 아뢰었다.

"대개 들으니 천자께서 이적을 대하는 데에 그 의義는 고삐[①]를 끊어지지 않게 할 따름이라고 했습니다. 지금 세 군郡의 군사들을 피로하게 해 야랑夜郎의 길을 개통하려 한 지가 이에 3년인데도 일을 마치지 못했고, 사졸들은 피로하고 지쳤으며 온 백성은 넉넉하지 못한데, 지금 또 서남이와 접촉하려 하니 백성의 힘이 다하여 능히 사업을 마치지 못할까 두렵습니다. 이것이 또한 사신의 누累가 되는 것이라 마음속으로 좌우들이 근심하고 있습니다. 또한 저 공도현邛都縣과 정작현定筰縣과 서북西僰이 중원과 나란히 하고 해를 지난 지 꽤 오래되어 기록할 수 없을 따름입니다. 인자仁者는 덕으로써 오게 하지 못하고 강자强者는 힘으로써 아우르지 못하니 생각건대 그것은 아마도 할 수 없는 일일 것입니다. 지금 선량한 백성의 재산을 쪼개서 이적에게 보태주며, (한나라에) 의지하는 (촉의 백성을) 피로하게 만들어 쓸모없는 (이적을) 섬기려 하니, 이 비천한 사람이 고루하여 말할 바를 알지 못하겠습니다."

耆老大夫薦紳先生之徒二十有七人 儼然造焉 辭畢 因進曰 蓋聞天子之於夷狄也 其義羈縻[①]勿絶而已 今罷三郡之士 通夜郎之塗 三年於茲而功不竟 士卒勞倦 萬民不贍 今又接以西夷 百姓力屈 恐不能卒業 此亦使者之累也 竊爲左右患之 且夫邛筰西僰之與中國竝 歷年茲多不可記已 仁者不以德來 彊者不以力幷 意者其殆不可乎 今割齊民以附夷狄 弊所恃以事無用 鄙人固陋 不識所謂

① 羈縻기미

색은 살펴보니 기羈는 마락두馬絡頭(말고삐)이다. 미縻는 우강牛韁(소고삐)이다. 《한관의漢官儀》에서 "말은 기羈라고 이르고, 소는 미縻(매다)라고 이른다."라고 했다. 시방의 오랑캐를 통제하는 것이 소와 말이 기羈나 미縻를 받는 것과 같이한다는 것이다.

案 羈 馬絡頭也 縻 牛韁也 漢官儀 馬云羈 牛云縻 言制四夷如牛馬之受羈縻也

사자가 말했다.

"어찌하여 이를 이르는 것입니까? 반드시 이르는 바와 같다면 이는 촉蜀이 의복을 바꾸지 않고, 파巴도 풍속에 교화되지 않았을 것입니다. 저는 오히려 이와 같은 말을 듣기 싫어합니다.① 그러나 이 일은 실체가 커서 실로 살펴보는 자가 아니더라도 만나볼 것입니다. 다만 제가 온 것이 급해서 그 자세한 것을 들을 수 없었을 따름입니다. 청컨대 대부들께 거칠게라도 대략을 말씀드리겠습니다. 대개 세상에는 반드시 비범한 사람이 있은 연후에 비상한 일이 있고, 비상한 일이 있은 연후에 비상한 공로가 있는 것입니다. 비상한 것은 실로 범인과는 다릅니다.② 그러므로 이르기를 비상함의 근원은 백성이 두렵게 여기지만③ 그 일이 이루어짐에 이르러서는 천하가 편안해지는 것과 같습니다.

使者曰 烏謂此邪 必若所云 則是蜀不變服而巴不化俗也 余尚惡聞①若說 然斯事體大 固非觀者之所覯也 余之行急 其詳不可得聞已 請爲大夫粗陳其略 蓋世必有非常之人 然後有非常之事 有非常之事 然後有

非常之功 非常者 固常〔人〕之所異也^② 故曰非常之原 黎民懼焉^③ 及臻

厥成 天下晏如也

① 惡聞오문

색은 장읍이 말했다. "그대들의 말을 듣기 싫어한다는 것이다." 포개包

愷가 말했다. "惡의 발음은 '오[一故反]' 또는 '오烏'이다. 오烏는 안安(어찌)

이다.

張揖曰 惡聞若曹之言也 包愷音一故反 又音烏 烏者 安也

② 常人之所異也상인지소이야

색은 살펴보니 보통 사람이 보고는 다르게 여기는 것이다.

案 常人見之以爲異

③ 黎民懼焉여민구언

색은 장읍이 말했다. "보통의 일이 아니어서 그 근본을 알기가 어려우

니 모든 사람이 두려워하는 것이다."

張揖曰 非常之事 其本難知 衆人懼也

옛날에 큰물이 쏟아져 나와 범람하고 불어 넘쳐서, 백성은 오르

락내리락하며 옮겨 다니면서 팔자가 기구하다며 불안해했습니다.

하후씨夏后氏는 이를 불쌍히 여겨 이에 큰물을 막거나 강을 터

하수로 흐르게 하고, 깊은 물길을 여러 갈래로 나누어 재난에서 구휼하고,① 동쪽의 바다로 (물길을) 돌리니 천하는 길이 편안해졌습니다. 이때를 맞아 부지런한 것이 어찌 오직 백성뿐이겠습니까?② 마음은 염려 때문에 번거롭고 몸은 그 수고로움이 직접 있으니, 몸에는 못이 박히고 뒤꿈치가 닳아 없어지며 살갗에 털이 자라지 않았습니다.③ 그래서 아름다운 공로가 끝없이 드러나 그 명성과 칭송이 이에 두루 미쳤습니다.

昔者鴻水浡出 氾濫衍溢 民人登降移徙 陭陒而不安 夏后氏戚之 乃堙鴻水 決江疏河 漉沈贍菑① 東歸之於海 而天下永寧 當斯之勤 豈唯民哉② 心煩於慮而身親其勞 躬胝無胈 膚不生毛③ 故休烈顯乎無窮 聲稱浹乎于茲

① 漉沈贍菑녹침섬재

집해 서광이 말했다. "녹漉은 다른 판본에는 '쇄灑'로 되어 있다."

徐廣曰 漉 一作灑

색은 녹침담재漉沈澹菑이다. 漉의 발음은 '록鹿'이고 菑의 발음은 '재災'이다. 《한서》에는 '시침담재漸沈澹灾'로 되어 있다. 주해자가 말했다. "시漸는 '쇄灑' 자가 되어야 하며, 쇄灑는 분分(나누다)이고, 漸의 발음은 '시[所綺反]'이다. 담澹은 안安(편안하다)이고, 침沈은 심深(깊다)이다. 澹의 발음은 '담[徒暫反]'이다."

漉沈澹菑 漉音鹿 菑音災 漢書 作漸沈澹灾 解者云 漸作灑 灑 分也 音所綺反 澹 安 沈 深也 澹音徒暫反

② 豈唯民哉기유민재

[색은] 살펴보니 다만 사람만이 부지런히 한 것이 아니라 우禹임금도 또한 친히 그 수고를 하였음을 이른 것이다.

案 謂非獨人勤 禹亦親其勞也

③ 躬胝無胈 膚不生毛궁지무발 부불생모

[집해] 서광이 말했다. "胝의 발음은 '지[竹移反]'이다. 발胈은 종踵(뒤꿈치)이다. 다른 판본에는 '주膝'로 되어 있고 膝의 발음은 '주湊'이다. 부膚는 이理(살결)이다. 胈의 발음은 '발魃'이다."

徐廣曰 胝音竹移反 胈 踵也 一作膝 音湊 膚 理也 胈音魃

[색은] 궁주지무발躬奏胝無胈이다. 장읍이 말했다. "주奏는 '척戚' 자가 되어야 한다. 궁躬은 체體(몸)이다. 척戚은 주리膝理(살결)이다." 위소가 말했다. "발胈은 그 속의 잔털이다." 胝의 발음은 '자[丁私反]'이다. 《장자莊子》에서 말한다. "우임금은 장딴지에 솜털이 없고 정강이에도 털이 자라지 않았다." 이이李頤가 말했다. "발胈은 흰 살이다. 胈의 발음은 '팔[蒲末反]'이다."

躬奏胝無胈 張揖曰 奏 作戚 躬 體也 戚 膝理也 韋昭曰 胈 其中小毛也 胝音丁私反 莊子云 禹腓無胈 脛不生毛 李頤云 胈 白肉也 音蒲末反

또한 저 어진 군주가 그 지위를 이행하는데 어찌 곧 자잘한 행동과 좁은 도량으로① 규정에 얽매이고 습속에 이끌려, 외운 것만 따르고 전하는 것만 익혀 당시의 기쁜 것만을 취하려는 자와 같겠습니까.

반드시 숭고하고 웅장한 논의로 업을 창조해 후세에 물려줄 만세의 규범을 세울 것입니다. 이 때문에 아울러 수용하고 함께 포용하는데 치달리고, 부지런히 하늘과 땅과 자신이② 함께 할 수 있는 것을 생각합니다. 또한 《시경》〈소아 북산〉에 이르지 않았습니까?

'넓은 하늘 아래, 임금님의 땅이 아닌 것이 없고
온 땅의 물가까지 왕의 신하가 아닌 것이 없네.③'

이런 까닭으로 육합六合(천지사방) 안과 팔방의 밖이 스미어 적셔지고④ 넘쳐흘러서 목숨을 가진 생명 중에 군주의 은택으로 윤택하지 않은 자가 있다면 어진 군주는 그것을 부끄럽게 여길 것입니다.

지금 제후를 봉한 국경 안에 갓을 쓰고 띠를 맨 무리 중 모두 아름다운 복을 얻음에 빠진 자가 있지 않습니다.

且夫賢君之踐位也 豈特委瑣握齪① 拘文牽俗 循誦習傳 當世取說云爾哉 必將崇論閎議 創業垂統 爲萬世規 故馳騖乎兼容幷包 而勤思乎參天貳地② 且詩不云乎 普天之下 莫非王土 率土之濱 莫非王臣③ 是以六合之內 八方之外 浸潯④衍溢 懷生之物有不浸潤於澤者 賢君恥之 今封疆之內 冠帶之倫 咸獲嘉祉 靡有闕遺矣

① 委瑣握齪위쇄악착

공문상이 말했다. "위쇄委瑣는 잘게 부순다는 의미이고, 악착握齪
은 소견이 좁은 것이다."

孔文祥云 委瑣 細碎 握齪 局促也

② 參天貳地삼천이지

살펴보니 천자는 덕을 땅에 비교하는데 이것을 이지貳地라고 한
다. 나와 함께 하늘에 나란히 하면 삼三이 된다. 이것이 삼천參天이다. 그
러므로《예》에서 "천자와 하늘과 땅이 함께하는 것은 삼參이다."라고 한
것이 이것이다.

案 天子比德於地 是貳地也 與己幷天爲三 是參天也 故禮曰 天子與天地參是也

③ 普天之下~莫非王臣보천지하~막비왕신

《모시전》에서 말한다. "빈濱은 애涯(물가)이다."

毛詩傳曰 濱 涯也

《시경》〈소아小雅 북산北山〉의 시구이다.

④ 浸潯침심

침음浸淫이다. 살펴보니 침음浸淫은 점침漸浸과 같다.

浸淫 案 浸淫猶漸浸

그러나 이적은 풍속을 달리하는 국가와 멀리 떨어지고, 무리가 다른 지역과 배와 수레가 통하지 않아, 사람의 자취가 드물고 정치와 교화가 더해지지 않아 전대前代의 유풍流風이 오히려 미약합니다. 이에 안으로는 의義와 예禮를 침범하고, 밖으로는 사특한 행동을 멋대로 일삼아 그의 윗사람을 쫓아내고 죽입니다. 군주와 신하가 지위를 바꾸고 높은 이와 낮은 이가 질서를 잃고, 아버지와 형은 무고한 죄를 받고 어린이와 약한 이는 노예가 되어 매인 채 울부짖습니다. 이들은 한나라를 향해 원망해서 말하기를 '대개 듣건대 중원에는 지극한 인仁이 있어 덕이 넘치고 은혜가 퍼져 사물이 제자리를 얻지 못한 것이 없다는데 지금 유독 어찌해서 우리만 버려두는가?'라고 합니다.

발뒤꿈치를 들고 사모하기를 메마른 가뭄에 비가 내리기를 바라는 것처럼 하여 흉포한 자도^① 눈물을 흘리거늘, 하물며 성상께서 또 어찌 능히 그만둘 수 있었겠습니까! 그래서 북쪽으로 군사를 내어 강력한 흉노를 토벌하고, 남쪽으로 사신을 달려 월나라를 꾸짖게 했던 것입니다.

而夷狄殊俗之國遼絶 異黨之地 舟輿不通 人迹罕至 政教未加 流風猶微 內之則犯義侵禮於邊境 外之則邪行橫作 放弑其上 君臣易位 尊卑失序 父兄不辜 幼孤爲奴 係虆號泣 內嚮而怨曰 蓋聞中國有至仁焉 德洋而恩普 物靡不得其所 今獨曷爲遺己 舉踵思慕 若枯旱之望雨 鷔夫^① 爲之垂涕 況乎上聖 又惡能已 故北出師以討彊胡 南馳使以誚勁越

① 鷔夫어부

집해 서광이 말했다. "盭의 발음은 '려戾'이다."

徐廣曰 盭音戾

색은 장읍이 말했다. "패려궂고 사나운 지아비이다." 글자가 어떤 판본에는 '려戾'로도 되어 있다. 여盭는 옛 '려戾' 자이다.

張揖曰 很戾之夫也 字或作戾 盭 古戾字

사방이 덕에 교화되고 서이西夷와 남이南夷의 군주[1]가 물고기가 모여 흐르는 물결을 우러러보듯 작호爵號를 얻어 받으려고 하는 자가 억億을 헤아립니다. 그러므로 매수沫水와 약수若水[2]를 관문 關門으로 삼고 장가牂柯를 변새로 삼아, 영산零山을 통하게 하고 손원孫原에 다리를 놓았습니다. 도덕의 길을 열고 인의의 도통道 統을 드리웠습니다. 장차 은혜를 널리 베풀어 먼 곳을 어루만지고 길이 행하여, 성기고 먼 오랑캐[3]라도 폐쇄하지 않고, 어둡고 환하 지 않은 곳[4]이라도 광명으로 빛날 수 있게 해 이쪽에서는 군사 들을 휴식시키고 저쪽에서는 주벌誅伐을 중지시키면, 멀고 가까 운 곳이 한 몸이 되고 안과 밖이 복福을 받게 될 것이니[5] 또한 편 안하지 않겠습니까?

四面風德 二方之君[1]鱗集仰流 願得受號者以億計 故乃關沫若[2] 徼牂 柯 鏤零山 梁孫原 創道德之塗 垂仁義之統 將博恩廣施 遠撫長駕 使疏 逖[3]不閉 阻深闇昧[4]得耀乎光明 以偃甲兵於此 而息誅伐於彼 遐邇一 體 中外提福[5] 不亦康乎

① 二方之君이방지군

색은 서이西夷의 공공邛僰, 북북北僰이나 남이南夷의 장가牂柯, 야랑夜郎을 이르는 것이다.

謂西夷邛僰 南夷 牂柯夜郎也

② 沬若매약

집해 《한서음의》에서 말한다. "매수沬水와 약수若水로써 관문關門을 삼은 것이다."

漢書音義曰 以沬若水爲關

③ 疏逖소적

색은 적逖은 원遠(멀다)이다. 그 성기고 멀어서 닫히어 단절되지 않음을 말한 것이다.

逖 遠 言其疏遠者不被閉絕也

④ 阻深闇昧조심암매

색은 물상암매曶爽闇昧이다. 《삼창》에서 말한다. "물상曶爽은 이른 아침(새벽)이다. 曶의 발음은 '매昧'이다." 살펴보니 《자림》에서 또한 "曶의 발음은 '홀忽'이다."라고 했다.

曶爽闇昧 三蒼云 曶爽 早朝也 曶音昧 案 字林又音忽

⑤ 提福제복

집해 서광이 말했다. "제提는 다른 판본에는 '지禔'로 되어 있다. 禔의 발음은 '지支'이다."

徐廣曰 提 一作禔 音支

색은 지복禔福(복)이다.《설문》에서 말한다. "지禔는 안安(편안하다)이다."
禔의 발음은 '시[市地反]'이다.
禔福 說文云 禔 安也 市支反

대저 (고난에) 빠진 백성들을 건져주고 지존至尊의 아름다운 덕을
받들며, 쇠락한 세상의 무너진 것을 되돌리고 주씨周氏의 끊어진
사업을 계승하는 것이 천자의 급한 임무입니다. 백성들이 비록 수
고스럽겠지만 또 어찌 그만둘 수 있겠습니까?
또한 왕의 사업이란 실로 근심과 수고로움에서 시작하지 않고서
편안하고 즐거움으로 끝마친 이가 없었습니다. 그런즉 천명天命을
받은 부절이 이곳에서 합하는 것입니다.[1] 바야흐로 태산太山의
봉제封祭를 더하고 양보梁父의 선제禪祭 보태며 수레 방울[2]을 울
리고 악송樂頌을 들추는 것은, 위로 오제五帝의 (위상과) 같이하고
아래로 삼왕三王의 지위보다 올리려는 것입니다.[3] 그러나 살피는
자가 가리키는 것을 보지 못하고, 듣는 자가 소리를 듣지 못하니,
오히려 초명鷦明이 이미 넓고 넓은 우주에서 날고 있음에도 그물
질하는 자가 수풀과 연못만을 보는 것과 같습니다. 아! 슬픈 일입
니다!"
夫拯民於沈溺 奉至尊之休德 反衰世之陵遲 繼周氏之絶業 斯乃天子
之急務也 百姓雖勞 又惡可以已哉 且夫王事固未有不始於憂勤 而終
於佚樂者也 然則受命之符 合在於此矣[1] 方將增泰山之封 加梁父之事

鳴和鑾 ②揚樂頌 上咸五 下登三 ③觀者未睹指 聽者未聞音 猶鷦明已翔
乎寥廓 而羅者猶視乎藪澤 悲夫

① 合在於此矣합재어차의

색은 장읍이 말했다. "근심과 부지런함, 편안함과 즐거움 속에 있는 것
이다."
張揖云 在於憂勤佚樂之中也

② 和鑾화란

신주 고대에 수레 위에 달았던 방울을 말한다. 수레 앞 도목倒木에 단
방울을 '화和', 멍에나 선반에 단 방울을 '란鑾'이라고 한다.

③ 上咸五 下登三상감오 하등삼

집해 서광이 말했다. "감咸은 다른 판본에는 '함函'으로 되어 있다." 살
펴보니 위소가 말했다. "두루 미친 것이 오제五帝와 같아서 삼왕三王의
위로 올린 것이다."
徐廣曰 咸一作函 駰案 韋昭曰 咸同於五帝 登三王之上
색은 위로 오제를 낮추고 아래로 삼왕을 높였다. 이기가 말했다. "오제
의 덕은 한나라에 비교하면 감減이 된다. 삼왕의 덕은 한나라가 그 위에
서 나왔다. 그러므로 '감오등삼減五登三'이라고 하는 것이다." 우희의 《지
림》에서 말한다. "사마상여는 오제에서 하나를 줄여서 한나라로 그것을
채우려고 한 것이다. 그러나 한나라를 오제의 수로 삼게 되면 자연히 이
것은 삼왕의 위에 오르는 것이다." 지금 본本의 '감減' 자가 어떤 본에는

‘감咸’ 자로 되어 있다고 했는데, 이것은 위소의 설명이다.

上減五 下登三 李奇曰 五帝之德 漢比爲減 三王之德 漢出其上 故云 減五登三也 虞憙志林云 相如欲減五帝之一 以漢盈之 然以漢爲五帝之數 自然是登於三王之上也 今本減或作咸 是韋昭之說也

신주 본서는 집해 의 주를 채택하여 번역했다. 왕이 근심과 수고로움을 감수하면서 사업을 벌이는 내면에 무제의 위상을 높여 이를 후대에 전해야 한다는 사마상여의 심의心意가 보이고, 문맥상으로도 집해 의 주를 채택하는 것이 가장 타당하다고 여겼다.

이에 모든 대부는 망연芒然히 그들이 품어 왔던 바를 잃고, 그들이 진언하려는 바를 잊어버리고 탄식하며 나란히 일컬어 말했다.
"진실한 한나라 덕은 이 비루한 사람이 듣기를 원했던 것입니다. 백성들이 비록 게으르나 이 몸이 앞장설 것을 청합니다."
허둥지둥 뜻을 잃고 ① 이로 인하여 뒤로 물러나 하직 인사를 하고 물러갔다.
그 뒤에 어떤 사람이 글을 올려 사마상여가 사신으로 갔을 때 금金을 받았다고 하였으므로 (상여는) 관직을 잃었다.
한 해 남짓 있다가 다시 불리어 낭郎이 되었다.
상여는 말은 더듬었으나 글을 잘 지었다. 늘 소갈병消渴病(당뇨병)을 앓았다. 탁문군卓文君과 결혼하고 재물이 풍요로워졌다. 그가 벼슬길에 나아갔을 때는 일찍이 공경公卿과 국가의 일을 함께하는 것을 즐기지 않아 늘 병을 핑계로 한가하게 살며 관직을 흠모하지 않았다.

於是諸大夫芒然喪其所懷來而失厥所以進 喟然並稱曰 允哉漢德 此鄙
人之所願聞也 百姓雖怠 請以身先之 敝罔靡徙^①因遷延而辭避 其後人
有上書言相如使時受金 失官 居歲餘 復召爲郞 相如口吃而善著書 常
有消渴疾 與卓氏婚 饒於財 其進仕宦 未嘗肯與公卿國家之事 稱病閑
居 不慕官爵

① 敝罔靡徙창망미사

색은 살펴보니 창망敝罔은 몸가짐을 잃은 것이고, 미사靡徙는 올바름
을 잃은 것이다.

案 敝罔 失容也 靡徙 失正也

늘 주상을 따라 장양궁長楊宮^①에 이르러 사냥을 했는데, 이때 천
자는 바야흐로 친히 곰과 돼지를 공격하고 말을 달려 들짐승을
쫓기를 좋아했다. 사마상여가 이를 두고 상소를 올려서 간했다.
그가 간한 사辭에서 말했다.
"신은 들었습니다. 사물 중에 종류가 같더라도 남다른 능력을 가
진 것이 있다고 합니다. 그래서 힘으로 하면 오획烏獲^②을 일컫고,
민첩함으로 하면 경기慶忌^③를 말하며, 용맹한 것으로 하면 맹분
孟賁과 하육夏育^④을 기약합니다.
신臣의 어리석음으로 간절히 생각해보니 사람됨이 실로 그러함이

있다면 짐승도 또한 마땅히 그럴 것입니다.

常從上至長楊①獵 是時天子方好自擊熊彘 馳逐野獸 相如上疏諫之 其
辭曰 臣聞物有同類而殊能者 故力稱烏獲② 捷言慶忌③ 勇期賁育④ 臣
之愚 竊以爲人誠有之 獸亦宜然

① 長楊장양

정의 《괄지지》에서 말한다. "진秦나라 장양궁長楊宮은 옹주雍州 주질
현盩厔縣 동남쪽 3리에 있다. 위로 궁을 일으키고 안으로 장양수長楊樹가
있어서 이름으로 삼은 것이다."

括地志云 秦長楊宮在雍州盩厔縣東南三里 上起以宮 內有長楊樹 以爲名

② 烏獲오획

색은 장읍이 말했다. "진무왕秦武王의 역사力士이며, 용문정龍文鼎을
들어 올렸다."

張揖曰 秦武王力士 擧龍文鼎者也

③ 慶忌경기

색은 장읍이 말했다. "오왕吳王 요僚의 아들이다."

張揖曰 吳王僚之子

④ 賁育분육

정의 賁의 발음은 '분奔'이다. 맹분孟賁은 옛날의 용사이니 물로 가면
서도 교룡을 피하지 않았고, 육지를 가면서도 승냥이와 이리를 피하지

않았고, 성을 내 기를 토해내면 그의 소리가 천지를 진동시켰다. 하육夏育은 또한 옛날의 용사이다.

賁音奔 孟賁 古之勇士 水行不避蛟龍 陸行不避豺狼 發怒吐氣 聲音動天 夏育亦古之猛士也

지금 폐하께서는 지세가 험한 곳을 뛰어올라 맹수를 쏘아 맞히는 것을 좋아하면서도, 갑자기① 뛰어넘는 짐승을 만나기도 하고 생각지도 못한 곳에서 맹수가 튀어나와 놀라기도 하며,② 따르는 수레에서 일으키는 맑은 먼지가 범하기라도 하면③ 수레는 미처 돌리지도 못하고, 사람은 재주를 베풀 겨를이 없을 것입니다. 비록 오획烏獲이나 봉몽逢蒙④ 의 기술을 가졌더라도 능히 쓰지 못할 것이니 마른 나무나 썩은 그루터기라도 모두 해害가 될 것입니다.

今陛下好陵阻險射猛獸 卒然① 遇軼材之獸 駭不存之地② 犯屬車之清塵③ 輿不及還轅 人不暇施巧 雖有烏獲逢蒙④之伎 力不得用 枯木朽株 盡爲害矣

---

① 卒然졸연

색은 졸연猝然(갑자기)이다. 《광아》에서 말한다. "졸猝은 폭暴(갑자기)이며 卒의 발음은 '졸[倉兀反]'이다."

猝然 廣雅云 猝 暴也 音倉兀反

② 駭不存之地해부존지지

사나운 짐승이 놀라서 뛰쳐나오는 것을 생각하지 않는 것을 이른다.
謂所不慮而猛獸駭發也

③ 犯屬車之淸塵범속거지청진
집해 채옹蔡邕이 말했다. "옛날에 제후는 이거구승貳車九乘을 두었는
데, 진秦나라에서 9개 국가를 멸망시키고 그들의 수레와 의복을 겸하였
기 때문에 대가大駕를 따르는 수레가 81승乘이었다."
蔡邕曰 古者諸侯貳車九乘 秦滅九國 兼其車服 故大駕屬車八十一乘

④ 逢蒙봉몽
집해 《오월춘추》에서 말한다. "예羿는 활 쏘는 기술을 봉몽逢蒙에게
전수했다."
吳越春秋曰 羿傳射於逢蒙
색은 《맹자》에서 말한다. "봉몽逢蒙이 활 쏘는 것을 예羿에게 배워 예
의 도道를 모두 익혔다."
孟子云 逢蒙學射於羿 盡羿之道也

이것은 호胡나 월越이 수레 아래에서 일어나고, 강羌과 이夷가 수
레 뒤턱나무에 바짝 붙는 꼴이니 어찌 위태롭지 않겠습니까. 비
록 만전萬全을 기해 근심을 없애더라도 애당초 천자께서 마땅히
가까이할 것이 아닙니다. 또 길을 깨끗이 한 뒤에 가고 길 가운데
서 뒤에 달리더라도 오히려 이따금 말의 재갈이 벗겨지거나 나무

등궐에 부딪치는 변고[1]가 생기는데, 하물며 쑥대밭을 건너고 무덤과 같은 언덕을 달리면서 짐승을 쫓는 즐거움만 앞세우고 안으로는 변고가 있을 것이라는 생각이 없으시니 그 화가 되는 것은 또한 어렵지 않을 것입니다. 대저 만승萬乘의 중요함을 가볍게 여겨 안전에는 생각지 아니하시고 만에 하나라도 즐거움 때문에 위험한 길로 나가는 것을 즐기신다면, 신은 마음속으로 폐하께서 그와 같은 일을 하셔서는 안 된다고 생각했습니다.

대개 현명한 자는 싹트기도 전에 멀리서 보고, 지혜로운 자는 형체가 없을 때 위험을 피한다고 합니다. 재앙은 실로 모두가 은미한 곳에 숨어 있다가 사람이 소홀히 하는 곳에서 발생하는 것입니다. 그래서 시골의 속담에 '집 안에 1,000금을 쌓아놓은 자는, 대청의 가장자리에 앉지 않는다.[2]'라고 했습니다.

이 말이 비록 작은 일이지만 큰 것에 비유할 수 있습니다. 신臣은 폐하께서 유념하시고 살펴주시기를 바라나이다."

무제는 그 간언을 좋다고 여겼다.

是胡越起於轂下 而羌夷接軫也 豈不殆哉 雖萬全無患 然本非天子之所宜近也 且夫清道而後行 中路而後馳 猶時有銜橛之變[1] 而況涉乎蓬蒿 馳乎丘墳 前有利獸之樂而內無存變之意 其爲禍也不亦難矣 夫輕萬乘之重不以爲安 而樂出於萬有一危之塗以爲娛 臣竊爲陛下不取也 蓋明者遠見於未萌而智者避危於無形 禍固多藏於隱微而發於人之所忽者也 故鄙諺曰 家累千金 坐不垂堂[2] 此言雖小 可以喻大 臣願陛下之留意幸察 上善之

① 銜橛之變함궐지변

집해 서광이 말했다. "橛의 발음은 '궐[巨月反]'이며 재갈을 궐橛이라고 이른다."

徐廣曰 橛音巨月反 鉤逆者謂之橛矣

색은 함궐지변銜橛之變이다. 장읍이 말했다. "함銜은 말의 굴레 재갈이다. 궐橛은 곁말의 입 긴 재갈이다." 주천周遷의 《여복지輿服志》에서 말한다. "재갈 위에 있는 것이 궐橛이다. 궐橛은 재갈의 안에 있는데 철로 만들었고 큰 것은 계란만 하다." 《염철론鹽鐵論》에서 말한다. "재갈과 굴대가 없이 사나운 말을 막는다." 橛의 발음은 '궐[巨月反]'이다.

銜橛之變 張揖曰 銜 馬勒銜也 橛 騑馬口長銜也 周遷輿服志云 鉤逆上者爲橛 橛在銜中 以鐵爲之 大如雞子 鹽鐵論云 無銜橛而禦捍馬 橛音巨月反

② 坐不垂堂좌불수당

색은 장읍이 말했다. "처마의 기와가 떨어져서 사람에게 맞을까 두려워한 것이다." 악산이 말했다. "수垂는 변邊(가)이다. (기와가) 떨어지는 것을 두려워한 것이다."

張揖云 畏簷瓦墮中人 樂産云 垂 邊也 恐墮墜(之)也

돌아오는 길에 의춘궁宜春宮[①]을 지나다가, 사마상여는 진秦나라 이세二世 호해胡亥가 행한 실책을 슬퍼하며 부賦를 지어 아뢰었다. 그의 사辭에서 말했다.

"비탈진[②] 긴 고개를 올라, 함께[③] 층층 궁의 우뚝 솟은 곳에 들어가네.

곡강曲江의 장주長洲[4]에 다다라 들쭉날쭉 남산南山을 바라보네. 가파른 산은 장대하고,[5] 깊은 골짜기는 트여 휑댕그렁하네.[6] 급한 물 가벼이 튀어 올라[7] 길게 흐르다가, 평평한 연못으로 쏟아지니 광활하게 넘실대는구나.

還過宜春宮[1] 相如奏賦以哀二世行失也 其辭曰 登陂陁[2]之長阪兮 坌[3] 入曾宮之嵯峨 臨曲江之隑州[4]兮 望南山之參差 巖巖深山之嵱嵷[5]兮 通谷豁兮谽𧯆[6] 汨淢噏[7]習以永逝兮 注平皋之廣衍

① 宜春宮의춘궁

정의 《괄지지》에서 말한다. "진秦나라 의춘궁宜春宮은 옹주雍州 만년현萬年縣 서남쪽 30리에 있다. 의춘원宜春苑은 궁宮의 동쪽이고 두현杜縣의 남쪽에 있다. 〈진시황본기〉에서 이세二世는 두현의 남쪽 의춘원 안에 장사를 지냈다." 살펴보니 지금의 의춘궁에서 이세릉이 보인다. 이 때문에 부賦를 지어서 슬퍼한 것이다.

括地志 秦宜春宮在雍州萬年縣西南三十里 宜春苑在宮之東 杜之南 始皇本紀云 葬二世杜南宜春苑中 案 今宜春宮見二世陵 故作賦以哀也

② 陂陁파타

색은 비탈진 고개를 오르는 것이다. 陂의 발음은 '바[普何反]'이다. 陁의 발음은 '다[徒何反]'이다.

登陂陁 陂音普何反 陁音徒何反

③ 坌분

《한서음의》에서 말한다. "분垒은 병竝(나란히, 함께)이다."

漢書音義曰 垒 竝也

앞 글자 垒의 발음은 '오[音步反]'이다.

上音步反

 의 주석은 연문衍文이다.

④ 曲江之隑州곡강지기주

《한서음의》에서 말한다. "기隑는 장長(길다)이다. 원苑 안에는 곡강曲江(굽은 강)의 형상이 있고, 샘 안에는 장주長洲(긴 모래톱)가 있다."

漢書音義曰 隑 長也 苑中有曲江之象 泉中有長洲也

살펴보니 隑의 발음은 '기祈'이다. 기隑는 곧 기碕이고, 굽은 언덕의 머리를 이른다. 장읍이 말했다. "기隑는 장長이다. 원苑 안에는 곡강曲江의 형상이 있고 가운데 장주長洲가 있다. 또 궁宮의 각도閣道가 있는 것을 곡강曲江이라고 이르는데, 두릉杜陵의 서북쪽 5리에 있다." 또 《삼보구사三輔舊事》에 "낙유원樂游原은 북쪽에 있다."라고 한 것이 이것이다.

案 隑音祈 隑卽碕 謂曲岸頭也 張揖曰 隑 長也 苑中有曲江之象 中有長州 又有宮閣路 謂之曲江 在杜陵西北五里 又三輔舊事云 樂游原在北是也

⑤ 箜篌농롱

서광이 말했다. "箜의 발음은 '롱[力工反]'이다."

徐廣曰 箜音力工反

箜의 발음은 '강[苦江反]'이다. 진작이 말했다. "箜의 발음은 '롱籠'이고 옛 '롱籠' 자이다." 소해蕭該가 말했다. "농箜은 어떤 판본에는 '롱籠' 자로 되어 있다. 길고 큰 모양이다."

矼音苦江反 晉灼曰 音籠 古瓏字 蕭該云 矼或作瓏 長大皃也

⑥ 嗛谽 함하

[색은] 嗛의 발음은 '함[呼含反]'이고, 谽의 발음은 '하[呼加反]'이다.

呼含呼加二反

[신주] 함하嗛谽는 골짜기가 깊고 텅 비어 있는 모양이다.

⑦ 汨减嗑 율역흡

[색은] 앞 글자 汨의 발음은 '일[于筆反]'이다. 减의 발음은 '역域'이고 빠른 모양이다. 嗑의 발음은 '흡[許及反]'이다. 《한서》에는 '삽報'으로 되어 있고 삽報은 가볍게 든다는 뜻이다.

上音于筆反 减音域 疾皃也 嗑音許及反 漢書作報 報 輕擧意也

뭇나무 우거지고,① 대숲의 빽빽함을 관람하네. 동으로는 토산土山이 치달리고, 북으로는 돌 여울② 걸려있네. 잠시 편안하게 유희하다가③ 이세二世의 무덤에 들려 조문하네. 몸가짐 조심하지 못해서, 나라 잃고 권세도 잃었다네. 참소하는 말만 믿다가 깨닫지 못해, 종묘는 멸하고 (후사後嗣도) 끊겼네.

아! 슬프구나. 품행이 옳지 못함이여. 무덤 풀 우거져도 돌보는 이 없고, 혼魂 돌아갈 곳이 없어 제사도 받지 못한다네. 멀고 멀리 떨어져 함께하지 못하는데, 오래되고 멀어질수록 더욱 희미해질 것이라. 도깨비④의 정령 되어 날아 떨쳐서 구천九天을 건너 영원히

가소서.⑤ 아! 슬프구나."

觀衆樹之塕薆①兮 覽竹林之榛榛 東馳土山兮 北揭石瀨② 彌節容與③兮

歷弔二世 持身不謹兮 亡國失埶 信讒不寤兮 宗廟滅絕 嗚呼哀哉 操行

之不得兮 墳墓蕪穢而不脩兮 魂無歸而不食 夐邈絕而不齊兮 彌久遠

而愈休 精罔閬④而飛揚兮 拾九天而永逝⑤ 嗚呼哀哉

① 塕薆용애

색은 薆의 발음은 '애薆'이고 은隱(숨다)을 이른다.

薆音薆 謂隱也

신주 옹애塕薆는 초목이 무성해 그늘에 가려진 모양이다.

② 瀨뢰

색은 《설문》에서 말한다. "뇌瀨는 물이 모래 위로 흐르는 것이다."

說文云 瀨 水流沙上也

③ 容與용여

색은 용여容與는 유희游戲하는 모양이다.

容與 游戲貌也

④ 罔閬망랑

신주 망랑罔閬은 망량魍魎의 별칭으로 물속의 정령이다. 모습은 3세의
어린아이와 같고, 얼굴은 적흑색으로 눈이 붉고 귀는 길며 머리엔 윤기
가 나는데, 죽은 사람의 간을 즐겨 먹는다고 한다.

⑤ 拾九天而永逝십구천이영서

[정의] 《태현경》에서 말한다. "구천九天을 이르는데, 첫째는 중천中天, 둘째는 선천羨天, 셋째는 종천從天, 넷째는 경천更天, 다섯째는 수천睟天, 여섯째는 곽천廓天, 일곱째는 감천減天, 여덟째는 침천沈天, 아홉째는 성천成天이 된다."

太玄經云 九天謂一爲中天 二爲羨天 三爲從天 四爲更天 五爲睟天 六爲廓天七爲減天 八爲沈天 九爲成天

〈대인부〉

사마상여가 벼슬에 제수되어 효문원孝文園의 현령①이 되었다.
무제는 〈자허부子虛賦〉의 일을 아름답게 여겼는데, 상여는 무제
가 신선을 좋아하는 것을 보고 이에 말했다.
"상림上林의 일은 훌륭하게 여길 만한 것이 못됩니다. 하지만 더
욱 아름다운 것이 있습니다. 신臣이 일찍이 〈대인부大人賦〉를 짓
다가 완성하지 못했는데, 청하건대 완성해 아뢰겠습니다."
상여는 여러 신선의 전傳에는 '산이나 연못가에 살면서② 형상과
모습이 매우 야위었다.③라고 했는데, 이것은 제왕이 신선을 뜻하
는 바가 아니라고 여기고 이에 〈대인부大人賦〉를 완성해 아뢰었다.
相如拜爲孝文園令① 天子旣美子虛之事 相如見上好僊道 因曰 上林之
事未足美也 尙有靡者 臣嘗爲大人賦 未就 請具而奏之 相如以爲列僊
之傳居山澤間② 形容甚臞③ 此非帝王之僊意也 乃遂就大人賦

① 孝文園令효문원령
색은 《백관지》에서 말한다. "능원령陵園令은 600석의 녹봉으로, 순찰
하며 청소하는 것을 관장한다."

百官志云 陵園令 六百石 掌案行掃除也

② 列僊之傳居山澤間열선지전거산택간

색은 여러 신선이 산이나 연못에서 살았다고 전해지는 것이다. 살펴보
니 전했다고 한 것은 서로 여러 신선이 산이나 연못의 사이에서 거처했다
고 전한 것을 이른다. 傳의 발음은 '전[持全反]'이다. 소안과 유씨는 모두
'유儒'라고 했다. 유儒는 '유柔'니, 술사術士라고 일컬은 것은 잘못이다.
列仙之傳居山澤 案 傳者 謂相傳以列仙居山澤間 音持全反 小顔及劉氏竝作儒
儒 柔也 術士之稱 非

③ 臞구

집해 서광이 말했다. "구臞는 수瘦(여위다)이다."
徐廣曰 臞 瘦也

색은 위소가 말했다. "구臞는 척瘠(여위다)이다." 사인舍人이 말했다. "구
臞는 수瘦이다."《문자》에서 말한다. "요임금은 여위었다.[堯臞瘦]" 臞의 발
음은 '구[巨俱反]'이다.
韋昭曰 臞 瘠也 舍人云 臞 瘦也 文子云 堯臞瘦 音巨俱反

> 그의 사辭에서 말했다.
> "세상에 대인大人이 있어,① 중주中州에 있다네. 집은 만 리에 가
> 득하건만 일찍이 잠시라도 머물 수 없었다네. 세속世俗의 몹시 좁
> 은 것을 슬퍼해② 떠나 가볍게 날아올라 멀리서 노네. 붉은 깃발

드리운 흰 무지개여, 구름에 실려 위로 떠가네. 격택格澤에 길게 장대를 세우고 빛나는 채색의 깃발을 매었네.③ 순시旬始를 드리워서 수레의 휘장으로 삼고, 혜성을 끌어다가 제비꼬리 깃발로 삼네.④ 바람 따라 나부끼며 우아하게 춤을 추다가⑤ 또 바람 따라 나부끼며 요란하게 거들먹대네. 참창欃槍을 잡아 깃발로 여기고⑥ 한 조각의 무지개로 깃대 집을 삼네.⑦

其辭曰 世有大人兮① 在于中州 宅彌萬里兮 曾不足以少留 悲世俗之迫隘兮② 朅輕舉而遠遊 垂絳幡之素蜺兮 載雲氣而上浮 建格澤之長竿兮 總光耀之采旄③ 垂旬始以爲幓兮 抴彗星而爲髾④ 掉指橋以偃蹇兮⑤ 又旖旎以招搖 攬欃槍以爲旌兮⑥ 靡屈虹而爲綢⑦

① 世有大人兮세유대인혜

색은 장읍이 말했다. "천자에 비유한 것이다." 상수向秀가 말했다. "성인聖人이 자리에 있는 것을 대인大人이라고 이른다." 장화가 말했다. "사마상여가 《초사》〈원유〉의 문체로 〈대인부〉를 지었다."

張揖云 喻天子 向秀云 聖人在位 謂之大人 張華云 相如作遠遊之體 以大人賦之也

② 悲世俗之迫隘兮비세속지박애혜

색은 여순이 말했다. "무제武帝가 이르기를 '진실로 황제黃帝처럼 될 수 있다면 처자식 버리기를 신발을 벗어 던지듯 하겠다.'라고 했는데, 이것은 세속의 핍박을 슬퍼하는 것이다."

如淳曰 武帝云 誠得如黃帝 去妻子如脫屣 是悲世俗迫隘也

③ 格澤之長竿兮 總光耀之采旄격택지장간혜 총광요지채모

[집해] 《한서음의》에서 말한다. "격택格澤의 기氣는 염화炎火의 모양과 비슷하고 황백색黃白色으로 땅 위에서 올라 하늘에 이르는데, 이 기氣를 간竿(깃내)으로 삼는 것이다. 모旄는 보葆(깃발)이다. 총總은 계係(매다)이다. 긴 장대에 빛나는 염화炎火 모양을 매달아서 깃대의 장식으로 삼는 것이다."

漢書音義曰 格澤之氣如炎火狀 黃白色 起地上至天 以此氣爲竿 旄 葆也 總 係也 係光耀之氣於長竿 以爲葆者

[신주] 격택格澤은 상서로운 별로, 이 별이 나타나면 그 분야의 나라는 풍년이 든다고 한다.

④ 垂旬始以爲幓兮 抴彗星而爲髾수순시이위삼혜 예혜성이위소

[집해] 《한서음의》에서 말한다. "순시旬始의 기氣는 수닭과 같아, 깃 장식으로 매달아 유旒(깃발)로 삼는다. 소髾는 제비꼬리 깃발이다. 예혜성抴彗星은 깃발에 붙여 매어서 제비 꼬리의 깃발로 삼은 것이다."

漢書音義曰 旬始氣如雄雞 縣於葆下以爲旒也 髾 燕尾也 抴彗星 綴著旒以爲燕尾

[신주] 순시旬始는 금성金星으로 북두성 곁에 자리하고 있으며, 수닭의 형상을 닮았다고 한다. 연미燕尾는 깃발 위에 제비 꼬리 모양으로 만든 기치旗幟이다.

⑤ 掉指橋以偃蹇兮도지교이언건혜

[집해] 《한서음의》에서 말한다. "지교指橋는 바람을 따라 펄럭이는 것을 가리킨다."

漢書音義曰 指橋 隨風指靡

[색은] 掉의 발음은 '도[徒弔反]'이다. 指의 발음은 '길[居桀反]'이다. 橋는 '교矯'로 발음한다. 장읍이 말했다. "지교指矯는 바람을 따라 펄럭이는 것을 가리킨다. 언건偃蹇은 높은 모양이다." 응소가 말했다. "정기旌旗가 펄럭이는 모양이다."

掉音徒弔反 指音居桀反 橋音矯 張揖曰 指矯 隨風指靡 偃蹇 高皃 應劭云 旌旗 屈撓之皃

⑥ 攬㰐槍以爲旌兮남참창이위정혜

[정의] 〈천관서〉에서 말한다. "천참天㰐은 길이가 4장丈이고 끝이 예리하다. 천창天槍은 길이가 수장數丈이나 되고 양쪽의 끝이 예리하며 그의 형상은 혜성과 비슷하다."

天官書云 天㰐長四丈 末銳 天槍長數丈 兩頭銳 其形類彗也

⑦ 靡屈虹而爲綢미굴홍이위주

[집해] 《한서음의》에서 말한다. "주綢는 도韜(궁검 집)이다. 단홍斷虹(한 조각의 무지개)으로 정강旌杠(깃대)의 깃발을 삼는 것이다."

漢書音義曰 綢 韜也 以斷虹爲旌杠之韜

[색은] 綢의 발음은 '주籌'이고 어떤 이는 '도韜'로도 발음한다. 굴홍屈虹은 단홍斷虹이다.

綢音籌 或音韜 屈虹 斷虹也

붉은빛 깊고 아득해서 뒤섞여 어둡더니,[①] 회오리바람 솟아올라 구름을 띄웠네. 응룡應龍에 멍에를 씌운 상여象輿를 타고 빙빙 감아 오르다가 그치기도 하며, 적리赤螭와 청규靑虯로 참마驂馬 삼아 꿈틀꿈틀 구불거리며 나아가네. 굽어보고 우러르며 교만하고 방자하게 일렁이다가,[②] 휘감아 꺾고 굴절해 솟아오르면서 돌돌 감기도 하네.[③] 머리를 저으며 고개를 쳐들고 나아가지 않다가,[④] 제멋대로 흩어지고 제멋대로 발달리듯 들쭉날쭉 달려가네.[⑤] 잠시 나아갔다 잠시 물러서며 눈을 부라리고 혀를 내두르며 좌우로 쫓으면서, 굽혔다 폈다 빨리 달리다가 서로 의지하기도 하네.[⑥]
서로 얽히어 높이 들렸다가 내려와 길에 이르러 밟고 나서[⑦] 날아서 솟아올라 쏜살같이 달리네.[⑧] 재빠르게 날아 번개 지나가듯 쫓고 쫓기면서, 안개 걷히며 빛이 나듯, 구름 개며 사라지듯 하네.

紅杏渺以眩湣兮[①] 猋風涌而雲浮 駕應龍象輿之蠖略逶麗兮 驂赤螭青虯之蚴蟉蜿蜒 低卬夭蟜据以驕驁兮[②] 詘折隆窮蠼以連卷[③] 沛艾赳螑 仡以佁儗兮[④] 放散畔岸驤以孱顏[⑤] 跮踱輵轄容以委麗兮 綢繆偃蹇忼 臭以梁倚[⑥] 糾蓼叫奡蹋以艐路兮[⑦] 蔑蒙踊躍騰而狂趡[⑧] 莅颯卉翕熛至 電過兮 煥然霧除 霍然雲消

① 紅杏渺以眩湣兮 홍묘묘이현민혜

집해 《한서음의》에서 말한다. "순시旬始, 굴홍屈虹은 기氣의 색이다. 홍묘묘紅杏渺나 현민眩湣은 어두워서 광채가 없는 것이다."
漢書音義曰 旬始 屈虹 氣色 紅杏渺 眩湣 闇冥無光也

색은 붉은빛 깊고 아득해서 뒤섞여 어두운 것에 대해 소림이 말했다.

"泫의 발음은 '현炫'이다. 湣의 발음은 '면麵'이다." 진작이 말했다. "홍紅
은 적색赤色의 모양이다. 묘묘眇眇는 깊고 아득한 것이다. 현민泫湣은 혼
합한 것이다." 홍紅은 어떤 곳에는 '홍虹'으로 되어 있다.

紅眇眇以泫湣 蘇林曰 泫音炫 湣音麵 晉灼曰 紅 赤色兒 眇眇 深遠 泫湣 混合
也 紅 或作虹也

② 低卬夭蟜据以驕驁兮 저앙요교거이교오혜

색은 장읍이 말했다. "거据는 직항直項(고개를 곧게 세움)이다. 교오驕驁는
방자한 것이다." 据의 발음은 '거據'이고 驕의 발음은 '고[居召反]'이고 驁
의 발음은 '오[五到反]'이다.

張揖曰 据 直項也 驕驁 縱恣也 据音據 驕音居召反 驁音五到反

③ 詘折隆窮躩以連卷 굴절륭궁곽이연권

색은 각이연권躩以連卷이다. 위소가 말했다. "용의 형상이다." 躩의 발
음은 '격[起碧反]'이고 連卷의 발음은 '연권輦卷'이다.

躩以連卷 韋昭曰 龍之形兒也 躩音起碧反 連卷音輦卷也

④ 沛艾赳螑仡以佁儗兮 패애규후흘이치이혜

집해 《한서음의》에서 말한다. "규후赳螑는 목을 펴고 아래로 내렸다
위로 올렸다 하는 것이다. 치이佁儗는 앞으로 나서지 않는 것이다."

漢書音義曰 赳螑 申頸低卬也 佁儗 不前也

색은 맹강이 말했다. "규후赳螑는 목을 펴고 머리를 낮게 하는 것이
다." 장읍이 말했다. "규후赳螑는 아도牙跳(이빨을 드러냄)이다." 赳의 발음은
'규[居幼反]'이고 螑의 발음은 '구[許救反]'이다. 장읍이 말했다. "흘仡은 머

리를 드는 것이다. 치이伿儗는 앞으로 나서지 않는 것이다." 伿의 발음은 '치[敕吏反]'이고 儗의 발음은 '이[魚吏反]'이다.

孟康曰 赼蝚 申頸低頭 張揖曰 赼蝚 牙跳也 赼音居幼反 蝚音許救反 張揖曰 仡舉頭也 伿儗 不前也 伿音敕吏反 儗音魚吏反也

⑤ 放散畔岸驤以屖顔방산반안양이잔안

[색은] 복건이 말했다. "말이 머리를 쳐들고 그의 입을 벌린 것이 바로 '잔안屖顔'이다." 위소가 말했다. "顔의 발음은 '안[吾板反]'이다."《시경》에 "양복상양兩服上驤"이라 했다. 주석에는 "양驤은 마馬이다."라고 한 것이 이 뜻이다.

服虔曰 馬仰頭 其口開 正屖顔也 韋昭曰 顔音吾板反 詩云 兩服上驤 注云 驤馬是也

⑥ 跮踱輵轄容～怵奐以梁倚질착알할용～출착이양의

[집해] 서광이 말했다. "질착跮踱은 잠깐은 앞으로 나갔다 잠깐은 물러나는 것이다. 跮의 발음은 '츌[丑栗反]'이고 踱의 발음은 '챡[敕略反]'이다. 輵의 발음은 '알[烏葛反]'이고 轄의 발음은 '갈曷'이다. 綢는 다른 판본에는 '조雕'로 되어 있다. 奐의 발음은 '탁[他略反]'이다." 살펴보니《한서음의》에서 말한다. "출착怵奐은 주走(달리다)이다. 양의梁倚는 서로 붙어 있는 것이다."

徐廣曰 跮踱 乍前乍卻也 跮音丑栗反 踱音敕略反 輵 烏葛反 轄音曷 綢 一作雕 奐音他略反 駰案 漢書音義曰 怵奐 走也 梁倚 相著也

[색은] '질착알할跮踱輵磆'이다. 장읍이 말했다. "질착跮踱은 신속히 행하는 모습이다. 알할輵磆은 전진했다 물러나는 것이다." 跮의 발음은 '츌[褚

栗反]'이고 踱의 발음은 '쟉[褚略反]'이다. 輵의 발음은 '알[烏葛反]'이고 磋의 발음은 '갈曷'이다. '조료언건蜩蟉偃蹇'이다. 蜩의 발음은 '도[徒弔反]'이고 蟉의 발음은 '초[勅弔反]'이다. 장읍이 말했다. "언건偃蹇은 물리쳐 거부하는 것이다."《광아》에서 말한다. "언건偃蹇은 뛰어오르는 모양이다." 장읍이 말했다. "출착怵臭은 달려가는 것이다. 양의梁倚는 서로 붙는 것이다." 위소가 말했다. "臭의 발음은 '탁[笞略反]'이다.《한서》〈사마상여전〉에는 '숙착원거倏臭遠去'라고 했고 착臭은 시視이다."

跮踱輵磋 張揖曰 跮踱 疾行皃 輵磋 前卻也 跮音褚栗反 踱音褚略反 輵音烏葛反 磋音曷 蜩蟉偃蹇 蜩音徒弔反 蟉音勅弔反 張揖曰 偃蹇 卻距也 廣雅曰 偃蹇 夭矯之皃 張揖曰 怵臭 奔走 梁倚 相著 韋昭曰 臭音笞略反 相如傳云 倏臭遠去 臭 視也

⑦ 糺蓼叫奡蹋以艐路兮규료규오답이계로혜

집해 서광이 말했다. "艐의 발음은 '개介'이고 지至(이르다)이다."

徐廣曰 艐音介 至也

색은 蓼의 발음은 '료了'이다. 奡의 발음은 '오[五到反]'이다. 안사고가 말했다. "규오叫奡는 높이 드는 모양이다." 蹋의 발음은 '답[徒答反]'이다. 艐의 발음은 '계屆'이다.《삼창》에서 말한다. "답蹋은 착지著地(땅을 밟다)이다." 손염이 말했다. "종艐은 옛날의 '계界' 자이다."

蓼音了 奡音五到反 小顏云 叫奡 高舉皃 蹋音徒答反 艐音屆 三倉云 蹋 著地 孫炎云 艐 古界字也

⑧ 蔑蒙踊躍騰而狂趡멸몽용약등이광추

집해 《한서음의》에서 말한다. "멸몽蔑蒙은 날아오르는 것이다. 추趡는 달리는 것이다."

漢書音義曰 蔑蒙 飛揚也 趡 走

색은 멸몽篾蒙이다. 장읍이 말했다. "멸몽篾蒙은 날아오르는 것이다. 추趡는 달리는 모양이다."

篾蒙 張揖曰 篾蒙 飛揚也 趡 走兒

비스듬히 동쪽 끝을 건너 북극에 올라, 신선과 함께 서로 교유하네.① 서로 깊숙한 곳에서 뒤섞여 오른쪽으로 돌고, 비천飛泉을 가로질러 정동正東으로 가네.② 영어靈圉에서 모두 불러 가려뽑고, 뭇 신선 요광성瑤光星③에서 수레에 나누어 태우네. 오제五帝가 먼저 인도해④ 태일太一을 돌아오게 하고 능양陵陽을 따르게 하네.⑤ 왼쪽엔 현명玄冥, 오른쪽엔 함뢰含靁(黔嬴)⑥를 있게 하고, 앞에는 육리陸離이고 뒤에는 휼황潏湟을 따르게 하네.⑦ 정백교征伯僑를 부려⑧ 선문羨門⑨과 사역하게 하고, 기백岐伯을 불러 처방을 주관하게 하네.⑩ 축융祝融에게 경호하고 벽제하게 해,⑪ 악한 기운 몰아내고 맑게 한 뒤에 간다네.

邪絕少陽而登太陰兮 與眞人乎相求① 互折窈窕以右轉兮 橫厲飛泉以正東② 悉徵靈圉而選之兮 部乘衆神於瑤光③ 使五帝先導④兮 反太一而從陵陽⑤ 左玄冥而右含靁⑥兮 前陸離而後潏湟⑦ 廝征伯僑⑧而役羨門⑨兮 屬岐伯使尙方⑩ 祝融驚而蹕御兮⑪ 淸雰氣而後行

---

① 邪絕少陽而登太陰兮 與眞人乎相求사절소양이등태음혜 여진인호상구

《한서음의》에서 말한다. "소양少陽은 동쪽 끝이고 태음太陰은 북쪽 끝이다. 사도邪度는 동쪽 끝에서 북극 끝까지 오른 것이다."

漢書音義曰 少陽 東極 太陰 北極 邪度 東極而升北極者也

진인眞人은 진眞에 이른 사람이다. 즉 신선을 가리킨다.

② 橫厲飛泉以正東 횡려비천이정동

여厲는 도渡(건너다)이다. 장읍이 말했다. "비천飛泉은 곡곡谷(골짜기)이며 곤륜산의 서남쪽에 있다."

厲 渡也 張云 飛泉 谷也 在崑崙山西南

③ 瑤光 요광

《한서음의》에서 말한다. "요광搖光은 북두北斗 표두杓頭의 제1성第一星이다."

漢書音義曰 搖光 北斗杓頭第一星

④ 五帝先導 오제선도

준遵은 도導(이끌다)이다. 응소가 말했다. "오제五帝는 오치五時이니 제태호帝太皓의 등속이다."

遵 導 應云 五帝 五時 帝太皓之屬也

⑤ 反太一而後陵陽 반태일이후릉양

《한서음의》에서 말한다. "선인仙人 능양자명陵陽子明이다."

漢書音義曰 仙人陵陽子明也

《사기》〈천관서〉에서 말한다. "중관中官에 천극성天極星에서 첫째로 밝은 것에 태일太一이 항상 거처한다."《열선전》에서 말한다. "자명子明은 패질沛銍의 현縣의 선계旋溪에서 낚시질해 백룡白龍을 얻고 놓아주었다. 뒤에 백룡白龍이 와서 자명을 맞이해 가 능양산陵陽山 위에서 100년을 머물다 드디어 신선이 되는 것을 얻었다."

天官書云 中官天極星 其一明者 太一常居也 列仙傳云 子明於沛銍縣旋溪釣得白龍 放之 後白龍來迎子明去 止陵陽山上百餘年 遂得仙也

⑥ 含靁함뢰

집해 《한서음의》에서 말한다. "함뢰含靁는 금영黔嬴이며 천상에 조화造化의 신神 이름이다. 어떤 이는 수신水神이라고 했다."

漢書音義曰 含靁 黔嬴也 天上造化神名也 或曰水神

⑦ 前陸離而後潏湟전육리이후휼황

집해 《한서음의》에서 말한다. "(육리陸離나 휼황潏皇은) 모두 신神의 이름이다."

漢書音義曰 皆神名

⑧ 厮征伯僑사정백교

집해 서광이 말했다. "연인燕人이며 형체를 해탈해 신선이 되었다."

徐廣曰 燕人也 形解而仙也

색은 응소가 말했다. "사厮는 역역(부리다)이다." 장읍이 말했다. "왕자교王子喬이다."《한서》〈교사지〉에는 '정백교正伯僑'로 되어 있다. 이는 마땅히 다른 사람이고 아마도 왕자교가 아닐 것이다.

應劭曰 厮 役也 張揖曰 王子喬也 漢書郊祀志作正伯僑 此當別人 恐非王子喬也

⑨ 羨門선문

정의 장읍이 말했다. "선문羨門은 갈석산碣石山 위의 선인仙人 선문고羨門高이다."

張云 羨門 碣石山上仙人羨門高也

⑩ 屬岐伯使尙方속기백사상방

집해 서광이 말했다. "기백岐伯은 황제黃帝의 신하이다." 살펴보니《한서음의》에서 말한다. "상尙은 주主(주관하다)이다. 기백岐伯은 황제의 태의太醫로서 약 처방을 주관했다."

徐廣曰 岐伯 黃帝臣 駰案 漢書音義曰 尙 主也 岐伯 黃帝太醫 屬使主方藥

⑪ 祝融驚而蹕御兮축융경이필어혜

정의 장읍이 말했다. "축융祝融은 남방南方 염제炎帝의 보좌이다. 짐승의 몸에 사람의 얼굴을 하고 두 마리의 용을 타고 화정火正에 응한다. 화정火正인 축융은 경필警蹕(천자가 거동할 때 보행자를 금지시키는 일)을 해서 기분을 맑게 하는 것이다."

張云 祝融 南方炎帝之佐也 獸身人面 乘兩龍 應火正也 火正祝融警蹕清氛氣也

나는 수레 만승萬乘을 모아, 오색구름으로 일산을 삼고⑨ 화려한 깃발을 꽂는다네. 구망句芒에게 종자從者를 거느리게 하고,⑩ 나는 남쪽으로 가서 즐기려고 하네. 숭산崇山에서 당요唐堯를 찾고, 구의산九疑山에서 우순虞舜을 방문하려네.⑪ 어지러이 빽빽하게 모여④ 들쭉날쭉 뒤섞이며, 어수선하게 말을 몰아⑤ 사방으로 치달리고 있네. 요란하게 부딪치고 뒤섞여⑥ 서로 혼잡하고 어수선한데, 물이 아래로 끝없이 흘러 땅에 고이듯 홍건하네. 줄줄이 늘어서 모여 있는 모습 무성하고, 면면히 흘러 평탄하게⑦ 퍼지다, 들쭉날쭉 흩어지네.

屯余車其萬乘兮 綷雲蓋①而樹華旗 使句芒其將行兮② 吾欲往乎南嬉 歷唐堯於崇山兮 過虞舜於九疑③ 紛湛湛④其差錯兮 雜遝膠葛⑤以方馳 騷擾衝茲⑥其相紛挐兮 滂濞泱軋灑以林離 鑚羅列聚叢以龍茸兮 衍曼流爛壇⑦以陸離

① 綷雲蓋채운개

[색은] 綷의 발음은 '재[祖內反]'이다. 여순이 말했다. "쵀綷는 합合(합하다)이다. 다섯 가지 채색의 구름을 합해서 일산을 만든 것이다."

綷音祖內反 如淳曰 綷 合也 合五綵雲爲蓋也

② 使句芒其將行兮사구망기장행혜

[정의] 장읍이 말했다. "구망句芒은 동방東方 청제靑帝의 보좌이다. 새의 몸에 사람의 얼굴을 하고 두 마리의 용龍을 탔다." 안顏이 말했다. "장행將行은 종자從者를 거느린 것이다."

張云 句芒 東方靑帝之佐也 鳥身人面 乘兩龍 顏云 將行 領從者也

③ 歷唐堯於崇山兮 過虞舜於九疑역당요어숭산혜 과우순어구의

[정의] 장장이 말했다. "숭산崇山은 적산狄山이다. 《산해경》〈해외경〉에

는 '적산狄山은 제요帝堯를 그 양陽에 장사지냈다.'고 했다. 구의산九疑山
은 영릉零陵의 영도현營道縣에 있고 순舜을 장사지낸 곳이다."

張云 崇山 狄山也 海外經云 狄山 帝堯葬其陽 九疑山 零陵營道縣 舜所葬處

④ 紛湛湛분담담

색은 湛의 발음은 '담[徒感反]'이다.

音徒感反

신주 담담湛湛은 빽빽하게 찬 모양이다.

⑤ 膠葛교갈

색은 교갈膠輵이다. 《광아》에서 말한다. "교갈膠輵은 구치驅馳(말을 몰아
달림)이다."

膠輵 廣雅云 膠輵 驅馳也

⑥ 衝莸충종

색은 앞 글자 衝의 발음은 '춍[昌勇反]'이고 뒷 글자 莸의 발음은 '숑[息
宂反]'이다.

上昌勇反 下息宂反

신주 서로 부딪치며 뒤섞여 있는 모양이다.

⑦ 壇단

집해 서광이 말했다. "壇의 발음은 '탄坦'이다."

徐廣曰 壇音坦

우렛소리가 들리는 뇌실靁室로 곧장 들어가, 귀곡鬼谷의 울퉁불퉁한 곳을 통해 나왔네.[1] 팔굉八紘을 두루 관람하고 사해四海를 살피다가, 떠나 구강九江을 건너 오하五河[2]를 넘었다네.

염화산炎火山를 경과해 약수弱水에서 배를 띄우는데,[3] 나룻배로 모래톱을 가로질러 사막을 건넌다네.[4] 갑자기 총극總極[5]에서 휴식하고 넘치는 물에서 즐기는데, 영와靈媧에게 거문고를 타게 하니 풍이馮夷가 춤을 추네.[6]

徑入靁室之砰磷鬱律兮 洞出鬼谷之崛礨嵬礧[1] 徧覽八紘而觀四荒兮 喝渡九江而越五河[2] 經營炎火而浮弱水兮[3] 杭絕浮渚而涉流沙[4] 奄息總極[5]氾濫水嬉兮 使靈媧鼓瑟而舞馮夷[6]

① 洞鬼谷之崛礨嵬礧통귀곡지굴뢰외회

집해 《한서음의》에서 말한다. "귀곡鬼谷은 북신北辰의 아래에 있어 모든 귀신이 모이는 곳이다. 《초사》에서 '귀곡鬼谷이 북신北辰에서 인질이 되었다.'라고 한다."

漢書音義曰 鬼谷在北辰下 衆鬼之所聚也 楚辭曰 贅鬼谷于北辰也

정의 崛의 발음은 '골[口骨反]'이고 礨의 발음은 '뢰[力罪反]'이고 嵬의 발음은 '외[烏廻反]'이다. 礧의 발음은 '회回'이다. 장읍이 말했다. "굴뢰외회崛礨嵬礧는 평평하지 않은 것이다."

崛 口骨反 礨音力罪反 嵬音烏迴反 礧音回 張云 崛礨嵬礧 不平也

② 五河오하

정의 안안顏이 말했다. "오색五色의 하천河川이다. 《선경》에서 '자紫, 벽

碧, 강絳, 청靑, 황黃의 하천을 이른다.'라고 했다."

顔云 五色之河也 仙經云紫碧絳靑黃之河也

③ 炎火而浮弱水兮 염화이부약수혜

정의 요승이 말했다. "《산해경》〈대황서경〉에서 '곤륜구崑崙丘는 그곳 밖에는 염화산炎火山이 있는데, 물건을 던지면 번번이 불에 탄다.'고 했다."《괄지지》에서 말한다. "약수弱水는 2개의 근원이 있어 함께 여국女國의 북쪽 아녹달산阿傉達山에서 나와 남쪽으로 흘러 국가의 북쪽에 모이고 또 남쪽으로 나라 북쪽을 거쳐 동쪽으로 1리里를 가는데, 깊이는 1장丈 남짓이고 넓이는 60보步여서 배를 타지 않으면 건너는 것이 불가하고 흘러서 바다로 들어간다. 아녹달산은 일명 곤륜산이고 그 산을 천주天柱라고 하며 옹주雍州 서남쪽 1만 5,370리에 있다."라고 했다. 또 말한다. "약수는 감주甘州 장액현張掖縣 남산의 아래에 있다."

姚丞云 大荒西經云崑崙之丘 其外有炎火之山 投物輒然 括地志云 弱水有二原 俱出女國北阿傉達山 南流會于國北 又南歷國北 東去一里 深丈餘 闊六十步 非乘舟不可濟 流入海 阿傉達山一名崑崙山 其山爲天柱 在雍州西南一萬五千三百七十里 又云 弱水在甘州張掖縣南山下也

④ 杭絶浮渚而涉流沙 항절부저이섭류사

집해 《한서음의》에서 말한다. "항杭은 선船(배)이다. 절絶은 도渡(건너다)이다. 부저浮渚는 유사流沙 안의 저渚(모래섬)이다."

漢書音義曰 杭 船也 絶 渡也 浮渚 流沙中渚也

⑤ 總極 총극

집해 《한서음의》에서 말한다. "총극總極은 총령산蔥領山으로 서역 안에 있다."

漢書音義曰 總極 蔥領山也 在西域中也

⑥ 靈媧鼓瑟而舞馮夷영와고슬이무풍이

집해 서광이 말했다. "와媧는 다른 판본에는 '이貽'로 되어 있다." 살펴보니 《한서음의》에서 말한다. "영와靈媧는 여와女媧이다. 풍이馮夷는 하백河伯의 자字이다. 《회남자》에서 '풍이馮夷가 도道를 얻고 대천大川에 잠겼다.'라고 했다."

徐廣曰 媧 一作貽 駰案 漢書音義曰 靈媧 女媧也 馮夷 河伯字也 淮南子曰 馮夷得道 以潛大川

정의 성姓은 풍馮이고 이름은 이夷이다. 경일庚日에 익사했다. 하河는 항상 경일庚日에 사람을 익사시키는 것을 좋아한다.

姓馮名夷 以庚日溺死 河常以庚日好溺死人

때로 어두워지고 혼탁해지면, 병예屛翳①를 불러서 풍백風伯②을 처단하고 우사雨師③를 형벌에 처하겠네. 서쪽으로 곤륜산④의 어렴풋한 황홀경을 바라보고, 곧장 지름길로 삼위산三危山⑤을 향해 달려가네. 창합문閶闔門⑥을 밀치고 제궁帝宮으로 들어가, 옥녀玉女⑦를 태우고 함께 돌아가네. 느긋하게 낭풍산閬風山⑧에 올라 머무는데, 까마귀 높이 날아 한 번 날갯짓을 멈추듯 했네.⑨ 머리를 숙이고 음산陰山⑩ 배회하며 날아 빙 둘러보듯 하다가, 나는

오늘 눈으로 서왕모西王母의 희고 깨끗한 머리를 보았네.⑪ 머리 장식을 하고 굴에서 거처하는데,⑫ 또한 다행히도 삼족오三足烏⑬를 부리고 있었네. 반드시 이와 같이 불로장생하여 죽지 않는다면, 비록 만대萬代를 건너뛴다 해도 그 기쁜 것에 만족하지 못하리라.

時若薆薆將混濁兮 召屛翳①誅風伯②而刑雨師③ 西望崑崙④之軋沕洸忽兮 直徑馳乎三危⑤ 排閭闔⑥而入帝宮兮 載玉女⑦而與之歸 舒閬風⑧而搖集兮 亢烏騰而一止⑨ 低回陰山⑩翔以紆曲兮 吾乃今目睹西王母曬然白首⑪ 載勝而穴處兮⑫ 亦幸有三足烏⑬爲之使 必長生若此而不死兮 雖濟萬世不足以喜

① 屛翳병예

정의 응應이 말했다. "병예屛翳는 천신天神의 사신이다." 위소가 말했다. "뇌사雷師이다."

應云 屛翳 天神使也 韋云 雷師也

② 風伯풍백

정의 장읍이 말했다. "풍백風伯의 자는 비렴飛廉이다."

張云 風伯字飛廉

③ 雨師우사

정의 사주沙州에 우사사雨師祠가 있다.

沙州有雨師祠

④ 崑崙곤륜

정의 장읍이 말했다. "〈해내경海內經〉에서 곤륜은 중원과의 거리가 5만 리이고 천제의 하계下界의 도읍이다. 그 산의 너비는 동서남북은 100리이고 높이는 8만 인仞이며 성을 구중九重으로 쌓았으며 방면에는 구정九井이 있는데 옥으로 난간을 만들었으며 곁에는 5개의 문이 있다. 개명수開明獸가 그곳을 지킨다."《괄지지》에서 말한다. "곤륜산은 숙주肅州 주천현酒泉縣의 남쪽 80리에 있다.《십육국춘추》에 의하면 후위後魏의 소성제昭成帝 건국建國 10년에 양주의 장준張駿과 주천태수 마급馬岌이 상주하기를 '주천酒泉의 남산은 곧 곤륜산의 몸체이고 주목왕周穆王이 서왕모西王母를 만나 즐기고 돌아가는 것을 잊었는데 곧 이 산이라고 말했습니다. 석실石室이 있고 왕모당王母堂은 구슬로 조각해서 꾸며 빛나는 것이 신궁神宮과 같습니다.' 또한 산단刪丹의 서하西河 이름을 약수弱水라고 이르는데, 〈우공〉에는 '곤륜은 임강臨羌의 서쪽에 있다고 했으니 곧 이것이 명백하다.'라고 했다."《괄지지》에서 말한다. "또 아녹달산은 또한 건말달산建末達山이라고 이름하고 또한 곤륜산이라고도 이름한다. 항하恒河는 그 남쪽 토사자구吐師子口에서 나와 천축天竺을 거쳐 달산達山으로 들어간다. 규수嬀水의 현재 명칭은 호해滸海라고 하며, 곤륜산의 서북쪽 모퉁이 토마구吐馬口에서 나와 안식국과 대하국大夏國을 거쳐서 서해로 들어간다. 황하黃河는 동북의 모퉁이 토우구吐牛口에서 나와 동북쪽으로 흘러 남택濫澤을 경유해 숨어서 대적석산大積石山으로 나가 화산華山의 북쪽에 이르러 동쪽으로 바다에 들어간다. 그 삼하三河는 산을 떠나 바다로 들어가는데 각각 3만 리이다. 이를 일러 대곤륜이라고 하고 숙주肅州를 소곤륜이라고 이른다.《우본기禹本紀》에는 '하河는 곤륜산의 2,500여 리에서 나와 해와 달이 서로 숨고 피해서 광명光明이 된다.'라고 했다."

張云 海內經云崑崙去中國五萬里 天帝之下都也 其山廣袤百里 高八萬仞 增城

九重 面九井 以玉爲檻 旁有五門 開明獸守之 括地志云 崑崙在肅州酒泉縣南

八十里 十六國春秋後魏昭成帝建國十年 涼張駿酒泉太守馬岌上言 酒泉南山卽

崑崙之體 周穆王見西王母 樂而忘歸 卽謂此山 有石室 王母堂 珠璣鏤飾 煥若神

宮 又刪丹西河名云弱水 禹貢崑崙在臨羌之西 卽此明矣 括地志云 又阿傉達山

亦名建末達山 亦名崑崙山 恆河出其南吐師子口 經天竺入達山 媯水今名爲濟海

出於崑崙西北隅吐馬口 經安息大夏國入西海 黃河出東北隅吐牛口 東北流經濫

澤 潛出大積石山 至華山北 東入海 其三河去山入海各三萬里 此謂大崑崙 肅州

謂小崑崙也 禹本紀云 河出崑崙二千五百餘里 日月所相隱避爲光明也

⑤ 三危삼위

집해 삼위三危는 산 이름이다.

三危 山名也

정의 《괄지지》에서 말한다. "삼위산은 사주沙州 동남쪽 30리에 있다."

括地志云 三危山在沙州東南三十里

⑥ 閶闔창합

정의 위소가 말했다. "창합閶闔은 천문天門이다. 《회남자》에서 '서방西

方은 서극산西極山이라고 하는데, 창합의 문이다.'라고 한다."

韋昭云 閶闔 天門也 淮南子曰 西方曰西極之山 閶闔之門

⑦ 玉女옥녀

정의 장읍이 말했다. "옥녀玉女는 청요靑要와 승익乘弋 등이다."

張云 玉女 靑要乘弋等也

⑧ 閬風낭풍

정의 장읍이 말했다. "낭풍閬風은 곤륜산崑崙山 창합閶闔의 문 안에 있다.《초사》에서 '등랑풍이설마登閬風而緤馬(낭풍산에 올라 말고삐를 매다)'라고 했다."

張云 閬風在崑崙閶闔之中 楚辭云 登閬風而緤馬也

⑨ 亢烏騰而一止항오등이일지

집해 《한서음의》에서 말한다. "까마득히 높이 나는 것이 마치 새가 나는 것과 같다."

漢書音義曰 亢然高飛 如烏之騰也

⑩ 陰山음산

정의 장읍이 말했다. "음산陰山은 대곤륜산의 서쪽 2,700리에 있다."

張云 陰山在大崑崙西二千七百里

⑪ 西王母曤然白首서왕모학연백수

집해 서광이 말했다. "曤의 발음은 '혹[下沃反]'이다."

徐廣曰 曤音下沃反

색은 曤의 발음은 '학鶴'이다.

曤音鶴也

정의 장읍이 말했다. "서왕모西王母는 그의 형상이 사람과 비슷하고 표범의 꼬리에 호랑이의 이빨을 하고 있으며, 쑥대와 같은 살적에 환한 흰 머리카락을 하고 있다. 돌로 된 성城에 금으로 된 굴속에서 산다."

張云 西王母 其狀如人 豹尾 虎齒 蓬鬢 曤然白首 石城金穴 居其中

⑫ 載勝而穴處兮재승이혈처혜

집해 곽박이 말했다. "승勝은 옥승玉勝이다."

郭璞曰 勝 玉勝也

정의 안顔이 말했다. "승勝은 부인의 머리꾸미개이다. 한漢나라 시대에
는 화승華勝이라고 일렀다."

顔云 勝(代) 婦人首飾也 漢代謂之華勝也

⑬ 三足烏삼족오

정의 장읍이 말했다. "삼족오三足烏는 청오青烏이다. 서왕모西王母를 위
해 음식 취하는 것을 주관한다. 곤허昆墟의 북쪽에 있다."

張云 三足烏 青烏也 主爲西王母取食 在昆墟之北

수레를 돌려 돌아오다, 부주산不周山①의 길이 끊겨서 마침 유도幽
都에서 식사를 하게 되었네. 이슬을 들이키고 아침 안개를 마시며
지초꽃을 씹고 옥영玉英을 조금씩 먹는다네.② 고개를 들고③ 차
츰차츰 높이 올라서, 어지럽게 솟구쳐 빠르게 올라가네.
번개가 도경倒景(넘어가는 해)을 꿰뚫고,④ 풍륭豐隆(운사雲師)은 성대
한 빗물을 건너네.⑤ 유거游車와 도거道車가 달려 길게 내려오니⑥
남아 있는 안개 속을 달려 아득히 가네. 인간 세상이 비좁아서,
깃발 펼쳐 북쪽의 끝으로 나간다네.

回車朅來兮 絕道不周① 會食幽都 呼吸沆瀣〔兮〕餐朝霞(兮) 噍咀芝英
兮嘰瓊華② 嬐侵潯③而高縱兮 紛鴻涌而上厲 貫列缺之倒景兮④ 涉豐隆

之滂沛⑤ 馳游道而脩降兮⑥ 騖遺霧而遠逝 迫區中之隘陝兮 舒節出乎

北垠

① 不周부주

[집해] 《한서음의》에서 말한다. "부주산不周山은 곤륜산의 동남쪽에 있다."

漢書音義曰 不周山在崑崙東南

② 噭瓊華기경화

[집해] 서광이 말했다. "噭의 발음은 '기祈'이고 적게 먹는 것이다." 살펴

보니 위소가 말했다. "경화瓊華는 옥영玉英이다."

徐廣曰 噭音祈 小食也 駰案 韋昭曰 瓊華 玉英

③ 媣侵潯음침심

[집해] 서광이 말했다. "媣의 발음은 '섭孅'이다."

徐廣曰 媣音孅

[색은] 《한서》에서 '음媣'은 '금傔'으로 되어 있다. 금傔은 앙仰(우러러보다)

이고, 媣의 발음은 '금襟'이다. 媣의 발음은 '음[魚錦反]'이다.

漢書 媣作傔 傔 仰也 音襟 媣音魚錦反

[신주] 媣의 뜻은 문맥으로 보면 '우러러보다, 고개를 들다'의 의미로 이

때 媣의 발음은 '음'으로 읽어야 한다.

④ 貫列缺之倒景兮관열결이도경혜

[집해] 《한서음의》에서 말한다. "열결列缺은 하늘에서 섬광이 이는 것이

다. 도경倒景은 태양이 (하늘의) 아래에 있는 것이다."

漢書音義曰 列缺 天閃也 倒景 日在下

⑤ 涉豐隆之滂沛섭풍릉이방패

정의 장읍이 말했다. "풍숭豐崇은 운사雲師이다.《회남자》에는 '계춘季春인 3월에 풍숭이 비를 가지고 나온다.'라고 했다." 살펴보니 풍숭은 구름과 비를 거느린다. 그러므로 '방패滂沛'라고 이른 것이다.

張云 豐崇 雲師也 淮南子云 季春三月 豐崇乃出以將雨 案 豐崇將雲雨 故云滂沛

⑥ 馳游道而脩降兮치유도이수강혜

정의 유游는 유거游車이다. 도道는 도거道車이다. 수脩는 장長(길다)이다. 강降은 하下(내려오다)이다.

游 游車也 道 道車也 脩 長也 降 下也

주둔한 기병 현궐玄闕에서 보내다가 먼저 한문寒門으로 달리네.[①] 아래로는 가팔라서 땅이 없고 위는 휑뎅그렁하여 하늘이 없다네. 보아도 희미해서 보이는 것이 없고, 들어도 창황惝恍하여 들리는 것이 없네. 허공을 타고 그곳에 이르러,[②] 초연하게 벗 없이 홀로 있을 뿐이라네."

상여가 〈대인송〉을 아뢰자 천자는 크게 기뻐하고, 표표飄飄히 구름 위로 오르는 기운을 느끼고 하늘과 땅 사이에서 자유로이 노니는 것 같았다.

遺屯騎於玄闕兮 軼先驅於寒門[1] 下峥嶸而無地兮 上寥廓而無天 視眩
眠而無見兮 聽惝恍而無聞 乘虛無而上假[2]兮 超無友而獨存 相如旣奏
大人之頌 天子大說 飄飄有凌雲之氣 似游天地之間意

① 玄闕兮 軼先驅於寒門현궐혜 일선구어한문

집해 《한서음의》에서 말한다. "현궐玄闕은 북극北極의 산이다. 한문寒
門은 하늘의 북문이다."

漢書音義曰 玄闕 北極之山 寒門 天北門

② 假가

집해 서광이 말했다. "假의 발음은 '가[古下反]'이고 지至(이르다)이다."

徐廣曰 假音古下反 至也

봉선의 글

사마상여가 이미 병이 들어 벼슬을 그만두고 무릉茂陵에 집을 마련하여 살았다. 천자 무제가 말했다.

"사마상여가 병이 심해졌으니 가서 그의 글을 모두 가져오라. 그렇지 않으면 후대에 분실할 것이다."

이에 소충所忠[①]에게 가게 했는데, 상여는 이미 죽었고 집에는 남긴 글이 없었다. 그의 아내에게 남긴 글이 없냐고 물으니 대답하여 말했다.

"장경長卿(상여)께서는 실로 일찍이 글이 있었던 적이 없었습니다. 때로 글을 지으면 사람들이 또 가져가 버렸습니다. 장경이 죽기 전에 1권의 책을 짓고 말하기를 '사신이 와 글을 구하거든 아뢰라.'고 했습니다. 다른 글은 없습니다."

그가 남긴 편지의 글은 '봉선사封禪事'를 말한 것이었는데, 소충이 가져와 아뢰자 천자天子(무제)가 특별하게 여겼다.

그의 사辭에서 말했다.

"저 상고시대가 처음 비롯될 때, 호궁昊穹(하늘)이 백성을 낳고부터 역대의 여러 군주를 뽑아서[②] 진秦나라에까지 이르렀는데,

가까운 자를 따라서 자취를 이었고,[③] 멀리 있는 자에게는 풍교風
敎를 들었습니다.[④] 어지럽고 어지럽게 되어[⑤] 사라지고 없어져서
일컫지 못한 자들은 가히 셀 수가 없습니다. 밝고 큰 것을 계승하
고 호칭과 시호를 높였다고 대략으로 말할 만한 자는 72명의 군
주뿐입니다.[⑥] 선善에 따라 다스리면서 창성하지 않았던 적이 없
었으니 이치를 거스르고 덕을 잃는다면 그 누가 존재할 수 있었
겠습니까?[⑦]

相如旣病免 家居茂陵 天子曰 司馬相如病甚 可往從悉取其書 若不然
後失之矣 使所忠[①]往 而相如已死 家無書 問其妻 對曰 長卿固未嘗有
書也 時時著書 人又取去 卽空居 長卿未死時 爲一卷書 曰有使者來求
書 奏之 無他書 其遺札書言封禪事 奏所忠 忠奏其書 天子異之 其書曰
伊上古之初肇 自昊穹兮生民 歷撰[②]列辟 以迄于秦 率邇者踵武[③] 逖聽
者風聲[④] 紛綸葳蕤[⑤] 堙滅而不稱者 不可勝數也 續昭夏 崇號謚 略可道
者七十有二君[⑥] 罔若淑而不昌 疇逆失而能存[⑦]

① 所忠소충

[색은] 장읍이 말했다. "사자使者의 성명이니 《한서》〈식화지食貨志〉에
나와 있다."

張揖曰 使者姓名 見食貨志

[정의] 성姓은 소所이고 이름은 충忠이다. 《풍속통風俗通》의 성씨姓氏에
서 말한다. "《한서》에 간대부諫大夫 소충씨所忠氏가 있다."

姓所 名忠也 風俗通姓氏云 漢書有諫大夫所忠氏

② 歷撰역선

집해 서광이 말했다. "선찬은 다른 판본에는 '선選'으로 되어 있다."

徐廣曰 撰 一作選

색은 역선歷選이다. 문영이 말했다. "선選은 헤아린다는 뜻이다."

歷選 文穎曰 選 數之也

③ 率邇者踵武솔이자종무

집해 서광이 말했다. "솔率은 순循(따르다)이다. 이邇는 근近(가깝다)이다. 무武는 적迹(자취)이다. 근세의 유적遺迹을 따라서 살피는 것이다."

徐廣曰 率 循也 邇 近也 武 迹也 循省近世之遺迹

색은 살펴보니 솔率은 순循이다. 이邇는 근近이다. 근대의 일을 따라 관람하면 이어진 자취를 알 수 있음을 말한다.

案 率 循也 邇 近也 言循覽近代之事 則繼跡可知也

④ 逖聽者風聲적청자풍성

집해 서광이 말했다. "적逖은 원遠(멀다)이다. 먼 옛날의 풍성風聲을 듣고 살피는 것이다."

徐廣曰 逖 遠也 聽察遠古之風聲

색은 풍성風聲은 풍아風雅의 소리이다. 먼 옛날의 일을 들으면 풍아風雅의 소리가 있는 곳이 드러남을 말한다.

風聲 風雅之聲 以言聽遠古之事 則著在風雅之聲也

⑤ 紛綸葳蕤분륜위유

색은 분륜위유紛綸葳蕤이다. 호광胡廣이 말했다. "분紛은 난亂이다. 윤

綸은 몰沒이다. 위유威薐은 위돈委頓(힘이 빠지다)이다." 장읍이 말했다. "어지러운 모양이다."

紛綸威薐 胡廣曰 紛 亂也 綸 沒也 威薐 委頓也 張揖云 亂皃

⑥ 昭夏崇號諡 略可道者七十有二君소하숭호시 략가도자칠십유이군

[집해] 《한서음의》에서 말한다. "소昭는 명明(밝다)이다. 하夏는 대大(크다)이다. 덕이 밝고 커서 서로 계승해 태산에서 봉선한 자가 72명이다."

漢書音義曰 昭 明也 夏 大也 德明大 相繼封禪於泰山者七十有二人

[색은] 칠십유이군七十有二君은 《한시외전》과 〈봉선서〉가 다 그러하다.

七十有二君 韓詩外傳及封禪書皆然

⑦ 罔若淑而不昌 疇逆失而能存망약숙이불창 주역실이능존

[집해] 서광이 말했다. "약若은 순順(따르다)이다." 살펴보니 위소가 말했다. "주疇는 수誰(누구)이다. 선善을 따르면 반드시 번창하고 이치를 거스르고 덕을 잃으면 반드시 망한다는 말이다."

徐廣曰 若 順也 駰案 韋昭曰 疇 誰也 言順善必昌 逆失必亡

황제헌원씨黃帝軒轅氏의 이전 시대는 멀고 아득해서 그 자세한 것은 얻어들을 수 없습니다. 오제五帝와 삼왕三王은 육경六經①에 기록된 전傳이 있어서 다만 살펴볼 만하다는 것을 알았습니다. 《상서尙書》〈우서 익직〉편의 글에 '임금께서 밝으시니 신하들도 훌륭하다네.'라고 말했습니다. 이에 따라 말씀드린다면 군주는

요堯임금보다 성대한 이가 없고 신하는 후직后稷보다 현명한 이가 없습니다. 후직은 당唐을 창업하고, 공류公劉는 그의 자취를 서융西戎에서 일으켰으며, 문왕文王이 제도를 고치자 이에 주周나라가 크게 융성해지고[2] 큰 도를 완성했습니다.[3] 그러한 뒤에 점점 쇠퇴하고 미약해졌으나 천년이 지나도록 악한 소리가 들리지 않았으니[4] 어찌 시작도, 끝마침도 잘한 것이 아니겠습니까?

또 이단이 없었는데 앞에서 말미암은 바를 신중히 하고, 뒤에서 교훈을 남기는 데에 신중히 했을 따름입니다. 이 때문에 남긴 자취가 평이해서 따르기가 쉬웠고 깊은 은혜가 넓고 커서 풍요로워지기가 쉬웠으며, 법이나 규칙이 밝게 드러나 본받기가 쉬웠고, 선조의 법통에 따라 순리적으로 다스려서 계승하기가 쉬웠던 것입니다.

軒轅之前 邈哉邈乎 其詳不可得聞也 五三六經[1]載籍之傳 維見可觀也 書曰 元首明哉 股肱良哉 因斯以談 君莫盛於唐堯 臣莫賢於后稷 后稷創業於唐 公劉發迹於西戎 文王改制 爰周郅隆[2] 大行越成[3] 而後陵夷衰微 千載無聲[4] 豈不善始善終哉 然無異端 愼所由於前 謹遺教於後耳 故軌迹夷易 易遵也 湛恩濛涌 易豐也 憲度著明 易則也 垂統理順 易繼也

① 五三六經오삼육경

색은 호광胡廣이 말했다. "오五는 오제五帝이다. 삼三은 삼왕三王이다. 육六은 육경六經이다." 살펴보니 육경은 시詩, 서書, 예禮, 악樂, 역易, 춘추春秋이다.

胡廣云 五 五帝也 三 三王也 六 六經也 案 六經 詩書禮樂易春秋也

② 爰周郅隆원주질륭

집해 서광이 말했다. "'질郅' 자는 아마도 글자가 잘못된 것이다. 황보
밀이 '왕계는 영으로 천도했다.[王季徙郢]'라고 했는데,《상서》〈주서〉에서
'다만 왕계는 영에 집이 있었다.[維王季宅郢]'라고 했고,《맹자》에서 '문왕
文王은 필영畢郢에서 졸했다.'라고 일렀기 때문이다. 혹 '질郅' 자는 '영郢'
자가 되어야 하는 것이 아닌가? 혹 '질胵' 자가 되든지. 북지北地에는 욱
질현郁郅縣이 있다. 질胵은 대大(크다)이고 郅의 발음은 '질質'이다." 살펴보
니《한서음의》에서 말한다. "질郅은 지至이다."

徐廣曰 郅 蓋字誤 皇甫謐曰 王季徙郢 故周書曰 維王季宅郢 孟子稱 文王(生)
〔卒〕於畢郢 或者 郅 字宜爲郢乎 或爲胵 北地有郁郅縣 胵 大也 音質 駰案 漢
書音義曰 郅 至也

색은 원爰은 '어於'나 '급及'이다. 질郅은 대大이다. 융隆은 성盛(성하다)이
다. 응소가 말했다. "질郅은 지至이다." 번광樊光이 말했다. "질郅은 크게
볼 만한 것이다." 서광과 황보밀의 설명은 모두 그르다. 문왕이 제도를 개
정해서 주나라에 이르러 크게 성대해진 것을 말한 것이다.

爰 於 及也 郅 大也 隆 盛也 應劭曰 郅 至也 樊光云 郅 可見之大也 徐及皇甫之
說皆非也 以言文王改制 及周而大盛也

③ 大行越成대행월성

집해 《한서음의》에서 말한다. "행行은 도道(길)이다. 문왕이 처음으로
왕업을 열고 정삭正朔을 고치고 의복의 색을 바꾸어 태평의 도가 이에
이루어진 것이다."

漢書音義曰 行 道也 文王始開王業 改正朔 易服色 太平之道於是成矣

색은 살펴보니 행行은 도道이다. 월越은 어於이다. 도덕을 크게 행해서

이에 성공한 것을 말한다.

案行 道也 越 於也 以言道德大行 於是而成之也

④ 千載無聲 전재무성

집해 서광이 말했다. "주周나라가 온 천하에 왕 노릇을 하였으나 1,000년의 뒤에는 덕화德化가 이에 단절되었다." 살펴보니 위소는 "악성惡聲이 없었다."라고 했다.

徐廣曰 周之王四海 千載之後聲教乃絶 駰案 韋昭曰 無惡聲

그러므로 성왕成王은 강보繦褓에 싸여서도 공업을 융성하게 해서 문왕과 무왕보다 공덕이 높았습니다.① 그 시작부터 끝마칠 때까지를 헤아려보면② 특별히 지금까지 살펴볼 만한 빼어난 자취가 없었습니다. 그러나 오히려 양보梁父를 밟고 태산太山에 올라 드러난 봉호封號를 세우고 높은 이름을 베풀었습니다.

대한大漢의 덕이 용솟음치는 샘의 근원을 만나③ 질펀하게 넘쳐 흘러서 사방을 가득 메우고, 구름이 퍼지고④ 안개가 흩어지듯이 위로는 구해九垓(구종九種)에 도달하고 아래로는 팔연八埏으로 흘렀습니다.⑤

생명을 가진 무리는 젖고 잠겨서 화기和氣가 가로질러 흐르고, 무도武道가 회오리바람처럼 일어나 가까이 있는 자는 그 근원에서 놀고, 멀리 있는 자는 넓게 거품처럼 떠다니니⑥ 처음에는 악한 이들이 사라지고 어둡고 우매한 이들은 밝아졌으며[7] 곤충들도 즐거워하며 머리를 돌려 안으로 향했습니다.[8]

是以業隆於襁褓而崇冠于二后[1] 揆厥所元 終都攸卒[2] 未有殊尤絕迹 可考于今者也 然猶躡梁父 登泰山 建顯號 施尊名 大漢之德 逢涌原泉[3] 沕潏漫衍 旁魄四塞 雲專[4]霧散 上暢九垓 下泝八埏[5] 懷生之類霑 濡浸潤 協氣橫流 武節飄逝 邇陝游原 迥闊泳沫[6] 首惡湮沒 闇昧昭晢[7] 昆蟲凱澤 回首面[8]內

① 襁褓而崇冠于二后강보이숭관우이후

[집해] 《한서음의》에서 말한다. "강보襁褓는 성왕成王을 이른다. 이후二后는 문왕과 무왕을 이른다. 주공周公이 성왕을 등에 업고 태평을 이루었는데, 공덕이 문왕이나 무왕보다 으뜸이 된 것은 도道가 이루어지고 법이 쉬웠기 때문이다."

漢書音義曰 襁褓謂成王也 二后謂文武也 周公負成王致太平 功德冠於文武者 道成法易故也

② 終都攸卒종도유졸

[집해] 《한서음의》에서 말한다. "도都는 어於이고 졸卒은 종終(끝)이다."

漢書音義曰 都 於 卒 終也

③ 逢涌原泉봉용원천

[집해] 위소가 말했다. "한나라 덕이 성대하기가 샘의 근원을 만난 것과 같았다."

韋昭曰 漢德逢涌如泉原也

색은 봉원천逢源泉이다. 장읍이 말했다. "봉逢은 우遇(만나다)이다. 그 덕이 성대하기가 샘의 근원이 흐르는 것을 만난 것과 같다고 비유한 것이다. 또 '봉峰' 자로 되어 있는데, '봉烽'으로 읽는다고 했다." 호광이 말했다. "이로부터 이하는 한漢나라의 덕을 논한 것이다."

逢源泉 張揖曰 逢 遇也 喻其德盛若遇泉源之流也 又作峰 讀曰烽 胡廣曰 自此已下 論漢家之德也

④ 專포

집해 서광이 말했다. "專의 발음은 '포布'이다."

徐廣曰 專音布

신주 포專는 널리 퍼진다는 뜻이다.

⑤ 上暢九垓 下泝八埏상창구해 하소팔연

집해 서광이 말했다. "埏의 발음 '연衍'이다." 살펴보니《한서음의》에서 말한다. "창暢은 달達(이르다)이다. 해垓는 중重(겹치다)이다. 소泝는 유流(흐르다)이다. 埏의 발음은 '연延'이고 땅의 끝이다. 그 덕이 위로는 구중九重의 하늘에 닿고 아래로는 땅의 팔제八際에 흐름을 말한다."

徐廣曰 音衍 駰案 漢書音義曰 暢 達 垓 重也 泝 流也 埏音延 地之際也 言其德上達於九重之天 下流於地之八際也

⑥ 邇陜游原 迥闊泳沫이협유원 형활영말

집해 《한서음의》에서 말한다. "이邇는 근近(가깝다)이고 원原은 본본本(근원)이다. 형迥은 원遠(멀다)이다. 활闊은 광廣(넓다)이다. 영泳은 부浮(떠다니다)

이다. 은덕을 물에 비유하여 '가까이 있는 자는 그의 근원에서 놀고, 멀리 있는 자는 거품이 되어 떠다닌다.'라고 했다."

漢書音義曰 邇 近 原 本也 迥 遠 闊 廣也 泳 浮也 恩德比之於水 近者游其原 遠者浮其沫

⑦ 首惡湮沒 闇昧昭晳수악연몰 암매소절

집해 《한서음의》에서 말한다. "비로소 나쁜 짓을 하던 자가 모두 없어진 것이다. 암매闇昧는 이적夷狄이 모두 교화된 것을 비유한다."

漢書音義曰 始爲惡者皆湮滅 闇昧 喻夷狄皆化

⑧ 面면

집해 위소가 말했다. "면面은 향向(향하다)이다."

韋昭曰 面 向也

그런 연후에 추우騶虞와 같은 보배로운 동물들을 원유에서 길렀으며, 미록과 같은 괴수怪獸들을 막아 잡고,① 한 줄기에 6개의 이삭이 달린 벼가 부엌에 이르고,② 두 뿔이 하나의 뿌리에서 나온 짐승을 희생으로 하며,③ 주周나라가 남긴 보기寶器를 얻고 기수岐水에서 거북을 거두었으며,④ 취황翠黃과 승황乘黃을 소沼에서 불렀습니다.⑤ 귀신이 영어靈圉를 접하고 한관閑館에 손님으로 모셨습니다.⑥ 기이한 물건과 괴이한 것들과 뜻이 크고 뛰어난 것들이 끝없이 변화했습니다. 경탄스러울 지경입니다! 상서로운 조짐이

이에 이르렀는데도, 오히려 박하다고 생각해 감히 봉선封禪을 말

하지 못하는 것이.

대개 주周나라는 물고기가 뛰어올라 배에 떨어지자 아름답게 여

겨 하늘에 요제燎祭를 지냈고,⑦ 미미한 것임에도 이를 상서로운

부신符信으로 여겨 큰 산에 올랐으니 또한 봉선한 주나라에 부끄

럽지 않겠습니까?⑧ 겸양한 도로 나아가려는데 그 무엇이 잘못되

었습니까?⑨"

然後囿騶虞之珍群 徼麋鹿之怪獸① 導一莖六穗於庖② 犧雙觡共抵之

獸③ 獲周餘珍收龜于岐④ 招翠黃乘龍於沼⑤ 鬼神接靈圉 賓於閑館⑥ 奇

物譎詭 俶儻窮變 欽哉 符瑞臻兹 猶以爲薄 不敢道封禪 蓋周躍魚隕杭

休之以燎⑦ 微夫斯之爲符也 以登介丘 不亦恧乎⑧ 進讓之道 其何爽與⑨

① 徼麋鹿之怪獸요미록지괴수

집해 《한서음의》에서 말한다. "요徼는 서遮(막다)이다. 미록麋鹿의 그 기

괴한 것을 잡았다는 것은 흰 기린을 잡은 것을 이른다."

漢書音義曰 徼 遮也 麋鹿得其奇怪者 謂獲白麟也

② 導一莖六穗於庖도일경류수어포

집해 서광이 말했다. "도導는 상서로운 벼이다." 살펴보니《한서음의》

에서 말한다. "가화嘉禾의 쌀을 말하며, 주방에서 제사에 제공하는 것을

이른다."

徐廣曰 導 瑞禾也 駰案 漢書音義曰 謂嘉禾之米 於庖廚以供祭祀

색은 도일경류혜導一莖六蕙이다. 정현이 말했다. "도導는 택擇(가리다)이

다."《설문》에서 말한다. "가화嘉禾는 일명 도菿이다."《자림》에서 말한
다. "화일경륙혜禾一莖六蕙를 도菿라고 한다."

菿一莖六蕙 鄭玄云 菿 擇也 說文云 嘉禾一名菿 字林云 禾一莖六蕙謂之菿也

③ 犧雙觡共抵之獸희쌍격공저지수

집해 서광이 말했다. "抵의 발음은 '저底'이다." 살펴보니《한서음의》
에서 말한다. "희犧는 생牲(희생)이다. 격觡은 각角(뿔)이다. 저底는 본本(뿌
리)이다. 무제武帝가 흰 사슴을 얻었는데 두 개의 뿔이 함께 하나의 뿌리
에서 나왔다. 이에 따라 희생으로 삼았다."

徐廣曰 抵音底 駰案 漢書音義曰 犧 牲也 觡 角也 底 本也 武帝獲白麟 兩角共
一本 因以爲牲也

④ 獲周餘珍收龜于岐획주여진수귀우기

집해 서광이 말했다. "다른 판본에는 '방귀放龜'로 되어 있다." 살펴보
니《한서음의》에서 말한다. "여진餘珍이 주周나라 정鼎을 얻은 것이다.
기岐는 물 이름이다."

徐廣曰 一作放龜 駰案 漢書音義曰 餘珍 得周鼎也 岐 水名也

색은 여진餘珍은 살펴보니 주정周鼎을 얻은 것을 이른다.

餘珍 案謂得周鼎也

⑤ 招翠黃乘龍於沼초취황승룡어소

집해 《한서음의》에서 말한다. "취황翠黃은 승황乘黃이다. 용의 날개에
말의 몸체로 황제가 타고 신선이 되어 하늘로 올랐다. 승황乘黃을 보고
손짓하여 부른 것을 말한 것이다.《예악지》에서 '승황이 어찌하여 내려오

지 않는지를 생각했다.[訾黃其何不來下]'라고 했다. 여오余吾의 악규수渥洼水
속에서 신마神馬가 나왔다. 그러므로 '용龍을 소沼에서 탔다.'라고 했다."

漢書音義曰 翠黃 乘黃也 龍翼馬身 黃帝乘之而登仙 言見乘黃而招呼之 禮樂
志曰 訾黃其何不來下 余吾渥洼水中出神馬 故曰乘龍於沼

[색은] 복건이 말했다. "용龍은 취색翠色이다. 또 이르기를 곧 승황乘黃이
다. 네 마리의 용을 탄 것이다."《주서周書》에서 말한다. "승황乘黃은 호
狐와 비슷하고 등 위에는 2개의 뿔이 있다."

服虔云 龍翠色 又云 卽乘黃也 乘四龍也 周書云 乘黃似狐 背上有兩角也

⑥ 鬼神接靈圉 賓於閑館귀신접령어 빈어한관

[집해] 서광이 말했다. "지덕至德은 신명神明과 통하여 사귀므로 영어靈
圉는 빈賓으로써 한관閑館에 손님이 된 것을 말한다." 곽박이 말했다. "영
어靈圉는 선인仙人의 이름이다."

徐廣曰 言至德與神明通接 故靈圉爲賓旅于閑館矣 郭璞曰 靈圉 仙人名也

⑦ 周躍魚隕杭 休之以燎주약어운항 휴지이료

[색은] 항杭은 주舟(배)이다. 호광胡廣이 말했다. "무왕이 하수河水를 건너
는데 백어白魚가 왕의 배로 뛰어 들어오자 붙잡아 요제燎祭을 지냈다. 운
隕은 배 안으로 떨어지는 것이다."

杭 舟也 胡廣云 武王渡河 白魚入于王舟 俯取以燎 隕 墜之於舟中也

⑧ 以登介丘 不亦恧乎이등개구 불역뉵호

[집해] 《한서음의》에서 말한다. "개介는 대大(크다)이다. 구丘는 산이다. 주
周나라는 백어白魚를 상서로운 것으로 여기고 태산에 올라 봉선했는데 또

한 부끄러운 일이 아니겠는가.[周以白魚爲瑞 登太山封禪'라고 말한 것이다."

漢書音義曰 介 大 丘 山也 言周以白魚爲瑞 登太山封禪 不亦慙乎

⑨ 進讓之道 其何爽與진양지도 기하상여

집해 서광이 말했다. "상爽은 차이差異이다." 살펴보니 《한서음의》에서
말한다. "봉선에 나아간 것은 주나라이고, 사양한 것은 한나라이다. 주
나라는 봉선을 지낼 수 없는데도 봉선하러 나아갔고, 한나라는 봉선을
지낼 수 있는데도 봉선하는 것을 사양했다고 말한 것이다."

徐廣曰 爽 差異也 駰案 漢書音義曰 進 周也 讓 漢也 言周未可封禪而封禪爲進
漢可封禪而不封禪爲讓也

색은 하기상여何其爽與이다. 상爽은 차差(어긋나다)와 같다. 주나라는 봉선
을 지낼 수 없는데도 봉선을 했고, 한나라는 봉선을 지낼 수 있는데도 봉
선하지 않았으니 나아감과 사양함의 도가 모두 어긋났다고 말한 것이다.

何其爽與 爽猶差也 言周未可封而封 漢可封而不封 爲進讓之道皆差之也

이에 대사마大司馬가 무제에게 나아가 말했다.

"폐하께서는 인仁으로 중생을 기르시고 의義로 따르지 않는 자를
정벌하시어,① 여러 제후국이 즐거이 공물을 바치고 모든 오랑캐
가 폐백을 들고 오니, 폐하의 덕은 옛날과 같고 공로는 같이 할 자
가 없으며, 아름다운 공이 두루 적셔지니 상서로운 징조가 여러
모습으로 변화하여 나타나는데, 때에 호응해서 계속 이어졌습니
다. 유독 처음 나타난 것이 아닙니다.②

생각해보니 태산泰山과 양보梁父에 단장壇場을 설치하고 행차하시기를 바라면서,[3] 봉호封號를 합해 하늘의 영광을 내리려는 조짐입니다.[4] 상제께서 은혜를 내리시고 복을 쌓게 해 장차 경사로움을 이루시게 하려는 것인데,[5] 폐하께서는 자기를 내세우지 않고 사양하며 오르시지 않고 있습니다. 이는 삼신三神의 기쁨을 단절하고[6] 왕도王道의 예의를 이지러지게 한 것이니 모든 신하가 부끄러워하고 있습니다.

於是大司馬進曰 陛下仁育群生 義征不憓[1] 諸夏樂貢 百蠻執贄 德侔往初 功無與二 休烈浹洽 符瑞衆變 期應紹至 不特創見[2] 意者泰山梁父 設壇場望幸[3] 蓋號以況榮[4] 上帝垂恩儲祉 將以薦成[5] 陛下謙讓而弗發也 挈三神之驩[6] 缺王道之儀 群臣恧焉

① 大司馬進曰～義征不憓대사마진왈～의정불혜

집해 《한서음의》에서 말한다. "대사마는 상공上公이다. 그러므로 먼저 나아가 의논한 것이다. 憓의 발음은 '혜惠'이고 순順(따르다)이다."

漢書音義曰 大司馬 上公也 故先進議 憓音惠 順也

② 符瑞衆變～不特創見부서중변～불특창견

집해 서광이 말했다. "다만 처음으로 나타난 상서로운 조짐이 아닐 따름이다. 아마도 장차 봉선封禪의 일로 끝마치게 될 것이다."

徐廣曰 不但初顯符瑞而已 蓋將終以封禪之事

색은 문영이 말했다. "다만 하나의 물건이 잠깐동안 나타난 것이 아니다." 호광이 말했다. "아름다운 조짐이 매우 많았다고 함은 때에 호응해서 서로 계속되는 것이다."

文穎曰 不獨一物 造次見之 胡廣云 符瑞衆多 應期相繼而至也

③ 泰山梁父設壇場望幸태산양보설단장망행

[색은] 제단을 설치하고 화개華蓋에 행차하기를 바란다는 뜻이다. 살펴보니 여러 판본 중 어떤 판본은 '망화개望華蓋'로 되어 있다. 화개華蓋는 별 이름이며 자미紫微 태제太帝의 위에 있다. 지금 화개華蓋와 태제太帝에 행차하기를 바랄 뿐이라고 말한 것이다. 또 설단장망행設壇場望幸은 성스런 제왕의 왕림하는 것을 바라는 것을 말한 것이라고 했는데, 뜻이 또한 둘과 통한다. 맹강과 복건이 주석을 단 판본에는 모두 '망행望幸' 아래에 '화華' 자가 있으며 지우의 《유별집》에는 오직 '망행望幸'이라고만 하였는데, 마땅히 옳은 것이며 뜻도 또한 쉽게 통한다. 뒷사람이 '행幸' 자 아래에 '개蓋' 자가 있는 것으로 보았으며 또 '행幸' 자는 '화華' 자와 비슷하므로 이로 인해 의혹을 갖고 마침내 '화華' 자로 결정해 오해하게 했다.

設壇場望幸華 案 諸本或作望華蓋 華蓋 星名 在紫微太帝之上 今言望華蓋太帝耳 且言設壇場望幸者 望聖帝之臨幸也 義亦兩通 而孟康服虔注本皆云望幸 下有華字 而摯虞流別集則唯云望幸 當是也 於義易通 直以後人見幸下有蓋字 又幸字似華字 因疑惑 遂定華字 使之誤也

④ 蓋號以況榮 개호이황영

[집해] 서광이 말했다. "이 때문에 상천上天의 영광을 받아 명호名號로 삼은 것이다."

徐廣曰 以況受上天之榮爲名號

[색은] 살펴보니 문영이 말했다. "개蓋는 합合(합하다)이다. 전대前代의 군

주를 조사해서 합하고 그의 영광을 헤아려 서로 비교해서 호칭을 삼는 것을 말한 것이다." 대안이 말했다. "개蓋는 어사語辭이다. 대개는 공로를 기록하고 호칭을 세워 하늘이 내려준 영광스러운 이름을 받고자 하는 것을 말한다." 의미상 만족스러우나 그 문장에 '개蓋'라고 일렀는데, 말의 뜻이 전당 잡혔으며 또 위의 '행幸' 자와 문장이 이어져 마침내 '화개華蓋'라는 오류가 있게 되었다.

案 文穎曰 蓋 合也 言考合前代之君 揆其榮而相比況而爲號也 大顏云 蓋 語辭也 言蓋欲紀功立號 受天之況賜榮名也 於義爲愜 然其文云蓋 詞義典質 又上與幸字連文 致令有華蓋之謬也

⑤ 將以薦成장이천성

집해 서광이 말했다. "여러 가지의 상서로운 물건이 처음 봉선하는 곳에 이르면 상천上天에 올리고 성공을 알리는 것이다."

徐廣曰 以衆瑞物初至封禪處 薦之上天 告成功也

색은 천薦은 살펴보니 《한서》에는 '경慶'으로 되어 있는데, 뜻도 또한 통한다.

薦 案漢書作慶 義亦通也

⑥ 挈三神之驩계삼신지환

집해 서광이 말했다. "계挈는 수垂(드리우다)와 같다." 살펴보니 위소가 말했다. "계挈는 결缺(빠지다)의 뜻이다. 삼신三神은 상제上帝, 태산泰山, 양보梁父이다."

徐廣曰 挈猶言垂也 驩案 韋昭曰 挈 缺也 三神 上帝泰山梁父也

색은 살펴보니 서씨가 "계挈는 수垂와 같다."라고 한 것은 잘못된 것이다. 응소는 '절絶' 자가 되어야 한다고 했고, 이기李奇와 위소는 '궐闕' 자가 되어야 한다고 했는데, 뜻이 또한 멀지 않다. 삼신三神에 대해 위소는 상제上帝, 태산泰山, 양보梁父라고 했으며, 여순은 지기地祇, 천신天神, 산악山岳이라고 했다.

案 徐氏云挈猶垂 非也 應劭作絕 李奇韋昭作闕 意亦不遠 三神 韋昭 以爲上帝 太山梁父 如淳謂地祇天神山岳也

어떤 이는 이르기를 또 하늘은 분명하지 않아서 길상한 징조의 뜻으로 보이면 진실로 사양할 수 없으니,① 이와 같은 것을 사양한다면 이는 태산泰山의 위에 기록할 것이 없고 양보梁父의 제단 터에도 바랄 것이 없다고 했습니다.② 또 각각 때를 함께 영화를 누리다가 모든 세대를 구제하고 나서 단절된다면③ 말하는 자들이 오히려 후세에 무엇을 일컬어서④ 72명의 군주와 같다고 말하겠습니까?

대저 덕을 닦아 하늘이 부서符瑞를 내려주고, 부서를 받들어 일을 행한다면 나아가는 것이 예를 넘지⑤ 않게 됩니다. 이 때문에 성왕聖王은 바꾸지 않아 지기地祇에게 예를 닦고 천신天神에게 정성스럽게 고하고⑥ 중악中嶽에 공로를 새겨서 지존至尊을 밝게 하며, 성대한 덕을 펴서 호령號令(호영號榮)을 내리고 두터운 복을 받게 해 백성이 젖어 들게 합니다. 빛나고 빛날 것입니다, 이 일이여!

或謂且天爲質闇 珍符固不可辭① 若然辭之 是泰山靡記而梁父靡幾② 也 亦各竝時而榮 咸濟世而屈③ 說者尙何稱於後④ 而云七十二君乎 夫

修德以錫符 奉符以行事 不爲進越⑤ 故聖王弗替 而修禮地祇 謁款⑥天
神 勒功中嶽 以彰至尊 舒盛德 發號榮 受厚福 以浸黎民也 皇皇哉斯事

① 珍符固不可辭 진부고불가사

집해 《한서음의》에서 말한다. "하늘의 도는 본질적으로 어두워서 부
서符瑞로써 뜻을 나타내니 사양할 수 없음을 말한 것이다."

漢書音義曰 言天道質昧 以符瑞見意 不可辭讓也

색은 맹강이 말했다. "천도天道는 본질적으로 어두워서 부서符瑞로써
뜻을 나타내니 사양할 수 없음을 말한 것이다."

孟康曰 言天道質昧 以符瑞見意 不可辭讓也

② 泰山靡記而梁父靡幾 태산미기이양보미기

집해 《한서음의》에서 말한다. "태산太山의 위에는 표기할 것이 없고
양보梁父의 단장壇場에도 바랄 것이 없다."

漢書音義曰 太山之上無所表記 梁父壇場無所庶幾

색은 살펴보니 幾의 발음은 '기冀'이다.

案 幾音冀

③ 咸濟世而屈 함제세이굴

집해 《한서음의》에서 말한다. "굴屈은 절絶(단절하다)이다. 옛날의 제왕이
다만 한때의 영광을 누리다가 한 대를 마치면 단절된다는 것을 말한다."

漢書音義曰 屈 絶之也 言古帝王但作一時之榮 畢代而絶也

색은 옛날에 봉선한 제왕은 각각 그 시대에 영광스럽고 귀해져서 모두

시대를 구제한 공훈이 있음을 말한 것이다. '이굴而屈'이란 눌러서 단절시켜 모두 봉선하지 못하고 말하는 자가 오히려 이를 일컬어 후대에 칭하게 된다면 위 문장의 '칠십이군七十二君'과 같다고 어떻게 말할 수 있겠느냐고 말한 것이다.

言自古封禪之帝王 是各竝時而榮貴 咸有濟代之勳 而屈者 謂言抑屈總不封禪 使說者尙何稱述於後代也 如上文云七十二君者哉

④ 說者尙何稱於後설자상하칭어후

집해 서광이 말했다. "만약 봉선의 남겨진 자취가 없다면 영광은 당시에 다하고 세대世代를 거친 뒤에 이르러서는 사람들이 무엇을 기술할 것인가?"

徐廣曰 若無封禪之遺迹 則榮盡於當時 至於歷世之後 人何所述

⑤ 越월

색은 문영이 말했다. "월越은 유踰(뛰어넘다)이다. 진실로 나아가서 예를 넘지 않는 것이다."

文穎曰 越 踰也 不爲苟進踰禮也

⑥ 謁款알관

집해 《한서음의》에서 말한다. "관款은 성誠(정성)이다. 아뢰어 고하는 것이 정성스럽다는 말이다."

漢書音義曰 款 誠也 謁告之報誠也

이 일은 천하의 대단히 볼 만한 일이며 왕의 업적을 마치는 것이니 가히 폄하시킬 수 없습니다. 바라건대 폐하께서는 온전히 하십시오. 그런 뒤에 조정 신하들의 술책術策을 섞고 해와 달의 나머지 광채와 남은 열기를 얻어서 관직을 펴고 정사에 마음을 두게 하십시오.[①] 또 바른 것을 아울러서 그 의를 펼쳐놓게 하고, 빠진 문장을 교열하고 신칙申飭하여 《춘추》와 같은 하나의 경전을 지어서[②] 장차 옛 육경六經에 하나를 더해서 칠경七經으로 삼게 하십시오.[③] 이를 펴서[④] 다함이 없게 하여 만세에 이르기까지 맑게 흐르도록 하고, 그 여파를 드높여서 영화英華로운 명성을 날리시고, 무성하고 아름다운 덕업을 높이십시오.[⑤] 앞 성인들이 길이 큰 이름을 보전하고 항상 첫머리에 일컬어졌던 까닭도 이 때문이었으니,[⑥] 마땅히 장고掌故(태상관太常官)[⑦]에게 명해 모든 그 거동을 아뢰어 보게 하십시오."

이에 천자께서 엄중한 표정으로 낯빛을 고치고 말했다.

"그렇게 하겠다. 짐이 그것을 시험하리라."

天下之壯觀 王者之丕業 不可貶也 願陛下全之 而後因雜薦紳先生之略術 使獲燿日月之末光絕炎 以展采錯事[①] 猶兼正列其義 校飭厥文 作春秋一藝[②] 將襲舊六爲七[③] 攄[④]之無窮 俾萬世得激清流 揚微波 蜚英聲 騰茂實[⑤] 前聖之所以永保鴻名而常爲稱首者用此[⑥] 宜命掌故[⑦]悉奏其義而覽焉 於是天子沛然改容 曰 愉乎 朕其試哉

① 展采錯事전채조사

집해 서광이 말했다. "錯의 발음은 '조厝'이다." 살펴보니 《한서음의》

에서 말한다. "채采는 관官(관직)이다. 여러 유자儒者에게 공로를 기록하고
업적을 드러나게 했으며, 해와 달의 남은 빛의 특출한 쓰임을 보게 해 그
의 관직에 펴고 그의 사업을 베풀어 두게 한 것이다."

徐廣曰 錯音厝 駰案 漢書音義曰 采 官也 使諸儒記功著業 得日月末光殊絕之
用 以展其官職 設厝其事業者也

② 校飭厥文 作春秋一藝교칙궐문 작춘추일예

[집해] 서광이 말했다. "교校는 다른 판본에는 '불祓'로 되어 있다. 불祓
은 불拂과 같고 발음은 '폐廢'이다." 살펴보니 《한서음의》에서 말한다.
"《춘추》는 천시天時를 바르게 하고 인사人事를 나열해 여러 유생儒生이
이미 사업을 펴는 것을 얻었는데, 이로 인하여 천시를 아울러 바르게 하
고 인사를 나열하며 대의를 서술해 하나의 경經을 만들었다."

徐廣曰 校 一作祓 祓猶拂也 音廢也 駰案 漢書音義曰 春秋者 正天時 列人事
諸儒既得展事業 因兼正天時 列人事 敍述大義爲一經

③ 襲舊六爲七습구륙위칠

[집해] 위소가 말했다. "지금 한漢나라에서 서書(책) 하나를 더해서 따라
서 옛날의 여섯이 일곱이 되었다."

韋昭曰 今漢書增一 仍舊六爲七也

④ 攄터

[집해] 서광이 말했다. "터攄는 다른 판본에는 '려臚'로 되어 있다. 려臚
는 서敍(펼치다)이다."

徐廣曰 攄 一作臚 臚 敍也

색은 《광아》에서 말한다. "터擴는 활짝 펼치는 것이다."

廣雅云 攄 張舒也

⑤ 蜚英聲 騰茂實비영성 등무실

색은 호광이 말했다. "영화로운 명성을 휘날리고, 무성하고 아름다운 덕업을 뛰어오르게 하는 것이다."

胡廣曰 飛揚英華之聲 騰馳茂盛之實也

⑥ 用此용차

색은 살펴보니 봉선제를 지내는 것을 이른다.

案 謂用此封禪

⑦ 掌故장고

집해 《한서음의》에서 말한다. "장고掌故는 태사의 관속이고 고사故事를 주관한다."

漢書音義曰 掌故 太史官屬 主故事也

이에 본래의 생각을 바꾸고 마음을 돌려 공경公卿들의 의논을 모으고, 봉선封禪의 일을 묻고, 큰 은택의 넓음을 시詩로 짓고, 상서로운 부적의 풍부한 것을 넓게 했다.① 마침내 송頌을 지어 읊었다. "나로부터 하늘이 만민을 덮어주니 구름이 유유油油②이 떠다니네. 감로甘露가 때맞추어 내려주니 그 땅에서 놀만 하구나. 달콤한

물 땅을 적셔주니③ 어떤 생명이라도 기르지 못하랴! 좋은 곡식 한줄기 여섯 이삭 맺으니 내 거두어 어찌 쌓아만 놓을 것인가?④ 오직 비가 내릴 뿐만 아니라 또 윤택하게 적셔주는구나. 오직 적셔줄 뿐만 아니라 또 두루 펼쳐주고 퍼지게 함이라.⑤ 만물萬物이 화락하여 품어주고 사모할 것을 생각하네. 높은 명산名山, 봉선하는 자리에서⑥ 임금님이 오기를 기다리는데, 임금이시여! 임금이시여! 어찌 힘쓰지 않으십니까.⑦

乃遷思回慮 總公卿之議 詢封禪之事 詩大澤之博 廣符瑞之富① 乃作頌曰 自我天覆 雲之油油② 甘露時雨 厥壤可游 滋液滲漉③ 何生不育 嘉穀六穗 我穡曷蓄④ 非唯雨之 又潤澤之 非唯濡之 氾尃濩之⑤ 萬物熙熙 懷而慕思 名山顯位⑥ 望君之來 君乎君乎 侯不邁哉⑦

① 詩大澤之博 廣符瑞之富시대택지박 광부서지부

집해 《한서음의》에서 말한다. "시詩는 공덕을 노래로 읊은 것으로 아래 네 장章의 송頌이다. 대택지박大澤之博은 '자아천복自我天覆 운지유유雲之油油'를 이른 것이다. 광부서지부廣符瑞之富는 '반반지수般般(斑斑)之獸'(무늬가 아름다운 짐승) 이하의 세 장章을 이른 것으로 부서符瑞가 광대하고 풍요한 것을 말한 것이다."

漢書音義曰 詩 歌詠功德也 下四章之頌也 大澤之博 謂自我天覆 雲之油油 廣符瑞之富 謂斑斑之獸 以下三章 言符瑞廣大富饒也

② 油油유유

집해 《한서음의》에서 말한다. "유유油油는 구름이 흘러가는 모양이다."《맹자》에서 '유연작운 패연하우油然作雲 沛然下雨'라고 했다."

漢書音義曰 油油 雲行貌 孟子曰 油然作雲 沛然下雨

③ 滲漉삼록

집해 서광이 말했다. "滲의 발음은 '合[色蔭反]'이다."

徐廣曰 滲音色蔭反

색은 살펴보니《설문》에서 말한다. "삼록滲漉은 물이 아래로 흐르는 모양이다."

案 說文云 滲漉 水下流之皃也

④ 我稼曷蓄아색갈축

집해 서광이 말했다. "어찌 쌓아만 놓을까? 아름다운 곡식을 쌓아놓는 것이다."

徐廣曰 何所畜邪 畜嘉穀

⑤ 氾尃濩之범부호지

집해 서광이 말했다. "옛날의 '포布' 자는 '부尃' 자로 되어있다."

徐廣曰 古布字作尃

색은 호광이 말했다. "범氾은 보普(두루)이다. 비의 혜택(천자의 은택)이 나에게만 치우친 것이 아니고 두루 미쳐 펴 흩어져 퍼지지 않은 곳이 없다는 말이다."

胡廣曰 氾 普也 言雨澤非偏於我 普徧布散 無所不濩之也

⑥ 名山顯位명산현위

위소가 말했다. "명산名山은 대산大山이다. 현위顯位는 봉선이다."

韋昭曰 名山 大山也 顯位 封禪也

⑦ 侯不邁哉후불매재

이기가 말했다. "후侯는 하何(어찌)이다. 임금이라면 누구나 봉선의 일에 행하지 않겠는가를 말한 것이다." 살펴보니 매邁는 훈訓이 행行(가다)이다. 여순은 "후侯는 유維이다."라고 했다.

李奇云 侯 何也 言君何不行封禪之事也 案 邁訓行也 如淳云 侯 維也

얼룩무늬 추우는① 우리 임금님의 원유에서 즐겁다네. 흰 바탕에 검은 문채여! 그의 거동이 가히 아름답구나. 화순하고 공경함이여. 군자君子의 태도이네.② 대개 그 소리를 듣긴 했으나, 지금에서야 그가 오는 것을 본다네. 그 길을 걸어 온 자취 없으나 하늘의 상서로운 징조라네.③ 이 현상으로 또한 순舜임금 때, 우虞나라가 흥성하게 되었네.④

즐거운 기린,⑤ 저 영치靈畤⑥에서 노니네. 초겨울 10월에 임금께서 교사郊祀를 지내셨네. 우리 임금의 수레 치달리자 천제께서 이 때문에 복을 누리게 했네. 3대 전 대개 일찍이 있지 않았을 것이리. 구부렸다 펴며⑦ 나는 황룡, 덕을 일으키며 오르는데, 여러 빛깔 번쩍번쩍, 휘황찬란하도다.⑧ 정남正南을 바라보며 모습을 드러내서⑨ 모든 백성에게 깨우쳐주었네. 전적의 기록에 천명 받은 자가 타는 것이라고 일러주셨네.⑩

般般之獸^① 樂我君囿 白質黑章 其儀可(嘉)〔喜〕 旼旼睦睦 君子之能^②
蓋聞其聲 今觀其來 厥塗靡蹤 天瑞之徵^③ 茲亦於舜 虞氏以興^④ 濯濯之
麟^⑤ 游彼靈時^⑥ 孟冬十月 君徂郊祀 馳我君輿 帝以享祉 三(代之前 蓋
未嘗有) 宛宛^⑦黃龍 興德而升 采色炫燿 熿炳輝煌^⑧ 正陽顯見^⑨ 覺寤黎
烝 於傳載之 云受命所乘^⑩

① 般般之獸반반지수

[색은] 살펴보니 반반般般은 문채의 모양이고 般의 발음은 '반班'이다. 호
광이 말했다. "추우騶虞를 이른다."

案 般般 文彩之皃也 音班 胡廣曰 謂騶虞也

② 旼旼睦睦 君子之能민민목목 군자지능

[집해] 서광이 말했다. "旼의 발음은 '민旻'이고 화락하는 모양이다. 能
能은 다른 판본에는 '태態'로 되어 있다." 살펴보니 《한서음의》에서 말한
다. "민旻은 화和의 뜻이고, 목穆은 경敬의 뜻이니 화목하고 또 공경함을
말한다. 군자와 비슷한 것이 있다."

徐廣曰 旼音旻 和貌也 能 一作態 駰案 漢書音義曰 旻和 穆敬 言和且敬 有似君子
[색은] 旼의 발음은 '민旻'이다.

旼音旻

③ 厥塗靡蹤 天瑞之徵궐도미종 천서지징

[집해] 서광이 말했다. "그 오는 바의 길이 자취가 있지 않은 것이니, 대
개 하늘로부터 내리는 상서로운 것은 행동하지 않아도 이르는 것이다."

徐廣曰 其所來路非有迹 蓋自天降瑞 不行而至也

④ 於舜 虞氏以興어순 우씨이흥

색은 문영이 말했다. "순임금이 온갖 짐승을 거느려 춤추게 했는데 곧 추우가 또한 그 안에 있을 뿐이다."

文穎曰 舜百獸率舞 則騶虞亦在其中者已

⑤ 濯濯之麟탁탁지린

색은 시인詩人이 "우록탁탁麀鹿濯濯"이라고 하였는데 주석에는 "탁탁濯濯은 즐겁게 노는 모양이다."라고 했다.

詩人云 麀鹿濯濯 注云 濯濯 嬉遊皃也

⑥ 靈畤영치

집해 《한서음의》에서 말한다. "무제武帝가 오치五畤에 제사하는데 백린白麟을 얻었다. 그러므로 영치靈畤에서 놀았다고 말한 것이다."

漢書音義曰 武帝祠五畤 獲白麟 故言游靈畤

⑦ 宛宛완완

색은 호광이 말했다. "(황룡이) 굽혔다 폈다 하는 것이다."

胡廣曰 屈伸也

⑧ 熿炳煇煌황병훈황

집해 서광이 말했다. "熿의 발음은 '황晃'이고, 煇의 발음은 '혼魂'이다."

徐廣曰 熿音晃 煇音魂

신주 《한서》에는 '병병훈황炳炳煇煌'으로 되어 있다.

⑨ 正陽顯見정양현견

색은 문영이 말했다. "양陽은 명明이다. 남면하고 조회를 받는 것을 이른다."

文穎曰 陽 明也 謂南面受朝也

⑩ 於傳載之 云受命所乘어전재지 운수명소승

색은 여순이 말했다. "서전書傳에 기록한 바로 비슷한 것들을 헤아려 한나라 토덕土德으로 삼았는데 황룡黃龍이 응하여 성기成紀에서 나타났다. 그러므로 천명天命을 받은 자가 탄다고 이른 것이다."

如淳云 書傳所載 揆其比類 以爲漢土德 黃龍爲之應 見之於成紀 故云受命所乘也

하늘의 상서로운 징조를 보여줌에는 반드시 간곡하게 타이르지① 않는다네. 사물에 빗대어 의탁해서 산에 봉선封禪할 것을 군주에게 알려주었네.②

경적經籍을 파헤쳐 살피니 하늘과 사람 사이는 이미 교감이 있었으니, 위와 아래가 서로 깨우쳐 조화하였네. 성왕聖王의 덕은 조심하여 삼가고 공경하는 것이라. 그래서 '흥성하면 반드시 쇠약할 것을 생각하고 편안하면 반드시 위태로워질 것을 생각한다.'라고 일렀다네. 이 때문에 탕왕湯王과 무왕武王은 지극히 존엄한데도

정숙함과 공경함을 잃지 않았고, 순舜임금은 큰③ 법칙을 살피며
잘못한 것을 돌아보고 성찰했다는데, 이런 것을 이른 것이라네."

厥之有章 不必諄諄① 依類託寓 諭以封巒② 披藝觀之 天人之際已交 上
下相發允答 聖王之德 兢兢翼翼也 故曰 興必慮衰 安必思危 是以湯武
至尊嚴 不失肅祗 舜在假③典 顧省厥遺 此之謂也

① 諄諄준준

집해 서광이 말했다. "諄의 발음은 '준[止純反]'이다. 거짓없이 진실되게
알려주는 것이다." 살펴보니 《한서음의》에서 말한다. "하늘이 명한 바를
상서로운 징조로 나타내니 그 덕을 밝게 드러나서 거짓 없이 진실되게
말로 할 필요가 없는 것이다."

徐廣曰 諄 止純反 告之丁寧 駰案 漢書音義曰 天之所命 表以符瑞 章明其德 不
必諄諄然有語言也

② 託寓 諭以封巒탁우 유이봉만

집해 《한서음의》에서 말한다. "우寓는 기寄(부치다)이다. 만巒은 산山이
다. 사례나 전고典故에 의거하고 의탁해서 봉선封禪할 것을 깨우치게 한
것을 말한다."

漢書音義曰 寓 寄也 巒 山也 言依事類託寄 以喩封禪者

③ 假가

집해 서광이 말했다. "가假는 대大이다."

徐廣曰 假 大也

사마상여가 이미 죽고 나서[1] 5년 뒤에 무제가 비로소 후토后土에 제사를 지냈다. 8년에 마침내 먼저 중악中嶽[2]에 예를 하고, 태산 太山[3]에서 봉제封祭를 올리고, 양보梁父에 이르러 숙연肅然[4]에서 선제禪祭를 행했다.

사마상여의 다른 저작인《유평릉후서》,[5]《여오공자상난》,《초목 서편》이 있는데 채록하지 않았다. 공경 사이에서 더욱 알려진 것 만 채록했다고 한다.

司馬相如旣卒[1]五歲 天子始祭后土 八年而遂先禮中嶽[2] 封于太山[3] 至 梁父禪肅然[4] 相如他所著 若遺平陵侯[5]書與五公子相難草木書篇不采 采其尤著公卿者云

① 司馬相如旣卒사마상여기졸

집해 서광이 말했다. "무제 원수元狩 5년이다."

徐廣曰 元狩五年也

② 中嶽중악

정의 숭고산嵩高山이다. 낙주洛州 양성현陽城縣 서북쪽 22리에 있다.

嵩高也 在洛州陽城縣西北二十二里

③ 太山태산

정의 연주兗州 박성현博城縣 서북쪽 30리에 있다.

在兗州博城縣西北三十里

④ 肅然숙연

집해 서광이 말했다. "소산小山이고 태산의 아래 터 동북쪽에 있다."

徐廣曰 小山 在泰山下趾東北

⑤ 平陵侯평릉후

집해 서광이 말했다. "소건蘇建이다."

徐廣曰 蘇建也

태사공이 말한다.

《춘추》는 드러난 것을 미루어 숨은 것을 찾아냄에 이르렀으며,①
《역》은 숨어 있던 것을 바탕으로 하여 그 사실을 드러냈고,② 《시경》의) 〈대아大雅〉는 왕공王公과 대인大人의 덕이 백성에게 미친 것을 말했고,③ 《시경》의) 〈소아小雅〉는 보잘것없는 사람들의 득실得失을 기롱하여 그 흐름이 위에 미친 것이다.④ 《춘추》, 《역》, 〈대아〉, 〈소아〉에서) 말한 바가 비록 겉으로는 다르지만, 그 덕에 합치됨은 한 가지이다. 상여가 비록 헛된 말과 지나친 말이 많긴 했지만 그의 요체는 검약儉約함으로 귀결되니, 이것이 또한 《시경》의 풍간風諫과 무엇이 다르겠는가?

그래서 양웅楊雄은 '화려한 부賦를 만들어 100가지를 권유하고 한 가지를 풍간諷諫하였는데, 정위鄭衛의 음악을 신나게 연주하다가 곡을 끝마치면 아악雅樂을 연주하는 것과 같은 것이니 이미 이지러진 것이 아니겠는가?'라고 했다. 나는 그가 말한 것 중 논할 만한 것을 저록著錄해서 이편에 수록한다.

太史公曰 春秋推見至隱① 易本隱之以顯② 大雅言王公大人而德逮黎庶③ 小雅譏小己之得失 其流及上④ 所以言雖外殊 其合德一也 相如雖多虛辭濫說 然其要歸引之節儉 此與詩之風諫何異 楊雄以爲靡麗之賦 勸百風一 猶馳騁鄭衞之聲 曲終而奏雅 不已虧乎 余采其語可論者著于篇

① 春秋推見至隱춘추추현지은

집해 위소가 말했다. "드러난 일을 미루어 숨기고 꺼리는 일을 밝혀냄에 이르렀다는 것으로 진문공晉文公이 천자를 부른 것을 경經(《춘추》)에서는 '하양으로 겨울 사냥을 나갔다.'고 한 것과 같은 종류의 말이다."

韋昭曰 推見事至於隱諱 謂若晉文召天子 經言狩河陽之屬

색은 이기가 말했다. "은隱은 미微와 같다. 그 의가 빛나고 문장이 은미하다고 말했는데, 은공隱公이 시해를 당한 것을 경經에서는 쓰지 않고 감춘 것과 같다." 위소가 말했다. "드러난 일을 미루어 숨기고 꺼리는 일을 밝혀냄에 이르렀다는 것으로 진문공이 천자를 부른 것을 經經에서는 '하양으로 겨울 사냥을 나갔다.'고 한 것과 같은 종류의 말이다."

李奇曰 隱猶微也 言其義彰而文微 若隱公見弑 而經不書 諱之 韋昭曰 推見事至于隱諱 謂若晉文召天子 經言狩河陽之屬

② 易本隱之以顯역본은지이현

집해 위소가 말했다. "역易은 본래 은미하고 미묘한 데에 근본을 두고, 인사人事를 지어내서 비로소 나타나게 한 것이다."

韋昭曰 易本隱微妙 出爲人事乃顯著也

[색은] 위소가 말했다. "《역》은 본래 음양의 미묘한 것에 근본을 두고 인사를 지어내서 비로소 다시 밝혀 나타낸 것이다." 우희虞喜의 《지림》에서 말한다. "《춘추》는 인사人事로 천도天道를 통하게 한 것이니 이것이 드러난 것을 미루어 은미한 것을 밝혀 나타낸 것이다. 《역》은 천도天道로써 인사人事에 접하게 한 것이니 이것은 은미한 것에 근본을 두고 밝혀 나타내는 것이다."

韋昭曰 易本陰陽之微妙 出爲人事乃更昭著也 虞喜志林曰 春秋以人事通天道 是推見以至隱也 易以天道接人事 是本隱以之明顯也

③ 大雅言王公大人而德逮黎庶대아언왕공대인이덕체려서

[집해] 위소가 말했다. "먼저 왕공과 대인의 덕을 말하고 나서 뒤에 여러 백성에게 미치게 한 것이다."

韋昭曰 先言王公大人之德 乃後及衆庶也

[색은] 문영이 말했다. "〈대아〉는 먼저 대인과 왕공의 덕을 말하여 뒤에 모든 백성에게 이르게 한 것이다."

文穎曰 大雅先言大人王公之德 後及衆庶

④ 小雅譏小己之得失 其流及上소아기소기지득실 기류급상

[집해] 위소가 말했다. "〈소아〉를 지은 사람은 뜻이 협소하여 먼저 자신의 근심과 고통을 말하고 (그 끝에 가서) 흐름이 위로 정사의 득실에 미쳤다."

韋昭曰 小雅之人志狹小 先道己之憂苦 其流乃及上政之得失者

[색은] 문영이 말했다. "〈소아〉를 지은 사람은 뜻이 협소하여 먼저 자신의 근심과 고통을 말하고 그 끝에 가서 흐름이 위로 정사의 득실에 미쳤

다. 그러므로 《예위》에 '〈소아〉는 자신의 득실을 기롱해서 위에 까지 미치게 한 것이다.'라고 했다."

文穎曰 小雅之人材志狹小 先道己之憂苦 其末流及上政之得失也 故禮緯云小雅譏己得失 及之於上也

[색은술찬] 사마정이 펼쳐서 밝히다.

사마상여는 방자하게 굴면서 탁씨에게서 재물을 훔쳤다. 그의 학문은 방정하지 않았으나 그의 재주는 기특할 만하다. 자허는 (오유에) 들러 자랑했으나 (오유는) 상림은 사치가 지나치다고 했다. 네 필의 말을 타고 임공으로 돌아와 백금을 받고 재능을 바쳤다. 안타깝구나! 봉선의 글은. 문장은 이토록 탁월하게 남아 있거늘!

相如縱誕 竊訾卓氏 其學無方 其才足倚 子虛過吒 上林非侈 四馬還邛 百金獻伎 惜哉封禪 遺文卓爾

사기 제 118권 史記卷一百一十八

회남형산열전 淮南衡山列傳

신주 본 열전은 회남여왕淮南厲王 유장劉長과 그의 아들들인 회남왕淮
南王 유안劉安, 형산왕衡山王 유사劉賜의 일대기를 다루고 있다. 그런데 이
들은 유씨劉氏의 제후왕이니 〈세가世家〉에 기록되는 것이 맞다. 〈세가〉
는 〈열전〉과 달리 분봉된 국가의 왕이나 제후(공자孔子 포함)들의 가계를 기
록하고 있기 때문이다. 그러나 회남여왕 유장이 극포후 태자 시기柴奇,
대부大夫 단但, 사오士伍 개장開章 등 70명과 반란을 도모했다가 발각되었
고, 유장의 뒤를 이은 아들 유안이 반란을 획책劃策하다가 오피伍被의 고
변으로 뜻을 이루지 못하고 자살했으며, 유사도 이 반란에 연루되어 자
살했기 때문에 〈세가〉에 기록되지 못하고, 오초칠국의 난을 주동한 오왕
吳王 비濞처럼 〈열전〉에 반열班列한 것이다.

회남淮南은 고대에 주래州來라고 했으며, 지금의 안휘성安徽省 중북부
에 있는 지역이다. 형산衡山은 중국의 오악五嶽 중 남악에 있으며, 지금의
호남성湖南省 중부의 동남쪽에 있는데 바로 이 지역을 다스린 인물들에
대해서 서술한 것이다.

유장은 한고조의 막내아들로 어머니는 조희趙姬이며, 혜제惠帝 유영劉
盈, 문제文帝 유항劉恆과 이복형제이다. 서기전 196년에 회남왕 영포英布

의 반란이 진압되자 유장이 영포를 대신하여 회남왕에 봉해졌다. 유장은 장성하여 솥을 들어 올릴 정도로 힘이 셌으며, 문제가 즉위한 후 자신이 문제와 가장 친밀한 황족임을 과시하며 교만해져 법을 어기는 경우가 많았다. 시호는 여왕厲王이다.

유장의 둘째 아들 유안이 아버지의 뒤를 이어 회남왕이 되었다. 그는 문장을 잘 지었고, 재사才思가 민첩했다. 문사와 방사方士를 초빙해 그 수가 수천에 이르렀는데 이들과 함께 《회남자淮南子》〈내편內篇〉 8권과 〈외편外篇〉 19권, 〈중편中篇〉 8권을 저술하고, 노장老莊 사상을 중심으로 여러 사상을 통합해서 유교에 대항했다. 특히 《회남자》〈시측훈〉에는 "갈석을 지나면 조선이다."라는 글이 있어서 한나라 시기 고조선의 위치가 갈석산 동쪽임을 말해주고 있다.

유사는 아버지 유장의 셋째 아들이며 유안의 아우이다. 서기전 164년에 그는 처음 양주후陽周侯에 봉해졌다가 여강왕廬江王이 되었고, 오초칠국의 난이 일어난 뒤에 형산왕衡山王이 되었다.

회남여왕 유장

회남여왕 유장劉長은 고조高祖(유방)의 막내아들이다. 그의 어머니는 본디 조왕趙王 장오張敖의 미인美人이었다. 고조 8년, 고조는 동원東垣으로부터 조趙나라[①]를 지나가는데, 조왕(장오)이 미인을 바쳤다. 여왕의 어머니는 고조의 총애를 얻어서 태기가 있었다. 이에 조왕이 감히 궁안으로 들이지 못하고 외궁外宮을 쌓아서 살게 했다.

관고貫高 등이 백인柏人 땅에서 반란을 꾸몄는데,[②] 사전에 일이 발각되어 한나라는 조왕도 함께 체포해 심문했다. 이때 왕의 어머니, 형제, 미인들도 모두 체포해 하내河內에 가두었다. 또한 여왕의 어머니도 체포되어 갇히게 되었는데, 여왕의 어머니가 관리에게 고해서 말했다.

"황제의 총애를 입어 아기를 가졌습니다."

관리가 고조에게 알렸는데, 고조는 바야흐로 조왕의 일로 격노해서 여왕의 어머니를 관리하지 못했다.

淮南厲王長者 高祖少子也 其母故趙王張敖美人 高祖八年 從東垣過趙[①] 趙王獻之美人 厲王母得幸焉 有身 趙王敖弗敢內宮 爲築外宮而舍

① 趙조

[정의] 조趙는 장이張耳가 도읍한 곳이며, 지금의 형주邢州이다.

趙 張耳所都 今邢州也

② 貫高等謀反관고등모반

[신주] 한왕 유방劉邦이 조나라를 지날 때, 장오張敖가 유방에게 정성스럽게 대접했으나, 그의 수하인 관고貫高와 조우趙午 등이 유방의 오만함으로 자신들의 주공 장오가 치욕을 당했다고 여기고 백현柏縣에서 유방을 암살하려 한 사건이다. 이 일이 발각되어 장오는 반란 혐의로 장안으로 압송되었고, 나중에 누명은 벗었으나 선평후宣平侯로 강등되었다.

여왕厲王 어머니의 아우인 조겸趙兼이 벽양후辟陽侯를 통해서 (아기를 가진 사실을) 여후呂后에게 말했는데, 여후가 시기하고 고조에게 말하는 것을 즐거워하지 않았다. 벽양후도 억지로 간청하지 못했다. 이러는 사이 여왕의 어머니는 이윽고 여왕을 낳고 원망과 울분으로 곧 자살했다.

관리가 여왕厲王을 받들어 고조에게 나아가자 고조가 후회하고^① 여후에게 명하여 어머니가 되게 하였으며, 여왕의 어머니는 진정眞定

땅에 장사를 치렀다. 진정에 여왕 어머니의 집이 있었고, 여왕의
외조부 집안이 대대로 살아오던 현縣이었다.[②]

厲王母弟趙兼因辟陽侯言呂后 呂后妒 弗肯白 辟陽侯不彊爭 及厲王
母已生厲王 恚 卽自殺 吏奉厲王詣上 上悔[①] 令呂后母之 而葬厲王母
眞定 眞定 厲王母之家在焉 父世縣也[②]

① 悔회

[정의] 여왕厲王의 어머니를 관리하지 못한 것을 후회한 것이다.

悔不理厲王母

② 父世縣부세현

[색은] 살펴보니 《한서》에서 말한다. "모가母家의 현縣이다." 살펴보니
아버지와 할아버지가 대대로 진정眞定에서 산 것을 이른 것이다.

案 漢書曰 母家縣 案 謂父祖代居眞定也

고조 11년 7월, 회남왕淮南王 경포黥布가 반역하자[①] 아들 유장劉
長을 세워서 회남왕으로 삼고 경포가 왕노릇하던 옛 땅에서 왕을
하게 했다. 총 4개의 군郡이다.[②]
고조가 직접 군사를 거느리고 경포를 공격해 멸망시켜 여왕을 마
침내 즉위시켰다. 여왕은 일찍이 어머니를 잃고 항상 여후를 따
랐다. 효혜제나 여후 시대에도 이런 까닭으로 다행히도 근심이나

해침이 없었으나, 항상 마음속으로 벽양후辟陽侯^③를 원망하고 감히 발설하지는 않았다.

효문제가 처음으로 즉위함에 이르러 회남왕은 자신이 황제와 가장 친하다고 여겨서 교만하고 방자하여 자주 법을 지키지 않았다. 효문제는 형제라는 이유로 항상 관대하게 용서했다. 3년마다 조회에 들어왔다. 그때마다 매우 방자했다. 효문제를 따라 원유苑囿에 들어가 사냥하고, 효문제와 함께 수레를 타고 항상 주상을 '대형大兄'이라고 불렀다.

高祖十一年(十)〔七〕月 淮南王黥布反^① 立子長爲淮南王 王黥布故地 凡四郡^② 上自將兵擊滅布 厲王遂卽位 厲王蚤失母 常附呂后 孝惠呂后時以故得幸無患害 而常心怨辟陽侯^③ 弗敢發 及孝文帝初卽位 淮南王自以爲最親 驕蹇 數不奉法 上以親故 常寬赦之 三年 入朝 甚橫 從上入苑囿獵 與上同車 常謂上大兄

① 淮南王黥布反회남왕경포반

신주 서기전 195년의 일이다. 경포는 이성왕異姓王 한신과 팽월이 제거되자, 이에 불안을 느끼고 난을 일으켰다. 그리고 오吳와 초楚를 정복하고 장안을 향해 가다가 결국 옹산甕山의 싸움에서 한고조에게 밀려 도망쳤다가 사람들에게 살해당했다. 〈경포열전黥布列傳〉에 자세히 나온다.

② 凡四郡범사군

집해 서광이 말했다. "(4군郡은) 구강九江, 여강廬江, 형산衡山, 예장豫章이다."

徐廣曰 九江廬江衡山豫章也

③ 辟陽侯벽양후

신주 심이기審食其를 가리킨다.

여왕厲王은 타고난 능력이 있었고, 힘은 큰솥을 들 정도로 장사였
는데, 어느 날 벽양후에게 가서 면회를 청했다. 벽양후가 나와서
뵙자 곧 소매 속에서 철퇴를 꺼내어① 벽양후를 후려치고는 종자
從者로 온 위경魏敬에게 목을 베라고② 하고, 여왕이 이에 달려가
서 대궐의 문 아래에 이르러 웃옷을 벗어 몸을 드러내고③ 사죄해
서 말했다.

"신臣의 어머니는 일찍이 조趙나라 일에 연관되지 않았습니다. 그
때 벽양후가 힘을 써서 능히 여후를 설득할 수 있었으나 여후에
게 간하지 않았습니다. 그것이 벽양후의 죄의 첫 번째입니다. 조
왕趙王 여의如意의 모자간은 죄가 없는데도 여후가 죽였습니다.
벽양후가 간하지 않았으니 그의 죄의 두 번째입니다. 여후가 여러
여씨를 왕으로 삼고 유씨들을 위태롭게 하고자 했는데 벽양후가
간하지 않았으니 그의 죄의 세 번째입니다. 신臣은 삼가 천하를
위해 역적의 신하인 벽양후를 처단하고 어머니의 원수를 갚았습
니다. 삼가 대궐 아래에 엎드려 죄를 청합니다."

厲王有材力 力能扛鼎 乃往請辟陽侯 辟陽侯出見之 即自袖鐵椎椎①辟
陽侯 令從者魏敬剄②之 厲王乃馳走闕下 肉袒③謝曰 臣母不當坐趙事

> 其時辟陽侯力能得之 呂后弗爭 罪一也 趙王如意子母無罪 呂后殺之
> 辟陽侯弗爭 罪二也 呂后王諸呂 欲以危劉氏 辟陽侯弗爭 罪三也 臣謹
> 爲天下誅賊臣辟陽侯 報母之仇 謹伏闕下請罪

① 袖鐵椎椎수철추추

색은 살펴보니 《한서》에는 "수금추추지袖金椎椎之"로 되어 있다. 살펴보니 위魏나라의 공자公子인 무기無忌가 주해朱亥를 시켜 소매 속에 40근의 철추퇴鐵椎槌를 넣게 했다.

案 漢書 作袖金椎椎之 案 魏公子無忌使朱亥袖四十斤鐵椎槌之也

② 剄경

정의 剄의 발음은 '경[古鼎反]'이다. 경剄은 목을 베는 것을 이른다.

剄 古鼎反 剄謂刺頸

③ 肉袒육단

신주 육단은 다른 말로 육단견양肉袒牽羊이라고도 하는데, 고대 전쟁에 항복할 때 패자는 웃통을 벗고, 목에 밧줄을 메고, 입에 구슬을 물고, 손에는 양을 몰고 승자 앞에 가야 한다. 이는 어떤 처분도 달게 받겠다는 뜻을 표하는 것이다. 또 신하가 그 군주에게 죄를 청할 때 그러한 뜻을 전하는 의식이기도 하다.

효문제는 그의 마음에 상처가 어머니의 일 때문이라고 여기고 죄를 다스리지 않고 사면했다. 이 당시 박태후薄太后와 태자, 여러 대신이 모두 여왕을 꺼렸다. 여왕은 이로써 나라로 돌아가 더욱 교만해지고 방자해져서 한나라 법을 쓰지 않았다. 출입하는데 경계하여 통행을 금하게 하고 자신의 명령을 제制로 칭했으며,[①] 스스로 법령을 만들어 천자와 견주었다.

문제 6년, 남자男子인 난但 등 70여 명과 극포후棘蒲侯 시무柴武의 태자 기奇[②]와 함께 모의해 국거輦車(큰 수레)[③] 40승乘을 가지고 곡구谷口[④]에서 반역하게 했다. 그리고 사신을 민월閩越과 흉노匈奴에 보내게 했다가 사건이 발각되자, (문제가) 치죄하려고 사신을 보내 회남왕을 불러오게 했다.

孝文傷其志 爲親故 弗治 赦厲王 當是時 薄太后及太子諸大臣皆憚厲王 厲王以此歸國益驕恣 不用漢法 出入稱警蹕 稱制[①] 自爲法令 擬於天子 六年 令男子但等七十人與棘蒲侯柴武太子奇[②]謀 以輦車[③]四十乘反谷口[④] 令人使閩越匈奴 事覺 治之 使使召淮南王

① 稱警蹕 稱制칭경필 칭제

신주 경필警蹕은 황제가 거동할 때 경계하여 통행을 금하는 것이고, 제制는 황제의 명령으로 황제가 직접 임석하여 그 의논을 보고 가부可否를 결단하는 것이다

② 奇기

신주 한문제 6년(서기전 174년), 극포후棘蒲侯 시무柴武의 아들로 회남여왕

유장의 반란에 가담했다가 발각되어 주살 당하였다.

③ 轊車곡거

집해 서광이 말했다. "대거大車로 말에게 멍에를 씌워 끄는 것을 곡轊이라 한다. 轊의 발음은 '곡[己足反]'이다."

徐廣曰 大車駕馬曰轊 音己足反

④ 谷口곡구

집해 《한서음의》에서 말한다. "곡구谷口는 장안長安의 북쪽에 있는 옛 현縣이며 험한 곳이 많다."

漢書音義曰 谷口在長安北 故縣也 處多險阻

정의 《괄지지》에서 말한다. "곡구谷口의 옛 성은 옹주雍州 예천현醴泉縣 동북쪽 40리에 있는 한나라 곡구현이다."

括地志云 谷口故城 在雍州醴泉縣東北四十里 漢谷口縣也

회남왕淮南王이 장안에 이르자 (조정의 대신들이 상소문이 올렸다.)
"승상 신臣 장창張倉, 전객典客 신 풍경馮敬, 행어사대부사종정行御史大夫事宗正 신臣 일일逸, 정위廷尉 신 하賀와 비도적중위備盜賊中尉 신 복福은 죽음을 무릅쓰고 말씀을 올립니다. 회남왕 유장劉長은 선제先帝의 법을 폐지하고 천자의 조서를 따르지 않았습니다. 거처하는데 법도가 없고 황옥黃屋의 덮개를 한 수레를 만들어 타고 출입할 때 천자와 견주었으며 멋대로 법령을 만들고 한나라 법을 쓰지 않았습니다.① 관리를 두는 일에 이르러서도 그의 중랑中郎인 춘春을 승상으로 삼고, 한나라 제후국 사람 중에 죄를 짓고 도망친 자들을 거두어 모아 숨겨주고 살게 했으며 그들의 집을 마련해주었습니다. 또 그들에게 재물과 작위와 녹봉과 전택을 주었는데, 작위는 어떤 경우 관내후關內侯에 이르게 하고 2,000석의 녹봉을 주었습니다.② 이러한 일들은 (제후왕으로서) 마땅히 할 수 없는 일인데도③ (실행한 것은) 반역하려고 했기 때문입니다.

淮南王至長安 丞相臣張倉典客臣馮敬行御史大夫事宗正臣逸廷尉臣賀備盜賊中尉臣福昧死言 淮南王長廢先帝法 不聽天子詔 居處無度 爲黃屋蓋乘輿 出入擬於天子 擅爲法令 不用漢法① 及所置吏 以其郎中春爲丞相 聚收漢諸侯人及有罪亡者 匿與居 爲治家室 賜其財物爵祿田宅 爵或至關內侯 奉以二千石② 所不當得③ 欲以有爲

① 廢先帝法~不用漢法폐선제법~불용한법

신주 법령을 세우거나 폐지하는 것, 황옥거黃屋車를 타는 일, 출입할 때 경필警蹕하는 일, 제후국의 재상을 설치하는 일 등은 모두 황제만이 할 수 있는 일이다. 따라서 회남왕 유장의 이러한 행위는 매우 심각한 범죄행위에 해당한다.

② 奉以二千石봉이이천석

집해 여순이 말했다. "도망치거나 배반하고 도망오는 자에게 하사하는 것이 그 나라 2,000석石의 녹봉을 받는 것과 같은 것이다." 신찬이 말했다. "2,000석의 질록으로 받드는 것이다."

如淳曰 賜亡畔來者 如賜其國二千石也 瓚曰 奉以二千石之秩祿

③ 所不當得소부당득

색은 살펴보니 죄가 있는 사람은 관내후나 2,000석의 녹봉을 줄 수 없음을 이른 것이다.
案 謂有罪之人不得關內侯及二千石

대부 단但①이나, 법을 범해 관직을 잃은 사오士五 개장開章② 등 70명과 극포후의 태자 기奇와 함께 반란을 꾀해서③ 종묘와 사직을 위태롭게 하고, 개장을 시켜서 몰래 유장에게 알려 민월과 흉노에게 군대를 일으켜서 함께 반란을 도모하고자 했습니다. 개장이 회남에 가서 유장劉長을 만났는데, 유장은 여러 차례 좌담을 함께하고 연회를 베풀었으며, 집을 마련해주고 부인을 얻어 주며 2,000석의 녹봉을 주었습니다. 개장은 사람을 시켜 대부 단但에게 알리게 하고 이윽고 그의 책략을 왕에게 말했습니다. 승상 춘春은 사신을 시켜 (이 사실을) 대부 단但 등에게 고하게 했습니다. 한나라 관리가 이러한 사실을 발각하고 장안위長安尉 기奇 등을 보내 가서 개장을 체포하게 했습니다. 그러나 유장은 그를 숨기고 내놓지 않았습니다. 그리고 예전의 중위中尉, 간기蕑忌④와 함께 모의하여 개장을 죽여서 입막음을 했습니다.⑤ 이들은 관곽과 장례용 의금衣衾을 갖추고 그를 비릉읍肥陵邑⑥에 장례 치렀습니다.
大夫但①士五開章②等七十人與棘蒲侯太子奇謀反③ 欲以危宗廟社稷

使開章陰告長 與謀使閩越及匈奴發其兵 開章之淮南見長 長數與坐語
飲食 爲家室娶婦 以二千石俸奉之 開章使人告但 已言之王 春使使報
但等 吏覺知 使長安尉奇等往捕開章 長匿不予 與故中尉蕑忌④謀 殺以
閉口⑤ 爲棺椁衣衾 葬之肥陵邑⑥

① 大夫但대부단

집해 장안이 말했다. "대부大夫는 성姓이다. 위에서 '남자단男子但'이라
고 이른 것은 그의 성씨가 대부인 것을 밝힌 것이다." 신찬이 말했다. "관
직이 대부가 되고 단但은 이름이다."

張晏曰 大夫 姓也 上云男子但 明其姓大夫也 瓚曰 官爲大夫 名但者也

색은 장읍이 말했다. "대부는 성씨가 아니다." 살펴보니 위에서 '남자
단男子但'이라고 이르고 이곳에서는 '대부단大夫但'과 '사오개장士伍開章'
이라고 이른 것을 보면 곧 대부가 이 관직인 것을 알 수 있다.

張揖曰大夫姓 非也 案 上云男子但 此云大夫但及士伍開章 則知大夫是官也

② 士五開章사오개장

집해 여순이 말했다. "율律에는 '죄가 있어 관직이나 작위를 잃게 되면
사오士五라고 칭한다.'고 했다. 개장開章은 이름이다."

如淳曰 律有罪失官爵稱士五者也 開章 名

③ 棘蒲侯太子奇謀反극포후태자기모반

집해 서광이 말했다. "극포후棘蒲侯 시무柴武는 문제文帝의 후원後元 원
년에 졸했다. 시호는 강剛이다. 계승한 아들이 모반하고 후사를 둘 수 없

어 나라가 없어졌다."

徐廣曰 棘蒲侯柴武以文帝後元年卒 諡剛 嗣子謀反 不得置後 國除

④ 蘭忌간기

색은 간蘭은 성姓이고, 蘭의 발음은 '간姦'이다. 〈엄조전〉에는 곧 '간기間忌'로 되어 있고, 또한 間의 발음은 '간姦'과 같다.

蘭 姓也 音姦 嚴助傳則作間忌 亦同音姦

⑤ 殺以閉口살이폐구

정의 개장開章을 죽일 것을 모의한 것은 모반한 구설을 막고 끊으려고 했기 때문이다.

謀殺開章 以閉絕謀反之口也

⑥ 肥陵邑비릉읍

정의 《괄지지》에서 말한다. "비릉肥陵의 옛 현은 수주壽州 안풍현安豐縣 동쪽 60리에 있으며 옛 육성六城 동북쪽 100여 리에 있다."

括地志云 肥陵故縣在壽州安豐縣東六十里 在故六城東北百餘里

그리고 관리를 속여① 말하기를 '어디에 묻었는지 알지 못한다.②'고 했습니다. 또 거짓으로 봉토封土하고 그 위에 나무 표지를 세워 '개장이 죽어서 이 아래에 묻혀 있다.'고 써놓았습니다. 또 유장은 스스로 죄가 없는 한 사람을 도적으로 몰아 죽였으며 관리를 시켜 죄 없는 여섯 사람을 죽이도록 했습니다. 기시棄市의 죄를 당할 망명자를 거짓으로 체포할 것을 명하고 죄를 없애주었습니다.③ 멋대로 사람에게 죄를 주니 죄를 받은 사람은 노력해도 하소연할 곳이 없었습니다. 또 감옥에 가두고 성을 쌓게 하고 방아를 찧게 하는 죄인이 14명이었습니다. 죄인을 멋대로 사면하고 죄인을 처형한 것은 18명이며, 성을 쌓는데 동원하거나 방아를 찧게 하는 이하의 죄인은 58명이었습니다. 또 멋대로 작위를 준 관내후 이하도 94명이었습니다.

謾吏①曰 不知安在② 又詳聚土 樹表其上 曰 開章死 埋此下 及長身自賊 殺無罪者一人 令吏論殺無罪者六人 爲亡命棄市罪詐捕命者以除罪③ 擅罪人 罪人無告劾 繫治城旦春以上十四人 赦免罪人 死罪十八人 城 旦春以下五十八人 賜人爵關內侯以下九十四人

① 謾吏만리

색은 앞 글자 謾의 발음은 '만慢'이다. 만慢은 속인다는 뜻이다.

上音慢 慢 誑也

② 不知安在부지안재

색은 살펴보니 실제로는 비릉肥陵에 장사를 지내고 속여서 장사지낸 곳을 알지 못한다고 한 것이다. 비릉은 땅 이름이고 비수肥水의 변邊에 있다.

按 實葬肥陵 誑云不知處 肥陵 地名 在肥水之上也

③ 亡命棄市罪詐捕命者以除罪망명기시죄사포명자이제죄

집해 진작이 말했다. "망명한 자는 기시죄棄市罪에 해당하는데 왕이 숨겨주고 거짓으로 망명하지 않은 자를 체포케 하고 망명한 자라고 말해서 망명한 자의 죄를 벗겨준 것이다."

晉灼曰 亡命者當棄市 而王藏之 詐捕不命者而言命 以脫命者之罪

지난날 유장劉長이 병이 들었을 때 폐하께서는 걱정하며 마음 아퍼하고 사자를 시켜서 서신과 대추와 육포를 하사하셨습니다. 그러나 유장은 하사품을 받고자 하지 않았고 사자를 만나보고 경의를 표하는데 즐거워하지 않았습니다. 또 남해의 백성으로 여강廬江①의 경계 안에 거처하는 자들이 반란을 일으켰을 때 회남의 관리와 병사들이 공격했었습니다.② 이때 폐하께서는 회남의 백성이 가난에 고통스럽다 여기시고 사자를 보내서 유장에게 비단 5,000필을 하사하시고 관리와 병졸들을 위로하라고 하셨습니다. 그러나 유장은 받으려고 하지 않았고 거짓말로 이르기를 '노고한 사람은 없다.'라고 했습니다.

前日長病 陛下憂苦之 使使者賜書棗脯 長不欲受賜 不肯見拜使者 南海民處廬江①界中者反 淮南吏卒擊之② 陛下以淮南民貧苦 遣使者賜長帛五千匹 以賜吏卒勞苦者 長不欲受賜 謾言曰 無勞苦者

① 廬江여강

신주 여강은 전한 때 처음 설치한 군郡으로 구강丘岡, 형산衡山, 예장

豫章과 더불어 창업 공신 경포鯨布에게 봉했던 땅이다. 한고조는 경포가
배반하자, 이를 진압하고 막내아들 유장에게 봉했다. 지금은 여강현으로
안휘성安徽省 합비시合肥市의 관할이며, 합비시의 남부에 위치한다.

② 淮南吏卒擊之회남리졸격지

신주 한고조가 여강군 내의 남해국南海國을 병합한 후 그 신민臣民들
이 반란을 일으키자, 회남왕 유장이 대신大臣 간기蘭忌와 군사들을 파견
하여 진압하였는데, 이때 남해왕 규직띠織이 군사를 이끌고 투항한 사건
을 말한다.

남해의 백성 왕직王織[1]이 글을 올려 황제에게 구슬을 바치겠다고
했는데, 간기蘭忌[2]가 그의 글을 제멋대로 불태우고 올리지 않았
습니다. 이에 관리가 간기를 불러 심문할 것을 청했는데 유장劉長
이 보내지 않고 거짓으로 말하기를 '간기가 병을 앓고 있다.'고 했
습니다. 승상 춘이 또 유장에게 청해서 한나라 조정에 들어가기
를 원하자, 유장이 노여워하고 말하기를 '그대는 나를 떠나서 한
나라에 붙고 싶은가?'라고 했습니다. 유장은 기시죄棄市罪에 해당
하니 신들은 논죄하여 법과 같이 하기를 청하는 것입니다."
제制를 내려서 말했다.
"짐이 차마 왕王에게 법을 적용할 수 없구나. 그 열후列侯와
2,000석石들이 함께 논하라."
南海民王織[1]上書獻璧皇帝 忌[2]擅燔其書 不以聞 吏請召治忌 長不遣

讒言曰 忌病 春又請長 願入見 長怒曰 女欲離我自附漢 長當棄市 臣請
論如法 制曰 朕不忍致法於王 其與列侯二千石議

① 王織왕직

신주 남해왕 규직叫織을 가리킨다. 백월百越 사람으로 원래는 민월국의
남무후南武侯였는데, 서기전 195년에 한고조에게 남해왕으로 책봉되었다.

② 忌기

집해 문영이 말했다. "기忌는 간기蕳忌이다."

文穎曰 忌 蕳忌

"신 창倉, 신 경敬, 신 일逸, 신 복福, 신 하賀는 죽음을 무릅쓰고
말씀을 드립니다. 신이 삼가 열후와 2,000석石의 신 영嬰 등 43명
과 함께 의논하였는데, 모두가 이르기를 '유장劉長이 법도를 받들
지 않고 천자의 조서를 경청하지 않고 도리어 몰래 도당과 반역자
들을 불러 모아 망명자들을 후대하여 반역하려고 했다.'고 하니,
신 등이 법대로 할 것을 논의했습니다."

다시 제制를 내려서 말했다.

"짐이 차마 왕에게 법을 적용하지 못하겠다. 그 유장의 죽을죄를
사면하되 (직위를) 폐하여 왕노릇을 못하게 하라."

다시 조정의 신하들이 글을 올렸다.

"신 창倉 등은 죽음을 무릅쓰고 말씀을 올립니다. 유장劉長이 큰 죽을죄가 있는데 폐하께서 차마 법을 적용하지 못하고 다행히도 사면하여 (직위를) 폐하여 왕노릇을 못하게 하라고 하셨습니다. 신은 청컨대 유장을 촉군蜀郡의 엄도현嚴道縣 공우邛郵[1]에 거처하고 그의 아들을 낳은 첩희妾姬들을 딸려 보내 살게 했으면 합니다.[2] 또 현에서 유장을 위해 집을 새로 짓고 모든 양식과 땔나무, 채소, 소금, 공자반, 취사도구, 깔개 따위 일체를 관청에서 공급하게 할까 합니다. 신 등은 죽음을 무릅쓰고 청하오니 천하에 포고할 것을 청하는 바입니다."

효문제가 제制를 내렸다.

"유장의 먹을 것은 매일 고기 5근에 술 2말을 계산해서 지급한다. 또 지난날의 미인이나 재인으로 총애를 얻은 자 10여 명과 함께 살게 하라. 그 밖의 일도 올린 글과 같게 하라.[3]"

臣倉臣敬臣逸臣福臣賀昧死言 臣謹與列侯吏二千石臣嬰等四十三人議 皆曰 長不奉法度 不聽天子詔 乃陰聚徒黨及謀反者 厚養亡命 欲以有爲 臣等議論如法 制曰 朕不忍致法於王 其赦長死罪 廢勿王 臣倉等昧死言 長有大死罪 陛下不忍致法 幸赦 廢勿王 臣請處蜀郡嚴道邛郵[1] 遣其子母從居[2] 縣爲築蓋家室 皆廩食給薪菜鹽豉炊食器席蓐 臣等昧死請 請布告天下 制曰 計食長給肉日五斤 酒二斗 令故美人才人得幸者十人從居 他可[3]

① 蜀郡嚴道邛郵촉군엄도공우

집해 서광이 말했다. "엄도嚴道에는 공북邛僰에 구절판九折阪이 있고 또 우치郵置도 있다." 살펴보니 장안이 말했다. "엄도嚴道는 촉군蜀郡의 현이다."

徐廣曰 嚴道有邛僰九折阪 又有郵置 駰案 張晏曰 嚴道 蜀郡縣

색은 살펴보니 엄도는 촉군의 현이다. 현에 만이蠻夷가 있는 곳을 도道라고 한다. 엄도에는 공래산邛萊山이 있고, 우치郵置가 있다. 그러므로 "엄도현嚴道縣의 공우邛郵이다."라고 한 것이다.

按 嚴道 蜀郡之縣也 縣有蠻夷曰道 嚴道有邛萊山 有郵置 故曰 嚴道邛郵也

② 遣其子母從居건기자모종거

색은 살펴보니 악산이 말했다. "첩妾이나 잉滕에게 아들이 있는 자는 따라갔다."

案 樂産云 妾滕之有子者從去也

③ 他可타가

색은 살펴보니 그 밖의 다른 일도 그 제制와 같게 할 수 있게 함을 이른다.

按 謂他事可其制也

반역에 가담한 자들은 모두 함께 처형했고, 이에 곧 회남왕을 귀양 보냈다. 치거輜車①에 태워서 현縣에서 현으로 차례로 호송하며 보내게 했다. 이때 원앙袁盎이 문제에게 간언했다.

"주상께서 평소 교만한 회남왕을 내버려두시고 엄한 스승과 재상을 두지 않으셨습니다. 이 때문에 이러한 일이 일어난 것입니다. 또 회남왕은 사람됨이 강직한데 지금 갑작스럽게 꺾여지게 된 것입니다. 신은 마침내 회남왕이 나쁜 기후를 만나 병으로 죽을까 두렵습니다. 폐하께서는 아우를 죽였다는 이름이 있게 되면 어찌하시겠습니까!"

문제가 말했다.

"나는 특별히 그를 괴롭게 하려는 것일 뿐이오. 지금이라도 뉘우치면 회복시킬 것이오."

현縣마다 호송하는 이들은 (회남왕을 위해) 모두가 감히 수레의 봉한 것을 열려고 하지 않았다.[2] 회남왕이 시종들에게 일러 말했다.

"누가 나[3]를 용맹하다고 이르겠는가? 내가 어찌 용맹하겠는가? 나는 교만한 것 때문에 나의 과오를 듣지 못하고 이에 이르렀다. 사람이 태어나서 한 세대 동안을 어찌 이처럼 답답하게 지낼 수 있겠는가?"

盡誅所與謀者 於是乃遣淮南王 載以輜車[1] 令縣以次傳 是時袁盎諫上曰 上素驕淮南王 弗爲置嚴傅相 以故至此 且淮南王爲人剛 今暴摧折之 臣恐卒逢霧露病死 陛下爲有殺弟之名 奈何 上曰 吾特苦之耳 今復之 縣傳淮南王者皆不敢發車封[2] 淮南王乃謂侍者曰 誰謂乃公[3]勇者 吾安能勇 吾以驕故不聞吾過至此 人生一世間 安能邑邑如此

① 輜車치거

신주 군대에서 전쟁물자를 실어 나르는 수레를 가리킨다.

② 不敢發車封불감발거봉

[집해] 《한서음의》에서 말한다. "함거檻車는 사방이 막히고 입구가 닫혀 있다."

漢書音義曰 檻車有檻封也

③ 乃公내공

[색은] 내乃는 여汝이다. 여공汝公은 회남왕이 스스로 이른 것이다.

乃 汝也 汝公 淮南王自謂也

이에 음식을 먹지 않고 굶어 죽었다. 옹雍 땅①에 이르렀는데 옹의 현령이 함거의 봉한 것을 뜯자 왕이 죽어 있어서 조정에 알렸다. 효문제가 통곡하고 매우 슬퍼하면서 원앙에게 일러 말했다.

"내가 공의 말을 듣지 않아서 마침내 회남왕을 잃었다."

원앙이 말했다.

"어떻게 할 수 없는 일입니다. 원하건대 폐하께서는 마음을 관대하게 하십시오."

문제가 말했다.

"어떻게 해야 하겠소?"

원앙이 말했다.

"오로지 승상과 어사를 참수해서 천하에 사과하는 것이 곧 옳습니다.②"

효문제가 곧 승상과 어사에게 명하여 각 현에서 회남왕을 호송한

자들을 체포하여 조사하게 하고, 또 함거를 개봉하여 식사를 제
공하지 않은 자들을 조사하여 기시죄에 처하게 했다. 이에 회남
왕을 열후의 대우로 옹雍에 장례를 치르게 하고 민가 30호戶를
두어 그의 무덤을 지키게 했다.

乃不食死 至雍 雍①令發封 以死聞 上哭甚悲 謂袁盎曰 吾不聽公言 卒
亡淮南王 盎曰 不可柰何 願陛下自寬 上曰 爲之柰何 盎曰 獨斬丞相御
史以謝天下乃可② 上卽令丞相御史逮考諸縣傳送淮南王不發封饋侍者
皆棄市 乃以列侯葬淮南王於雍 守冢三十戶

① 雍옹

정의 지금의 기주岐州 옹현雍縣이다.

今岐州雍縣也

② 獨斬丞相御史以謝天下乃可독참승상어사이사천하내가

색은 살펴보니 유씨가 말했다. "원앙袁盎의 이 말은 또한 크나큰 과실
이었다."

案 劉氏云 袁盎此言亦大過也

회남왕 유안

효문제 8년, 황제는 회남왕을 가련히 여겼다. 회남왕은 4명의 아들을 두었는데 모두 7~8세 정도였다. 그들을 봉해 아들 안安을 부릉후阜陵侯로 삼고, 아들 발勃을 안양후安陽侯로 삼고, 아들 사賜를 양주후陽周侯로 삼고, 아들 양良을 동성후東成侯로 삼았다.

효문제 12년, 백성이 회남여왕을 위해 노래를 만들어 불렀다.

"한 자의 베 조각도 오히려 (옷을) 기울 수 있고 한 말의 곡식도 오히려 (방아를) 찧을 수 있다네. 형제 두 사람이 서로 용납할 수 없었다네.①"

효문제가 듣고 이에 탄식하며 말했다.

"요堯임금이나 순舜임금도 혈육을 내쫓았고,② 주공周公은 관숙管叔과 채숙蔡叔을 죽였는데 세상에서는 성인으로 일컫는다. 어째서인가? 사사로운 것으로 공적인 것을 해치지 않았기 때문이다. 천하에서는 아마도 내가 회남왕의 땅을 탐한 것으로 여기는 것일까?"

이에 성양왕城陽王③을 옮겨서 회남의 옛 땅에서 왕노릇하게 하고 회남왕을 추존해서 시호를 내려 여왕厲王④이라고 했으며, 능원陵園을 두게 하고 복위시켜 제후왕의 의식대로 거행하였다.

효문제 16년, 회남왕 유희劉喜⑤를 옛 성양城陽으로 복귀시켰다. 황제는 회남여왕이 법도를 폐지하고 따르지 않다가 스스로 나라를 잃고 일찍 죽은 것을 불쌍하게 여기고, 이에 그의 세 아들을 세워서 부릉후阜陵侯 안安을 회남왕으로 삼고, 안양후安陽侯 발勃을 형산왕衡山王으로 삼고, 양주후陽周侯 사賜를 여강왕廬江王으로 삼아 모두 다시 여왕厲王 때의 땅을 세 등분으로 나누어 가지게 했다. 동성후東城侯 양良은 일찍 죽어서 후사가 없었나.

孝文八年 上憐淮南王 淮南王有子四人 皆七八歲 乃封子安爲阜陵侯 子勃爲安陽侯 子賜爲陽周侯 子良爲東成侯 孝文十二年 民有作歌歌 淮南厲王曰 一尺布 尙可縫 一斗粟 尙可舂 兄弟二人不能相容① 上聞 之 乃歎曰 堯舜放逐骨肉② 周公殺管蔡 天下稱聖 何者 不以私害公 天 下豈以我爲貪淮南王地邪 乃徙城陽王③王淮南故地 而追尊謚淮南王 爲厲④王 置園復如諸侯儀 孝文十六年 徙淮南王喜⑤復故城陽 上憐淮 南厲王廢法不軌 自使失國蚤死 乃立其三子 阜陵侯安爲淮南王 安陽 侯勃爲衡山王 陽周侯賜爲廬江王 皆復得厲王時地 參分之 東城侯良 前薨 無後也

① 一尺布～不能相容 일척포~불능상용

집해 《한서음의》에서 말한다. "한 자의 베나 한 말의 곡식도 오히려 버리지 않는 것인데, 형제간에 견주어서 어찌 서로 다투는 것인가?" 신찬이 말했다. "한 자의 베는 오히려 기워서 옷을 만들 수 있고, 한 말의 곡식은 오히려 방아를 찧어 음식을 만들 수 있는데, 하물며 넓은 천하를 가지고 (형제가) 서로 용납할 수 없는가?"

漢書音義曰 尺布斗粟猶尙不棄 況於兄弟而更相逐乎 瓚曰 一尺布尙可縫而共
衣 一斗粟尙可舂而共食也 況以天下之廣而不能相容

② 堯舜放逐骨肉요순방축골육

[정의] 《세본》〈제계〉에는 요堯는 황제黃帝의 후예이고 순舜은 전욱顓頊
의 후예이다. 사흉四凶의 안에는 황제와 전욱을 계승한 자가 있는데 요
와 순이 그들을 내쫓아버렸다. 이 때문에 골육骨肉을 방축放逐했다고 한
것이다. 사흉四凶은 공공共工, 삼묘三苗, 백곤伯鯀, 환두驩兜이며 모두 요
순과 동성이다. 그러므로 골육이라고 일렀다.

帝系云 堯 黃帝之後 舜 顓頊之後 四凶之內 有承黃帝顓頊者 而堯舜竄之 故放
逐骨肉耳 四凶者 共工三苗伯鯀及驩兜 皆堯舜之同姓 故云骨肉也

③ 城陽王성양왕

[집해] 서광이 말했다. "경왕景王 유장劉章의 아들이다."

徐廣曰 景王章之子

④ 厲려

[정의] 《시법》에서 말한다. "난폭하고 교만해서 친함이 없는 것을 '여厲'
라 한다."

謚法云 暴慢無親曰厲

⑤ 淮南王喜회남왕희

[색은] 예전 성양경왕城陽景王의 아들이다.

故城陽景王之子也

효경제 3년, 오吳와 초楚 등 7개국이 반역하고 오나라 사신이 회남에 이르자, 회남왕이 군사를 일으켜서 호응하려고 했다. 그의 재상이 말했다.

"대왕께서 반드시 군사를 일으켜서 오나라에 호응하려고 하신다면 신臣이 장수가 되기를 원합니다."

왕이 이에 재상에게 군사를 귀속시켰다. 회남의 재상이 군사를 거느리고 이에 의지하여 성을 지키면서, 왕의 명령을 듣지 않고 한나라만 위해서 힘썼다. 한나라에서도 또한 곡성후曲城侯①를 시켜서 군사를 거느리고 회남을 구원하게 했다. 회남은 이런 까닭으로 온전히 보존할 수 있었다. 오나라 사신이 여강에 이르자, 여강왕도 호응하지 않고 월나라에 사신을 보내서 왕래케 했다. 오나라 사신이 형산에 이르자 형산왕도 굳건히 지키고 두 마음을 가지지 않았다.

효경제 4년, 오吳와 초楚가 무너지고 나서 형산왕이 조회에 들어왔는데, 효경제는 형산왕의 마음이 곧고 진실하다고 여기고 이에 위로해서 말했다.

"남쪽은 지대가 낮고 습기가 많다."

그리고는 형산왕을 옮겨서 제북濟北의 왕으로 삼고 포상을 했다. 그가 죽음에 이르러서 마침내 시호를 내려 정왕貞王이라고 했다. 여강왕은 월越과 국경을 맞대고 있어서 자주 사신을 보내 서로 교제를 맺었다. 이 때문에 옮겨서 형산왕으로 삼고 강북江北의 왕으로 삼았다. 회남왕은 본래대로 있게 했다.

孝景三年 吳楚七國反 吳使者至淮南 淮南王欲發兵應之 其相曰 大王

必欲發兵應吳 臣願爲將 王乃屬相兵 淮南相已將兵 因城守 不聽王而
爲漢 漢亦使曲城侯①將兵救淮南 淮南以故得完 吳使者至廬江 廬江王
弗應 而往來使越 吳使者至衡山 衡山王堅守無二心 孝景四年 吳楚已
破 衡山王朝 上以爲貞信 乃勞苦之曰 南方卑溼 徙衡山王王濟北 所以
褒之 及薨 遂賜諡爲貞王 廬江王邊越 數使使相交 故徙爲衡山王 王江
北 淮南王如故

① 曲城侯곡성후

집해 서광이 말했다. "곡성후曲城侯의 성은 충蟲이고 이름은 첩捷이다.
그의 아버지는 이름이 봉逢이고 고조高祖의 공신이다."

徐廣曰 曲城侯姓蟲名捷 其父名逢 高祖功臣

회남왕淮南王 유안劉安의 사람됨은 글을 읽고 거문고 타는 것을
좋아하고, 주살을 쏘고 사냥을 하거나 개나 말을 타고 달리는 것
들을 즐기지 않았다. 또한 음덕陰德을 행하고 백성을 어루만지며
천하에 명성이 흘러 퍼지는 것을 바라고 있었다.
때때로 여왕厲王이 죽은 것을 원망하고 때로는 반란을 일으키고
자 했으나 기인할 것이 있지 않았다.
무제 건원建元 2년에 이르러 회남왕이 조회에 들어왔다. 평소 무
안후武安侯①와 잘 지냈는데, 무안후는 당시 태위太尉가 되어 왕
을 패상霸上에서 맞이하고 왕과 함께 말했다.

"현재 주상에게는 태자가 없으신데 대왕께서는 친히 고황제의 손자②이시며, 인의仁義를 행하여 천하에 알려지지 않은 곳이 없습니다. 만약 궁의 수레가 하루아침에 늦게 나가는데③ 대왕이 아니라면 이 누가 서겠습니까?"

회남왕이 크게 기뻐하고 무안후에게 금과 재물을 후하게 보냈다. 은밀히 빈객들과 교제하고④ 백성을 어루만지면서 반역의 일을 생각했다.

淮南王安爲人好讀書鼓琴 不喜弋獵狗馬馳騁 亦欲以行陰德拊循百姓 流譽天下 時時怨望厲王死 時欲畔逆 未有因也 及建元二年 淮南王入朝 素善武安侯① 武安侯時爲太尉 乃逆王霸上 與王語曰 方今上無太子 大王親高皇帝孫② 行仁義 天下莫不聞 即宮車一日晏駕③ 非大王當誰立者 淮南王大喜 厚遺武安侯金財物 陰結賓客④ 拊循百姓 爲畔逆事

① 武安侯무안후

신주 전분田蚡을 가리킨다. 장릉長陵 사람으로 경제 왕황후王皇后 왕지王娡와 어머니는 같고 아버지가 다른 동생이다.

② 高皇帝孫고황제손

정의 《한서》에서 말한다. "무제가 유안劉安을 위촉해 제부諸父로 삼았다."
漢書云 武帝以安屬爲諸父

③ 宮車一日晏駕궁거일일안가

신주 황제 또는 왕이 붕어함을 가리키는 말이다.

④ 陰結賓客음결빈객

색은 《회남요략》에서 말한다. "유안이 병사 수천 명을 양성했는데, 뛰어난 재주를 가진 자가 8명이며 소비蘇非, 이상李尙, 좌오左吳, 진유陳由, 오피伍被, 모주毛周, 뇌피雷被, 진창晉昌을 호칭하여 '팔공八公'이라고 했다."
淮南要略云 安養士數千 高才者八人 蘇非李尙左吳陳由伍被毛周雷被晉昌 號曰八公也

무제 건원 6년, 혜성彗星①이 보이자 회남왕이 마음으로 괴이하게 여겼다. 어떤 이가 왕에게 유세해 말했다.

"앞서 오나라가 군사를 일으켰을 때도 혜성이 나와 길이가 몇 자였으나 유혈이 1,000리에 이르렀습니다. 지금 혜성의 길이는 하늘 끝을 이었으니 천하의 군사가 크게 일어날 것입니다."

왕은 마음속으로 천자에게 태자가 없으니, 천하에 변란이 있게 되면 제후들이 함께 다투게 될 것이라고 여겼다. 이에 더욱더 무기와 공격용 전차를 정비하며 금을 쌓아놓고 군국의 제후나 유사游士, 기재奇材들에게 뇌물로 보냈다. 여러 변사 중 계책을 꾸미는 자들이 망령되게 요사한 말을 지어서 회남왕에게 아첨하자, 왕이 기뻐하며 많은 금전을 하사했다. 그리하여 반역의 계획은 더욱 심해져 갔다.

회남왕에게는 능陵이라는 딸이 있었는데, 지혜롭고 말솜씨가 있었다. 회남왕은 능을 사랑하여 항상 많은 금전을 주어서 장안에서 모든 것을 염탐하고,② 또 황제의 측근과도 교제를 맺도록 했다.

建元六年 彗星①見 淮南王心怪之 或說王曰 先吳軍起時 彗星出長數尺
然尙流血千里 今彗星長竟天 天下兵當大起 王心以爲上無太子 天下
有變 諸侯竝爭 愈益治器械攻戰具 積金錢賂遺郡國諸侯游士奇材 諸
辨士爲方略者 妄作妖言 諂諛王 王喜 多賜金錢 而謀反滋甚 淮南王有
女陵 慧 有口辯 王愛陵 常多予金錢 爲中詗②長安 約結上左右

① 彗星혜성

신주 《사기》〈천관서天官書〉에서 혜성彗星에 대한 《정의》 주석은 "천혜
天彗(하늘의 빗자루)는 일명 소성埽星이고 본래 별의 종류인데, 끝이 빗자루
와 같아, 짧은 것은 몇 촌의 길이지만 긴 것은 혹 하늘 끝에 이어진다. 몸
체에는 광채가 없어서 태양의 광채를 빌린다. 그러므로 저녁에 나타나면
동쪽을 가리키고 새벽에 나타나면 서쪽을 가리키며, 만약 위치가 태양의
남쪽이나 북쪽이면 모두 햇빛을 따라서 가리키고, 광채가 미치는 곳에
재변이 생기는데, 혜성이 나타나는 분야는 군사(전쟁)가 일어난다.[天彗者
一名埽星 本類星 末類彗 小者數寸長 長或竟天 而體無光 假日之光 故夕見則東指 晨見則西
指 若日南北 皆隨日光而指 光芒所及 爲災變 見則兵起]"고 했다.

② 詗형

집해 서광이 말했다. "형詗은 동정을 엿보고 정보를 채취하는 것의 이
름이다. 詗의 발음은 '경[空政反]'이다. 안평후安平侯 악천추鄂千秋의 현손
백伯과 회남왕의 딸 유릉劉陵이 통교하다 관계를 끊었고, 또 회남왕에게
'신하로 일컫고 전력全力하겠다'는 글을 보냈기 때문에 기시棄市되었다."
徐廣曰 詗 伺候采察之名也 音空政反 安平侯鄂千秋玄孫伯與淮南王女陵通而

中絶 又遺淮南王書稱臣盡力 故棄市

색은 등전鄧展이 말했다. "형訶은 체포하는 것이다." 서광이 말했다. "남의 동정을 엿보고 탐지하여 살피는 것의 이름이다." 맹강이 말했다. "訶의 발음은 '정偵'이다. 서방의 사람들은 반간反間하는 것을 정偵이라고 한다." 유씨와 포개包愷는 나란히 偵의 발음을 '청[丑政反]'이라고 했고, 복건은 "정偵은 살피는 것이다."라고 했다.

鄧展曰 訶 捕也 徐廣曰 伺候探察之名 孟康曰 訶音偵 西方人以反間爲偵 劉氏及包愷竝音丑政反 服虔云 偵 候也

무제 원삭元朔 3년, 무제가 회남왕에게 궤几와 지팡이를 하사하고 조회에 들지 않아도 된다고 했다. 회남왕의 왕후는 도荼인데 왕이 사랑하고 총애했다. 왕후는 태자인 천遷을 낳았다. 천은 왕황태후 王皇太后(경제의 후后이고 무제 어머니)의 외손인 수성군修成君의 딸을 취해서 비妃로 삼았다.[①]

회남왕은 반역하기 위한 도구를 만들 것을 계획했는데 태자비가 이 사실을 알고 안에서 일이 누설될까 두려워하여, 이에 태자와 모의해 거짓으로 사랑하지 않는 척하고 3개월 동안 비와 자리를 함께하지 않게 했다. 회남왕이 이에 태자에게 노여워하는 양 태자를 비와 함께 방안에서 3개월을 가두어서 지내게 했다. 그러나 태자가 마침내 비를 가까이하지 않았다. 비가 떠나기를 요구하자, 왕이 글을 올려서 사죄하고 돌아가도록 했다. 왕후인 도荼와 태자 천과 딸 능陵이 왕의 총애를 받고 권력을 멋대로 하며, 백성의

전택田宅을 빼앗고 함부로 사람들을 잡아 가두기에 이르렀다.②

元朔三年 上賜淮南王几杖 不朝 淮南王王后荼 王愛幸之 王后生太子
遷 遷取王皇太后外孫修成君女爲妃① 王謀爲反具 畏太子妃知而內泄
事 乃與太子謀 令詐弗愛 三月不同席 王乃詳爲怒太子 閉太子使與妃
同內三月 太子終不近妃 妃求去 王乃上書謝歸去之 王后荼太子遷及
女陵得愛幸王 擅國權 侵奪民田宅 妄致繫人②

① 修成君女爲妃수성군녀위비
집해 응소가 말했다. "왕태후王太后가 먼저 김씨金氏의 딸을 시집보냈다."
應劭曰 王太后先適金氏女也

② 繫人계인
집해 서광이 말했다. "일설에는 '구격毆擊'이라고 했다."
徐廣曰 一云毆擊

무제 원삭 5년, 태자가 검술을 배우고 스스로 생각하기를 아무도
자신에게 미치지 못할 것이라고 여겼다. 낭중郎中으로 있는 뇌피
雷被의 검술이 뛰어나다는① 소문을 듣고 이에 불러서 함께 겨루
자고 했다. 뇌피가 한두 번 사양했지만② (부득이 검술을 겨루다가) 실
수로 태자를 다치게 했다. 태자가 노여워하자 뇌피는 두려웠다.
이때 종군從軍하려는 자가 있으면 번번이 경사로 나아가게 했는데,

뇌피는 곧바로 분투해서 흉노를 공격하기를 원했다.

태자 천이 자주 회남왕에게 뇌피를 헐뜯자 왕이 낭중령에게 파면시키게 하고 뒤의 사람들이 본받는 것을 금지토록 하려고 하니,[3] 뇌피가 결국 도망쳐 장안에 이르러서 글을 올려 자신의 처지를 밝혔다. (황제는) 조서詔書로 그 사건을 정위廷尉에게 내려서 하남河南에 이르러 치죄하게 했다.[4]

元朔五年 太子學用劍 自以爲人莫及 聞郎中靁被巧[1] 乃召與戲 被一再辭讓[2] 誤中太子 太子怒 被恐 此時有欲從軍者輒詣京師 被卽願奮擊匈奴 太子遷數惡被於王 王使郎中令斥免 欲以禁後[3] 被遂亡至長安 上書自明 詔下其事廷尉河南[4]

① 巧교

[색은] 살펴보니 교巧는 검劍을 잘 사용하는 것을 말한다.

案 巧 言善用劍也

② 一再辭讓일재사양

[색은] 악산이 말했다. "처음 한 번은 사양하고 두 번째에도 사양함에 이르렀으나 뒤에는 드디어 사양하지 않았다. 그러므로 첫 번째와 두 번째는 사양했으나 실수로 태자를 찔렀다고 한 것이다."

樂産云 初一讓 至二讓 後遂不讓 故云一再讓而誤中

③ 欲以禁後욕이금후

[정의] 낭중령郎中令의 관직을 파면시키고 내쫓아서 뒷사람에게 감히 본

받지 못하도록 했음을 말한다.

言屏斥免郎中令官 而令後人不敢效也

④ 詔下其事廷尉河南 조하기사정위하남

정의 뇌피雷被가 글로 고발한 사건을 정위에 내려서 하남에 이르러 함

께 치죄하게 한 것이다.

雷被告章下廷尉 及河南共治之

하남에서 이 일을 치죄하려고 회남의 태자를 체포하려 하자[①] 회

남왕과 왕후는 태자를 보내지 않으려고 계획해서 마침내 군사를

일으켜서 반란하려고 했지만 계획을 미적거리면서 10여 일이나

결정하지 못했다.

때마침 조서가 내려져 태자를 신문하게 되었다.[②] 이때를 맞아 회

남의 재상은 수춘壽春의 승丞이 (왕의 뜻에 따라) 태자를 억류시키

고 보내주지 않는 것에[③] 노여워하고 불경죄로 탄핵했다. 회남왕

이 재상에게 (선처를) 부탁했으나 재상은 들어주지 않았다. 이에 회

남왕이 사람을 시켜 글을 올려서 재상을 고발하자 사건이 정위로

내려져서 치죄하게 되었다.

정위에서 사건의 종적을 살펴 회남왕도 연루된 것이 밝혀지자 왕

은 사람을 시켜서 한나라 공경公卿들의 동태를 염탐하게 했다. 조

정의 공경들은 회남왕을 체포해서 치죄할 것을 청원했다.

河南治 逮[①] 淮南太子 王王后計欲無遣太子 遂發兵反 計猶豫 十餘日未

定 會有詔 即訊^②太子 當是時 淮南相怒壽春丞留太子逮不遣^③ 劾不敬
王以請相 相弗聽 王使人上書告相 事下廷尉治 蹤跡連王 王使人候伺
漢公卿 公卿請逮捕治王

① 逮체
정의 체逮는 하남으로 쫓아 달려간 것을 이른다.
逮 謂追赴河南也

② 卽訊즉신
색은 살펴보니 악산이 말했다. "즉卽은 취就(나아가다)이다. 신訊은 문問(문초하다)이다. 회남으로 나아가 조사하고 하남에 이르러 체포하지 않은 것이다."
案 樂産云 卽 就也 訊 問也 就淮南案之 不逮詣河南也

③ 壽春丞留太子逮不遣수춘승유태자체불견
집해 여순이 말했다. "승丞은 형옥刑獄의 죄인들을 주관한다. 승丞이 왕의 뜻을 따랐는데, 태자를 보내지 않은 것은 보낸 글 내용에 호응한 것이다."
如淳曰 丞主刑獄囚徒 丞順王意 不遣太子 應逮書

회남왕은 사건이 발각될 것을 두려워하여 태자 천과 함께 계책을 짜서 말했다.

"한나라에서 사신이 와서 왕을 체포하려고 하거든 왕께서는 사람을 시켜서 위사衛士의 옷을 입고 창을 가지고 조정 안에 있게 하십시오. 그리고 왕의 곁에서 옳지 않은 일이 벌어지면 찔러 죽이게 하십시오. 신臣도 또한 사람을 시켜 회남의 중위中尉를 찔러 죽이도록 하겠습니다. 그리하고 군사를 일으켜도 늦지 않습니다."

이때 무제는 공경들이 청하는 의견을 받아들이지 않고 한나라 중위 굉宏[1]을 보내 곧바로 왕을 신문했다. 회남왕은 한나라 사신이 왔다는 소식을 듣고 곧 태자가 도모한 계책과 같이 했다.

한나라 중위가 이르렀는데 왕이 살펴보니 그의 안색이 온화하고 또 왕에게 뇌피를 파면한 일만을 심문할 뿐이었다. 왕은 스스로 헤아려보건대 아무 죄도 없다고[2] 여기고 자객을 발동시키지 않았다. 중위도 조정으로 돌아가서 사실을 아뢰었다.

王恐事發 太子遷謀曰 漢使卽逮王 王令人衣衞士衣 持戟居庭中 王旁有非是 則刺殺之 臣亦使人刺殺淮南中尉 乃擧兵 未晚 是時上不許公卿請 而遣漢中尉宏[1]卽訊驗王 王聞漢使來 卽如太子謀計 漢中尉至 王視其顏色和 訊王以斥鼂被事耳 王自度無何[2] 不發 中尉還 以聞

① 宏굉

색은 살펴보니 《한서》〈백관표百官表〉에는 성姓이 은殷으로 되어 있다.
案 百官表姓殷也

② 無何무하

[집해] 여순이 말했다. "어떠한 죄도 없는 것이다.[無何罪]"

如淳曰 無何罪

공경 중에 사건을 치죄하자고 건의한 자들이 말했다.

"회남왕 안安은 분발해서 흉노를 공격하겠다는 뇌피 등을 가로막고, 사건을 밝혀 집행하려는 조서를 저지했으니,① 기시죄棄市罪에 해당합니다."

조서를 내려서 허락하지 않았다. 공경들은 회남왕을 폐하여 왕노릇을 하지 못하도록 하라고 청했으나 조서를 내려 허락하지 않았다. 공경들은 5개의 현을 삭감할 것을 청했으나 조서를 내려 2개의 현을 삭감하도록 했다. 그리고 중위 굉宏을 시켜서 회남왕의 죄를 사면케 하고 국토를 삭감하는 벌만을 적용하게 했다. 중위가 회남의 경계에 들어가서 왕을 사면한다고 선언했다.

회남왕은 처음 한나라 공경들이 자신을 주벌하도록 청했다는 소문만 들었고 국토를 삭감시켰다는 것을 알지 못했다. 한나라 사신이 왔다는 소식을 듣고 체포될까 두려워 태자와 함께 계책을 짰던 지난번처럼 사신을 찔러 죽이려고 했다. 중위가 이르러서 곧 왕을 치하致賀하니, 왕은 이 때문에 자객을 발동시키지 않았다. 그 뒤에 스스로 상심해서 말했다.

"내가 인의를 행한다고 하면서 국토를 삭감당했으니 매우 부끄러운 일이다."

公卿治者曰 淮南王安擁閼奮擊匈奴者靁被等 廢格明詔① 當棄市 詔弗

許 公卿請廢勿王 詔弗許 公卿請削五縣 詔削二縣 使中尉宏赦淮南王

罪 罰以削地 中尉入淮南界 宣言赦王 王初聞漢公卿請誅之 未知得削

地 聞漢使來 恐其捕之 乃與太子謀刺之如前計 及中尉至 即賀王 王以

故不發 其後自傷曰 吾行仁義見削 甚恥之

① 廢格明詔폐격명조

색은 최호가 말했다. "조서에서 흉노를 공격할 자를 모집하는데 응모

하는 자를 막는 행위를 한나라 법률에서는 이른바 폐격廢格(저지함)이라고

한다." 살펴보니 여순은 〈양효왕전〉의 주석에 "기각跂閣은 실행하지 않는

것이다. 閣의 발음은 '각各'이다."라고 했다.

崔浩云 詔書募擊匈奴 而雍遏應募者 漢律所謂廢格 案 如淳注梁孝王傳云 跂

閣 不行也 音各也

그런데 회남왕이 국토를 삭감당한 뒤로 그 반역을 도모하려는 마

음이 더욱 심해졌다. 또 여러 사신이 장안에서 와서① 망령되고

요망스러운 이야기만 한다고 여겼다. 주상에게 아들이 없으니 한

나라가 다스려지지 않는다고 이야기하면 곧 기뻐하는데 만약 한

나라 조정이 다스려지고 주상에게 아들이 있다고 이야기하면 회

남왕은 화를 내며 망령된 이야기라며 요망하다고 여겼다.

회남왕은 밤낮으로 오피伍被,② 좌오左吳 등과 함께 지도③를 들여다

보면서 부서部署의 군대가 들어갈 곳을 정했다. 회남왕이 말했다. "주상에게는 태자가 없다. 폐하께서 만일의 경우 이 세상을 뜨시게 되면 조정의 신하들이 반드시 교동왕膠東王을 부르거나 아니면 상산왕常山王[④]일터인데 그렇게 되면 제후들이 함께 다툴 것이니 내가 이를 준비해야 하지 않겠는가? 또 나는 고조高祖의 손자이고 직접 인의의 정치를 행하여 왔다. 폐하께서 나를 두텁게 대우해왔기 때문에 내가 참을 수 있었던 것이지 폐하께서 이 세상을 떠난 뒤에는 내 어찌 북면하여 신하로서 어린아이를 섬길 수 있겠는가!"

然淮南王削地之後 其爲反謀益甚 諸使道從長安來[①] 爲妄妖言 言上無男 漢不治 卽喜 卽言漢廷治 有男 王怒 以爲妄言 非也 王日夜與伍被[②] 左吳等案輿地圖[③] 部署兵所從入 王曰 上無太子 宮車卽晏駕 廷臣必徵膠東王 不卽常山王[④] 諸侯竝爭 吾可以無備乎 且吾高祖孫 親行仁義 陛下遇我厚 吾能忍之 萬世之後 吾寧能北面臣事豎子乎

① 長安來장안래

색은 도장안래道長安來이다. 여순이 말했다. "도道는 로路(길)을 말하는 것과 같으니, 장안으로부터 온 것이다." 요승姚承이 말했다. "도道는 어떤 곳에는 '종從' 자로 되어 있다."

道長安來 如淳曰 道猶言路 由長安來 姚承云 道 或作從

② 伍被오피

집해 《한서》에서 말한다. "오피伍被는 초나라 사람이다. 어떤 이는 그의 선조는 오자서伍子胥의 후예라고 말한다."

漢書曰 伍被 楚人 或言其先伍子胥後

③ 輿地圖여지도

집해 소림이 말했다. "여輿는 모두 실었다는 뜻과 같다."

蘇林曰 輿猶盡載之意

색은 살펴보니 《지림》에서 말한다. "여지도輿地圖는 한나라에서 그린
것이고 먼 옛날에 나온 것은 아니다."

按 志林云 輿地圖漢家所畫 非出遠古也

④ 常山王상산왕

집해 서광이 말했다. "모두 경제의 아들이다."

徐廣曰 皆景帝子也

제
三
장

반란과 실패

회남왕이 동궁東宮에 앉아서 오피伍被를 불러 서로 모의하면서 말했다.

"장군께서는 올라오시오."

오피가 서글픈 심정으로 말했다.

"폐하께서는 관대하게 대왕을 사면했습니다. 왕께서 다시 이 국가를 망칠 말씀을 의논하려 하십니까! 신은 들었습니다. 오자서伍子胥①가 오왕吳王②에게 간언했는데, 오왕이 그의 말을 받아들이지 않았습니다. 오자서가 이에 말하기를 '신은 지금 고라니와 사슴이 고소대姑蘇臺③에서 노는 것을 보았습니다.'라고 했습니다. 지금 신이 또한 궁중에 가시나무가 자라고 이슬에 옷이 젖는 것을 보게 될 것입니다."

회남왕이 노여워하고 오피의 부모를 구금하여 3개월 동안 감옥에 가두었다.

王坐東宮 召伍被與謀 曰 將軍上 被悵然曰 上寬赦大王 王復安得此亡國之語乎 臣聞子胥①諫吳王② 吳王不用 乃曰 臣今見麋鹿游姑蘇之臺③也 今臣亦見宮中生荊棘 露霑衣也 王怒 繫伍被父母 囚之三月

① 子胥자서

신주 이름은 원員, 자서子胥는 그의 자이다. 초나라 대부 오사伍奢의 둘째 아들이다. 서기전 522년, 아버지와 형 오상伍尙이 평왕平王의 노여움을 사 처형되자 초나라를 떠나 송나라와 정나라를 거쳐 오나라로 망명했다. 오나라 합려闔閭가 오왕 요僚를 죽이고 왕위를 탈취할 때 공을 세웠고, 그 뒤 군대를 정비하여 오나라를 번성하게 했다. 합려가 죽은 뒤, 왕이 된 부차夫差에게 월나라 화친 요구를 거절하고 제나라에 대한 공격을 중지해야 한다고 진언했다가 왕의 분노를 샀으며, 결국 자결했다.

② 吳王오왕

신주 오왕은 부차夫差를 가리킨다. 합려闔廬의 후사인 아들 부차가 왕이 되면서, 태재 백비伯嚭의 말만 듣고 오자서의 간언을 듣지 않은 것이다. 〈오자서열전〉에 자세히 기록되어 있다.

③ 姑蘇之臺고소지대

신주 오나라 왕 부차夫差가 고소산姑蘇山 위에 쌓은 누대이다. 부차는 서시西施 등 1,000여 명의 미녀를 이곳에 살게 했다고 한다.

다시 오피를 불러서 말했다.

"장군은 과인의 청을 허許하겠는가?"

오피가 말했다.

"못합니다. 곧바로 온 것은 대왕을 위한 계책을 세우는 것일 따름입니다. 신이 듣건대 총명한 자는 소리가 없는 데에서 듣고, 눈이 밝은 자는 형체가 없는 데에서 본다고 했습니다. 이 때문에 성인께서는 모든 일에 만전萬全을 기하라고 거론했던 것입니다. 옛날 문왕文王은 한 번의 행동으로[1] 공이 천세千世를 드러내어 삼왕三王에 반열했습니다. 이것을 이른바 하늘의 마음을 따라서 움직였다고 하는 것입니다. 이 때문에 온 천하가 기약하지 않았는데도 따랐는데, 이는 천세千歲가 지났어도 나타나고 있습니다. 대저 100년의 진秦나라와 근세의 오吳와 초楚 등 7개국의 반란[2]에서도 또한 족히 국가의 존망을 깨달을 수 있습니다. 신은 감히 오자서가 받았던 처벌을 피하지 않겠습니다. 대왕께서는 오왕과 같은 태도로 간언을 듣지 마실 것을 청원請願합니다.

復召曰 將軍許寡人乎 被曰 不 直來爲大王畫耳 臣聞聰者聽於無聲 明者見於未形 故聖人萬舉萬全 昔文王一動[1]而功顯于千世 列爲三代 此所謂因天心以動作者也 故海內不期而隨 此千歲之可見者 夫百年之秦 近世之吳楚[2] 亦足以喻國家之存亡矣 臣不敢避子胥之誅 願大王毋爲吳王之聽

① 文王一動문왕일동

신주 주나라 문왕文王이 은나라 주왕紂王의 온갖 박해를 받으면서도 은나라를 토벌하기 위해 기산岐山에서 풍읍으로 도읍을 옮겨 나라의 기틀을 다진 것을 말한다. 〈주본기周本紀〉에 나온다.

② 近世之吳楚근세지오초

신주 오초칠국의 난을 말한다. 한무제의 아버지 한경제 때인 서기전 154년에 오나라 왕 유비劉濞가 주축이 되어 일어난 난으로 오래 가지 못하고 평정되어 망했다. 반란에 뜻을 둔 남회왕에게 멀게는 진秦나라, 근세近世에는 오초吳楚의 실패한 사례를 들어 그의 뜻을 거두려고 설득한 것이다.

옛날 진秦나라는 성인聖人의 도를 단절시키고 술사術士들을 죽이며, 시詩와 서書를 불태우고 예의를 버리며, 속임수와 힘을 숭상하고 형벌에 의지하며 바닷가의 곡식들을 운반하여 서하西河까지 이르게 했습니다.

이때에 남자들은 힘을 다해 밭을 갈아도 쌀겨마저도 넉넉하게 먹을 수가 없었고, 여자들은 열심히 길쌈을 해도 몸을 덮기에도 부족했습니다. 몽염蒙恬을 보내어 장성을 쌓게 하였는데 동서東西로 수천 리에 이르며, 햇볕에 그을리고 이슬을 맞는 군사가 항상 수십만이 되고 죽은 자만 이루 셀 수가 없을 정도였습니다. 널브러진 시체들이 1,000리에 이르러 흐르는 피가 밭이랑을 물들였습니다. 백성은 힘이 고갈되어 반란을 일으키고자 하는 자들이 10가家 중에 5가나 되었습니다.

또 서복徐福[1]에게 바다로 들어가 신이한 물건을 구해 오게 하니, (서복이) 돌아와서 거짓말로 '신이 바다속에서 대신大神을 만나보았는데, 대신이 말하기를 「너는 서황西皇의 사신이냐?」라고 하기에 신이 대답하기를 「그렇습니다.」라고 했습니다.

대신이 「너는 무엇을 구하느냐?」라고 묻기에, 제가 「원컨대 나이를 늘려서 더 오래 살 수 있는 약을 원합니다.」라고 했습니다. 그러자 신령이 말하기를 「너의 진왕秦王은 예禮가 박薄해서 볼 수는 있어도 가질 수는 없다.」라고 했습니다. 그리고 곧 신을 데리고 동남쪽의 봉래산蓬萊山에 이르러 지초로 이루어진 궁전을 보여주었습니다. 그곳에는 사신이 있었는데 구릿빛에 용의 형상으로 광채가 올라서 하늘까지 비추었습니다. 이에 신이 재배를 올리고 묻기를 「어떤 물건을 바치면 마땅하겠습니까?」라고 하자, 해신이 말하기를 「명문가의 동남童男과 동녀童女[2]와 온갖 공예품을 함께 바치면 곧 얻을 수 있을 것이다.」라고 했습니다.

진시황이 (이 말을 듣고) 크게 기뻐하고 좋은 집안의 동남과 동녀 3,000명을 거두어 보내고 오곡의 종자와 온갖 장인의 공예품을 주어 가게 했습니다. 서복은 평원平原과 넓은 연못을 얻자 그곳에 머물러 왕노릇을 하며 돌아오지 않았습니다.[3] 이에 백성이 비통해하고 서로 염려하며 반란을 하고자 하는 자가 10가家 중에 6가나 되었습니다.

昔秦絶聖人之道 殺術士 燔詩書 棄禮義 尙詐力 任刑罰 轉負海之粟致之西河 當是之時 男子疾耕不足於糟糠 女子紡績不足於蓋形 遣蒙恬築長城 東西數千里 暴兵露師常數十萬 死者不可勝數 僵尸千里 流血頃畝 百姓力竭 欲爲亂者 十家而五 又使徐福[1]入海求神異物 還爲僞辭曰 臣見海中大神 言曰 汝西皇之使邪 臣答曰 然 汝何求 曰 願請延年益壽藥 神曰 汝秦王之禮薄 得觀而不得取 卽從臣東南至蓬萊山 見芝成宮闕 有使者銅色而龍形 光上照天 於是臣再拜問曰 宜何資以獻 海

神曰 以令名男子若振女^②與百工之事 卽得之矣 秦皇帝大說 遣振男女
三千人 資之五穀種種百工而行 徐福得平原廣澤 止王不來^③ 於是百姓
悲痛相思 欲爲亂者十家而六

① 徐福서복

신주 〈진시황본기〉에는 서불徐市로 되어 있다. 진나라 때의 방사方士
이다.

② 振女진녀

집해 서광이 말했다. "《서경부》에는 '진자만동振子萬童'이라고 했다."
살펴보니 설종이 말했다. "진자振子는 어린 남녀이다."

徐廣曰 西京賦曰 振子萬童 駰案 薛綜曰 振子 童男女

③ 止王不來지왕불래

정의 《괄지지》에서 "단주亶州는 동해東海 안에 있고, 진시황이 서복徐
福을 보내면서 동남童男과 동녀童女를 거느리게 하고 마침내 이 주州에
머물게 했다. 그 뒤, 다시 여러 섬에 1만가家가 있었는데, 그 주변에 사는
사람 중에 회계會稽에 이르러 시장에서 교역하는 사람도 있었다."라고 했
다. 문장이 빠졌다.

括地志云 亶州在東海中 秦始皇遣徐福將童男女 遂止此州 其後復有數洲萬家
其上人有至會稽市易者 闕文

또 위타尉佗를 보내서 오령五嶺①을 넘어 백월百越을 공격하게 했습니다. 위타는 중원이 지극히 피로해진 것을 알아서 그곳에 머물고 왕노릇을 하면서 돌아오지 않았으며, 사람을 시켜 글을 올리게 해서 남편이 없는 여자들 3만 명을 구하여 사졸들의 의복을 기워야 한다고 하니, 진시황이 1만 5,000명을 허락했습니다. 이에 백성들의 마음이 이반離反하고 와해瓦解되자, 반란을 일으키고자 하는 자는 10가家 중에 7가나 되었습니다.

객이 고황제에게 일러 말하기를 '때가 되었습니다.'라고 하자, 고황제께서는 '기다리면 성인聖人이 마땅히 동남쪽에서 일어날 것이다.'라고 했습니다. 1년이 되지 않아 진승陳勝과 오광吳廣이 군사를 일으켰습니다. 고황제께서는 풍패豊沛에서 시작하여 한 번 창의하자 천하에서는 기약하지도 않았는데 메아리가 울리듯 호응하는 자가 이루 다 헤아릴 수가 없었습니다. 이것이 이른바 약점을 노려 빈틈을 기다리는 것이니② 진나라가 망하는 것을 따라 움직인 것입니다.

又使尉佗踰五嶺①攻百越 尉佗知中國勞極 止王不來 使人上書 求女無夫家者三萬人 以爲士卒衣補 秦皇帝可其萬五千人 於是百姓離心瓦解 欲爲亂者十家而七 客謂高皇帝曰 時可矣 高皇帝曰 待之 聖人當起東南間 不一年 陳勝吳廣發矣 高皇始於豊沛 一倡天下 不期而響應者不可勝數也 此所謂蹈瑕候間② 因秦之亡而動者也

① 五嶺오령

신주 대유령大庾嶺, 월성령越城嶺, 기전령騎田嶺, 맹저령萌渚嶺, 도방령都

庾嶺이다. 남령南嶺 산맥에 걸쳐 있는 고개이다.

② 蹈瑕候間도하후한

신주 상대방의 약점을 살피면서 빈틈을 기다리는 것이다.

백성이 바라는 깃은 마치 가뭄에 단비를 바라는 것과 같습니다.
이 때문에 행오行伍와 군진軍陣 속에서 일어나서 천자가 되어, 공
이 삼왕三王보다 높았고 덕이 전해지는데 끝이 없는 것입니다. 지
금 대왕께서는 고황제께서 천하를 얻는데 쉬웠다는 것만 보시고,
유독 근세의 오吳와 초楚가 패망한 것을 살피지 않는 것입니까.
대저 오왕이 호칭을 부여받고 유씨의 좨주祭酒①가 되었는데도 다
시 조회하지 않았고, 4개 군의 백성의 왕이 되어서 국토가 사방으
로 수천 리에 달하며, 안으로는 구리를 녹여서 돈을 만들고 동쪽
바다의 해수를 달여 소금을 만들었습니다. 위로는 강릉의 나무
를 취해 배를 만들어 한 척의 배에 싣는 물량이 중원의 수레에 수
십여 대의 분량을 싣는 것과 같고, 국가는 부유하고 백성은 많았
습니다. 또 주옥珠玉과 금과 비단을 가지고 제후와 종실의 대신들
에게 뇌물을 주었는데, 오직 두씨竇氏에게만 주지 않았습니다. 계
획을 결정하고 계책이 이루어지자 군사를 일으켜 서쪽으로 향했
습니다. 그러나 대량大梁에서 격파되고 호보狐父②에서 무너져 달
아나 동쪽으로 갔으나 단도丹徒에 이르러 월나라 사람에게 사로
잡혔습니다.③ 그래서 자신은 죽고 제사는 단절되어 천하의 웃음

거리가 되었습니다.

百姓願之 若旱之望雨 故起於行陳之中而立爲天子 功高三王 德傳無
窮 今大王見高皇帝得天下之易也 獨不觀近世之吳楚乎 夫吳王賜號爲
劉氏祭酒① 復不朝 王四郡之衆 地方數千里 內鑄消銅以爲錢 東煮海水
以爲鹽 上取江陵木以爲船 一船之載當中國數十兩車 國富民衆 行珠
玉金帛賂諸侯宗室大臣 獨竇氏不與 計定謀成 舉兵而西 破於大梁 敗
於狐父② 奔走而東 至於丹徒 越人禽之③ 身死絕祀 爲天下笑

① 劉氏祭酒유씨좨주

[집해] 응소가 말했다. "《예》에서 술을 마실 때 반드시 제사를 지내는
것은 선조가 있음을 보여주는 것이다. 이 때문에 좨주祭酒로 일컬어서
높이는 것이다."

應劭曰 禮飲酒必祭 示有先也 故稱祭酒 尊也

② 狐父호보

[집해] 서광이 말했다. "양주梁州와 탕주碭州의 사이에 있다."

徐廣曰 在梁碭之間

③ 越人禽之월인금지

[신주] 오왕은 대량大梁과 호보狐父에서 대파당하여, 장사 수천 명과 밤
을 틈타 단도丹徒로 달아나서 동월의 보호를 받았다. 이렇게 되자 남은
오나라 군사들은 괴멸당하거나 주아부周亞夫와 양나라 군에 투항했으
며, 오나라 각 현들도 점령당했다. 또 오왕이 동월의 비호를 받고 있음을

한나라가 알아채고 사자를 내서 회유하자, 동월은 오왕을 속이고 살해했다. 여기에서 이를 말한 것이다.

대저 오吳와 월越은 많은 백성을 가지고도 성공하지 못한 것이 무슨 까닭이겠습니까? 진실로 하늘의 도를 거역하고 때를 알지 못했기 때문입니다. 지금 대왕의 군사와 백성을 10으로 나눈다면 오吳와 초楚의 1도 될 수 없습니다. 그리고 천하가 안정된 것이 진秦나라 때보다 1만 배나 더 합니다. 원하건대 대왕께서는 신의 계책을 따르십시오. 대왕께서 신의 계책을 따르지 않으신다면, 지금 보건대 대왕의 계획은 반드시 성공하지 못할 것이고, 비밀이 먼저 샐 것입니다. 신이 들으니 은殷나라 미자微子[①]는 옛 망한 나라를 지나가면서 슬퍼하고 이에 '맥수지가麥秀之歌'[②]를 지었습니다. 이 것은 주왕紂王이 왕자 비간比干[③]의 말을 듣지 않은 것을 애통해한 것입니다. 그러므로 《맹자》에서 '주왕紂王은 귀한 천자가 되었지만 죽어서는 필부匹夫만도 못했다.'라고 말했습니다. 이것은 주왕이 먼저 스스로 천하와 단절한 것이 오래된 것이지, 죽는 날 천하가 주왕을 버린 것이 아닙니다. 지금 신도 또한 대왕께서 천승千乘(제후왕)의 군주 지위를 버리려고 하는 것을 남모르게 슬퍼하고 있습니다. 반드시 목숨을 끊으라는 글을 내려주십시오. 중신들을 위하여 먼저 동궁東宮[④]에서 죽겠습니다."

이에 회남왕은 기분이 원망으로 맺혀서 떨쳐버리지 못하고[⑤] 눈물이 눈자위에 가득 차 흘러넘쳤다. 바로 일어나서 계단을 지나

떠나갔다.

夫以吳越之衆不能成功者何 誠逆天道而不知時也 方今大王之兵衆不
能十分吳楚之一 天下安寧有萬倍於秦之時 願大王從臣之計 大王不從
臣之計 今見大王事必不成而語先泄也 臣聞微子^①過故國而悲 於是作
麥秀之歌^② 是痛紂之不用王子比干^③也 故孟子曰 紂貴爲天子 死曾不
若匹夫 是紂先自絕於天下久矣 非死之日而天下去之 今臣亦竊悲大王
棄千乘之君 必且賜絕命之書 爲群臣 先死於東宮^④也 於是(王)氣怨結
而不揚^⑤ 涕滿匡而橫流 即起 歷階而去

① 微子미자

신주 은殷나라 마지막 임금인 주왕紂王의 이복형으로 은나라가 멸망
한 뒤에 주나라 성왕에 의해 송宋의 제후로 봉해졌다. 미자는 비간比干,
기자箕子와 함께 은나라 말기의 삼인三仁(세 명의 어진 사람)으로 꼽힌다.

② 麥秀之歌맥수지가

신주 전해지는 〈맥수가麥秀歌〉는 이러하다. "보리 이삭이 한창 빼어나
고, 벼와 기장도 기름지네. 저 교활한 아이, 나와 친근하지 않았네.[麥秀蘄
蘄兮 禾黍油油 彼狡童兮 不與我好兮]"

③ 比干비간

신주 주왕紂王의 숙부이다. 은나라 주왕의 폭정을 간하다가 심장을 가
르는 형벌로 죽임을 당했다.

④ 東宮동궁

[집해] 여순이 말했다. "왕이 당시에 거처하던 곳이다."

如淳曰 王時所居也

⑤ 氣怨結而不揚기원결이불양

[신주] 기분이 울컥하여 떨치지 못한다는 의미이다.

회남왕에게는 서자庶子인 불해不害가 있었는데, 아들 가운데 가장 나이가 많았으나 왕은 사랑하지 않았다. 또 회남왕과 왕후, 태자도 모두 불해를 자식이나 형이라고 헤아리지도 않았다.① 불해에게는 아들 건建이 있었다. 재능이 뛰어나고 기개가 있었는데 늘 태자가 아버지를 보살피지 않는 것을 원망했다.② 또 당시 제후들은 모두 자제들에게 후작을 나누어 주었는데 회남에서는 단지 아들이 두 명뿐인데 한 명은 태자가 되었지만, 건建의 아버지는 홀로 후작이 되지 못한 것을 원망했다.

이에 건은 몰래 사람들과 결탁해서 태자를 무너뜨리고 자신의 아버지로 대신 세우고자 했다. 태자가 이 사실을 알아차리고 여러 차례 건을 체포해 옥에 가두고 건에게 매질을 하기도 했다.

王有孼子不害 最長 王弗愛 王王后太子皆不以爲子兄數① 不害有子建 材高有氣 常怨望太子不省其父② 又怨時諸侯皆得分子弟爲侯 而淮南 獨二子 一爲太子 建父獨不得爲侯 建陰結交 欲告敗太子 以其父代之 太子知之 數捕繫而榜笞建

① 不以爲子兄數불이위자형수

[집해] 여순이 말했다. "아들이나 형의 서열로 헤아리지 않은 것이다."

如淳曰 不以爲子兄秩數

② 不省其父불성기부

[집해] 복건이 말했다. "형제의 수로 기록하여 드러내는 것을 살피지 않는 것이다."

服虔曰 不省錄著兄弟數中

건建은 한나라 중위中尉를 살해하고자 한 태자의 계획을 구체적으로 알고 곧바로 전부터 친하게 지내던 수춘壽春의 장지莊芷①라는 사람을 시켜 무제 원삭元朔 6년②에 천자에게 글을 올리게 해서 말했다.

"독한 약은 입에는 쓰나 병에는 이롭고, 충성스런 말은 귀에는 거슬리나 행동하는 데는 이로운 것입니다. 지금 회남왕의 손자인 건建이 재주와 능력이 고상한데도 회남왕의 왕후 도茶와 도의 아들 태자 천遷은 항상 건을 미워해서 해치려고 합니다. 건의 아버지 불해不害는 아무 죄가 없는데도 제멋대로 수차례나 체포하여 구속하고 죽이고자 했습니다. 지금 건이 있사오니 불러서 물어보신다면 회남왕의 음사陰事를 구체적으로 알 수 있을 것입니다."

글로 보고하자 주상이 그의 일을 정위廷尉에 내려서 심문하게 했다. 정위는 하남河南에 내려서 치죄하도록 했다. 이때 예전

벽양후辟陽侯의 손자 심경審卿이 승상 공손홍公孫弘과 사이가 좋
았는데 회남여왕이 그의 할아버지를 살해한 것에 원망을 품고,
회남의 일을 깊이 꾸며서 공손홍에게 말했다. 공손홍은 회남왕이
반역의 계획이 있는 것으로 의심하고 깊게 그의 옥사를 치죄하라
고 말했다. 하남에서 건건을 치죄하면서 고하는 말로 회남의 태자
와 그의 도당들을 끌어들였다.

建具知太子之謀欲殺漢中尉 即使所善壽春莊止^①以元朔六年^②上書於
天子曰 毒藥苦於口利於病 忠言逆於耳利於行 今淮南王孫建 材能高
淮南王王后荼荼子太子遷常疾害建 建父不害無罪 擅數捕繫 欲殺之
今建在 可徵問 具知淮南陰事 書聞 上以其事下廷尉 廷尉下河南治 是
時故辟陽侯孫審卿善丞相公孫弘 怨淮南厲王殺其大父 乃深購淮南事
於弘 弘乃疑淮南有畔逆計謀 深窮治其獄 河南治建 辭引淮南太子及
黨與

① 莊止장지

색은 《한서》에는 '엄정嚴正'으로 되어 있다.

漢書作嚴正也

② 元朔六年원삭육년

신주 서기전 123년이다.

회남왕이 걱정하여 반역을 일으키고자 오피에게 물었다.

"한나라 조정은 잘 다스려지는가, 혼란한가?"

오피가 대답했다.

"한나라 천하는 잘 다스려지고 있습니다."

회남왕이 속으로 기뻐하지 않고 오피에게 일러 말했다.

"그대는 어찌하여 천하가 잘 다스려진다고 이르는가?"

오피가 대답했다.

"제가 은밀히 한나라 조정의 정치를 살펴보니 군주와 신하의 의리, 아버지와 아들의 친함, 지아비와 지어미의 분별, 어른과 어린이의 차례가 모두 그 도리를 얻었고 폐하의 행동은 옛날의 도를 따르며, 풍속이나 기강에 흠결이 되는 바가 없었습니다. 많은 물건을 갖춘 부상富商들이 천하를 주유해서 길이 통하지 않는 곳이 없습니다. 이 때문에 교역하는 도道가 행해졌습니다. 남월南越이 빈賓으로 복종하고 강羌과 북북僰의 오랑캐가 공물을 바치러 들어오며, 동구東甌가 들어와 투항했습니다. 장유長楡의 요새를 넓히고① 삭방朔方②을 새로 열고 흉노의 날개가 꺾이고 부러져 원조를 잃고 떨치지 못합니다. 비록 옛날의 태평시대에 미치지 못하더라도 그러나 다스림에서는 닮았습니다."

淮南王患之 欲發 問伍被曰 漢廷治亂 伍被曰 天下治 王意不說 謂伍被曰 公何以言天下治也 被曰 被竊觀朝廷之政 君臣之義 父子之親 夫婦之別 長幼之序 皆得其理 上之擧錯遵古之道 風俗紀綱未有所缺也 重裝富賈 周流天下 道無不通 故交易之道行 南越賓服 羌僰入獻 東甌入降 廣長楡① 開朔方② 匈奴折翅傷翼 失援不振 雖未及古太平之時 然猶爲治也

① 廣長楡광장유

集解 여순이 말했다. "광廣은 크게 넓히는 것을 이른다. 장유長楡는 요새의 이름이다. 왕회王恢가 '느릅나무를 심어서 요새로 만들었다.'라고 일렀다."

如淳曰 廣謂拓大之也 長楡 塞名 王恢所謂 樹楡爲塞

② 朔方삭방

신주 삭방은 춘추전국 때의 임호林胡 땅이다. 임호는 운중雲中과 함께 연나라 서쪽 지방에 위치한다. 한나라 무제 때 이곳에 처음으로 삭방군이 설치되었다.

회남왕이 노여워하자 오피는 죽을죄에 해당한다고 사죄했다. 왕이 또 오피에게 일러 말했다.

"산동山東에 곧 전쟁이 있게 된다면 한나라에서는 반드시 대장군을 시켜서 군사를 인솔하고 산동을 제압할 것인데 공은 대장군을 어떠한 사람으로 여기는가?"

오피가 말했다.

"저와 친하게 지내는 황의黃義라는 사람이 있는데 대장군을 따라 흉노를 공격하고 돌아와 저에게 알리기를 '대장군은 사대부를 예우하고 사졸들에게도 은혜가 있어 무리가 모두 그에게 쓰이게 됨을 즐기고 있다. 또 말을 타고 산을 오르고 내릴 때, 마치 나는 듯하며 재간이 남보다 뛰어나다.'라고 했습니다. 제가 생각하기에 재능이 이와 같고 여러 장수가 전쟁에 익숙하니 쉽게 당해내지 못할 것입니다.

또 알자謁者 조량曹梁이 장안에 사신으로 갔다가 이르러 말하기를 '대장군은 호령이 분명하고 적을 상대할 때는 용감해서 항상 사졸에 솔선합니다. 휴식하고 머무를 때 우물을 파다가 물구멍이 뚫리지 않으면, 사졸들이 물을 다 마시기를 기다린 뒤에야 비로소 감히 물을 마십니다. 군대가 후퇴할 때 사졸들이 이미 모두 강을 건넌 뒤에야 이에 건넙니다. 황태후께서 황금이나 비단을 하사한 것은 모두 군리軍吏에게 나누어줍니다. 비록 옛날의 명장이라도 이보다 넘지는 못할 것입니다."

회남왕은 아무 말이 없었다.

회남왕은 건建이 이미 소환되어 심문을 받는 것을 보고 나라에서 음모한 일이 장차 발각될 것을 두려워하여 반란을 일으키고자 했는데 오피가 또 어렵다고 생각하자 이에 다시 오피에게 물었다.

"공은 오나라가 군사를 일으킨 것을 옳다고 여기는가, 그르다고 여기는가?"

오피가 말했다.

"잘못된 것이라고 여깁니다. 오왕은 지극히 부유하고 귀한 몸이었는데 거사한 것이 타당치 못해서 몸은 단도丹徒에서 죽었지만 머리와 다리는 다른 곳에 묻혔고 자손은 후손을 남긴[1] 자들이 없습니다. 신이 들으니 오왕이 매우 후회한다고 했답니다. 원하건대 왕께서는 그것을 숙고하시고 오왕과 같이 후회하지 않았으면 합니다."

王怒 被謝死罪 王又謂被曰 山東即有兵 漢必使大將軍將而制山東 公
以爲大將軍何如人也 被曰 被所善者黃義 從大將軍擊匈奴 還 告被曰
大將軍遇士大夫有禮 於士卒有恩 衆皆樂爲之用 騎上下山若蜚 材幹
絕人 被以爲材能如此 數將習兵 未易當也 及謁者曹梁使長安來 言大
將軍號令明 當敵勇敢 常爲士卒先 休舍 穿井未通 須士卒盡得水 乃敢
飲 軍罷 卒盡已度河 乃度 皇太后所賜金帛 盡以賜軍吏 雖古名將弗過
也 王默然 淮南王見建已徵治 恐國陰事且覺 欲發 被又以爲難 乃復問
被曰 公以爲吳興兵是邪非也 被曰 以爲非也 吳王至富貴也 舉事不當
身死丹徒 頭足異處 子孫無遺①類 臣聞吳王悔之甚 願王孰慮之 無爲吳
王之所悔

① 遺유
집해 서광이 말했다. "다른 판본에는 '초譙'로 되어 있고 譙의 발음은
'조[寂笑反]'이다."
徐廣曰 一作譙 音寂笑反

회남왕이 말했다.
"남자가 죽는 것은 마찬가지이다.① 또 오왕이 어찌 반란을 일으
킬 줄 알았겠는가?② 한나라 장군이 하루에 성고成皐를 통과한 자
가 40여 명이었다.③ 지금 우리가 누완樓緩④을 시켜서 먼저 성고成
皐의 입구⑤를 막게 하고, 주피周被로 영천군의 군사를 내려오게 해

환원轘轅과 이궐伊闕⑥의 길을 차단하게 하고, 진정陳定에게 남양군의 군사를 발동시켜 무관武關⑦을 지키게 한다면 하남태수는 홀로 낙양에 있게 될 뿐이다. 무엇이 족히 우려될 것인가?

그러나 이곳의 북쪽에는 오히려 임진관臨晉關과 하동군과 상당군이 있어서 하내河內와 조나라가 함께하고 있다. 사람들이 말하기를 '성고의 입구를 차단하면 천하가 불통한다.'라고 했다. 삼천三川의 험난한 것⑧을 의지하고 산동의 군사를 불러서 거사하는 것을 이처럼 하려는데 공은 어떻게 생각하오?"

王曰 男子之所死者一言①耳 且吳何知反② 漢將一日過成皐者四十餘人③ 今我令樓緩④先要成皐之口⑤ 周被下潁川兵塞轘轅伊闕⑥之道 陳定發南陽兵守武關⑦ 河南太守獨有雒陽耳 何足憂 然此北尙有臨晉關 河東上黨與河內趙國 人言曰 絕成皐之口 天下不通 據三川之險⑧ 招山東之兵 擧事如此 公以爲何如

① 言언

집해 서광이 말했다. "어떤 판본에는 이 '언言' 자가 없다." 살펴보니 장안이 말했다. "성사되지 않으면 죽는 것도 하나의 계책일 뿐이다." 신찬이 말했다. "어떤 경우에는 한마디의 말을 가지고 사귀고 죽음으로써 갚는 것이다."

徐廣曰 一本無此言字 駰案 張晏曰 不成則死 一計耳 瓚曰 或有一言之交 以死報之矣

② 且吳何知反차오하지반

집해 신찬이 말했다. "오왕吳王이 군사를 일으켜 반역할 것을 알지 못했음을 말한 것이다."

瓚曰 言吳王不知舉兵反

색은 지知는 해解와 같다.

案 知猶解

③ 過成皋者四十餘人과성고자사십여인

집해 여순이 말했다. "오나라에서 성고成皐의 입구를 차단하지 않아 한나라 장수가 나갈 수 있었던 것을 말한다."

如淳曰 言吳不塞成皐口 而令漢將得出之

④ 樓緩누완

집해 《한서》에는 곧바로 '완緩' 자라고만 하고 '누樓' 자는 없다. 누완樓緩은 육국시대六國時代의 사람이다. 의심컨대 이는 후세사람이 더했을 것이다. 이기가 말했다. "완緩은 사람의 성명인 듯하다." 위소가 말했다. "회남의 이름난 신하이다."

漢書 直云緩 無樓字 樓緩乃六國時人 疑此後人所益也 李奇曰 緩 似人姓名 韋昭曰 淮南臣名

⑤ 成皐之口성고지구

정의 성고成皐의 옛 성은 하남河南의 범수현氾水縣 동남쪽 2리에 있다.

成皐故城在河南(澠)〔氾〕水縣東南二里

⑥ 轘轅伊闕환원이궐

정의 환원轘轅의 옛 관關은 하남 구지현緱氏縣 남쪽 40리에 있다. 이궐
伊闕의 옛 관은 하남현 남쪽 19리에 있다.

轘轅故關在河南緱氏縣南四十里 伊闕故關在河南縣南十九里

⑦ 武關무관

정의 옛 무관武關은 상주商州 상락현商洛縣 동쪽 90리에 있다. 춘추시
春秋時가 문장에서 빠졌다.

故武關在商州商洛縣東九十里 春秋時 闕文

⑧ 三川之險삼천지험

정의 곧 성고관成皐關이다.

卽成皐關也

오피가 대답했다.

"신臣은 그 재앙만 보이고 그 복은 보이지 않습니다."

회남왕이 말했다.

"좌오左吳와 조현趙賢과 주교여朱驕如가 모두 복이 있다고 여기고
열 가지 일 중에 아홉 가지가 성공한다고 했는데, 공만이 유독 재
앙만이 있고 복이 없다는 것은 무슨 뜻인가?"

오피가 대답했다.

"대왕의 여러 신하 가운데 가까이에서 총애를 받으며 평소 부릴
수 있는 자들은 모두 전에 붙잡혀 하옥되었으며 나머지 중에는

쓸 만한 자가 없습니다."

회남왕이 말했다.

"진승陳勝이나 오광吳廣은 송곳 하나 세울 만한 땅도 없었지만 1,000명의 무리를 집합시키고 대택에서 일어나 팔을 들어서 크게 부르짖자 천하에서 메아리치듯 호응했다. 서쪽으로 희戲 땅에 이르러서는 군사가 120만 명이었다. 지금 우리나라가 비록 작더라도 병기를 다룰 만한 자들은 10여 만을 얻을 수 있고, 단지 쇠를 짓고 수자리 가는 무리처럼[1] 낫, 끌, 창이나 가지창자루[2]를 잡고 있는 것도 아닌데 공은 어찌하여 재앙만이 있고 복이 없다고 하는가?"

被曰 臣見其禍 未見其福也 王曰 左吳趙賢朱驕如皆以爲有福 什事九成 公獨以爲有禍無福 何也 被曰 大王之群臣近幸素能使衆者 皆前繫詔獄 餘無可用者 王曰 陳勝吳廣無立錐之地 千人之聚 起於大澤 奮臂大呼而天下響應 西至於戲而兵百二十萬 今吾國雖小 然而勝兵者可得十餘萬 非直適戍之衆[1] 鑱鑿棘矜[2]也 公何以言有禍無福

① 適戍之衆적술지중

　신주　진승과 오광의 무리처럼 죄를 지어 수자리 가는 잘 다듬어지지 않은 행렬을 가리킨다.

② 鑱鑿棘矜기착극긍

　집해　서광이 말했다. "큰 낫[大鎌]을 개鐖라고 하고, 鐖의 발음은 '애[五哀反]'이다. 아마도 이것이 기鑱일 것이다."

徐廣曰 大鎌謂之剴 音五哀反 或是鐖乎

색은 유씨가 말했다. "앞 글자 鐖의 발음은 '이[吾裏反]'이고 뒷 글자 鑿의 발음은 '작[自洛反]'이다. 또 鐖의 발음을 추씨는 '기機'라고 하였다." 위에 집해 주석에서 "큰 낫[大鎌]을 개剴라고 하고,"라고 하였는데 鎌의 발음은 '렴廉'이고 剴의 발음은 '애[五哀反]'이다.

劉氏音上吾裏反 下自洛反 又鐖 鄒音機也 注大鎌謂之剴 鎌音廉 剴音五哀反

신주 기鐖는 낫, 착鑿은 끌, 극棘은 창, 긍矜은 가지창이다.

오피가 대답했다.

"지난날 진나라는 무도해서 천하를 잔인하게 해쳤습니다. 만승萬乘의 수레를 일으키고 아방궁을 짓고 태반의 세금을 거두고 여좌閭左의 사람들을 수자리로① 징발했습니다. 아버지는 자식을 편안하게 하지 못했고 형이 동생을 편안하게 하지 못했습니다. 정사는 까다롭고 형벌은 준엄했으며, 천하는 들들 볶아 태우는 것과 같았습니다.② 백성은 모두 목을 길게 늘이고 바라보며 귀를 기울이고 들으며 슬피 울부짖고 하늘을 우러러보았으며 가슴을 치면서 위에 있는 자들을 원망했습니다.

이 때문에 진승이 크게 울부짖자 천하에서 메아리치듯 호응한 것입니다. 이즈음 폐하께서 군림하시어 온 천하를 제재制裁함에 하나같이 해내海內를 정제整齊하시고, 모든 백성을 널리 사랑하시며 덕을 펴고 은혜를 펴고 있습니다. 입으로는 비록 말씀하시지 않지만 그 소리는 우렛소리보다 빠르고, 명령은 비록 내지 않더라도 교화가 되는 빠르기가 신과 같습니다.

마음에 품은 바가 있으면 위엄이 만 리를 진동시켜서 아래에서 위와 응하는 것이 빛과 메아리가 응하는 것과 같습니다. 또 대장군의 재능은 장함章邯이나 양웅楊熊 정도가 아닙니다. 대왕께서는 진승이나 오광에게 비유했는데 저는 대왕께서 그르다고 생각합니다."

被曰 往者秦爲無道 殘賊天下 興萬乘之駕 作阿房之宮 收太半之賦 發閭左之戍^① 父不寧子 兄不便弟 政苛刑峻 天下熬然若焦^② 民皆引領而望 傾耳而聽 悲號仰天 叩心而怨上 故陳勝大呼 天下響應 當今陛下臨制天下 一齊海內 汎愛蒸庶 布德施惠 口雖未言 聲疾雷霆 令雖未出 化馳如神 心有所懷 威動萬里 下之應上 猶影響也 而大將軍材能不特章邯楊熊也 大王以陳勝吳廣諭之 被以爲過矣

① 閭左之戍려좌지술

정의 마을 왼쪽의 부역하지 않는 백성인데, 진秦나라에서는 사역을 시킨 것이다.

閭左邊不役之民 秦則役之也

② 熬然若焦오연약초

색은 약초若燋이다. 焦의 발음은 '조[卽消反]'이다.

若燋 音卽消反

신주 오연熬然은 '들들 볶는 모양'을 나타낸다.

회남왕이 말했다.

"진실로 공의 말과 같다면 요행도 바랄 수가 없다는 것인가?"

오피가 대답했다.

"저에게 어리석은 계책이 있습니다."

회남왕이 말했다.

"어떤 것이오?"

오피가 말했다.

"지금 제후들은 다른 마음을 갖지 않고 백성도 원망하는 기색이 없습니다. 삭방군朔方郡의 전답은 넓고 물과 풀은 아름다워 백성을 옮겨도 그 땅을 채우기에는 부족합니다. 신의 어리석은 계산으로는 거짓으로 승상과 어사의 주청서를 만들어서 군국의 호걸이나 임협任俠이나 내죄耐罪 이상[①]의 죄인들을 옮겨 사면령을 내려서 그의 죄를 없애주고, 50만냥 이상의 재산이 있는 자들은 모두 그의 가족들을 삭방군으로 옮기고 갑병들을 더욱 징발해서 그 모이는 날을 재촉하는 것입니다.

또 좌우도사공左右都司空과 상림원 안의 중도관中都官[②]의 조옥서 詔獄書를 위조하여 제후의 태자와 총애하는 신하들을 체포하십시오. 이처럼 하면 백성이 원망하고 제후들이 두려워할 것입니다. 곧 변사辯士[③]들을 보내 따르게 해 설득하면 아마도 요행으로라도 열에서 하나는 얻을 수 있을 것 입니다."

王曰 苟如公言 不可徼幸邪 被曰 被有愚計 王曰 奈何 被曰 當今諸侯無異心 百姓無怨氣 朔方之郡田地廣 水草美 民徙者不足以實其地 臣之愚計 可僞爲丞相御史請書 徙郡國豪桀任俠及有耐罪以上[①] 赦令除其

罪 産五十萬以上者 皆徙其家屬朔方之郡 益發甲卒 急其會日 又僞爲
左右都司空上林中都官^②詔獄〔逮〕書 〔逮〕諸侯太子幸臣 如此則民怨 諸
侯懼 卽使辯武^③隨而說之 儻可徼幸什得一乎

① 耐罪以上내죄이상

집해 응소가 말했다. "가벼운 죄는 곤髡(머리를 깎는 죄)까지는 이르지 않
고 그의 구레나룻 수염도 완전하게 그대로 두기 때문에 이耏라 한다. 그
러므로 '이耏' 자가 '삼彡' 자를 따라서 머리털과 살의 뜻이 된다. 두림杜
林이 생각하기를 '법도法度로 쓰이는 자는 모두 '촌寸' 자를 따랐기 때문
에 후대에 이와 같이 고친 것이다.'라고 했다. 耐의 발음은 '능能'이다." 여
순이 말했다. "율律에서 '내耐는 사구司寇도 되고 내耐는 귀신鬼薪(땔나무
를 해서 종묘에 바치는 형벌)이나 백찬白粲(죄인에게 절구질시켜 쌀을 희게 만드는 형벌)이
된다.'고 했다. 내耐는 임任과 같다." 소림이 말했다. "1년은 벌작罰作이 되
고 2년의 형벌 이상은 내耐가 된다. 내耐는 그의 죄를 견뎌내는 것이다."
應劭曰 輕罪不至於髡 完其耏鬢 故曰耏 古耏字從彡 髮膚之意 杜林以爲法度
之字皆從寸 後改如是 耏音若能 如淳曰 律耐爲司寇 耐爲鬼薪白粲 耐猶任也
蘇林曰 一歲爲罰作 二歲刑已上爲耐 耐 能任其罪

② 左右都司空上林中都官좌우도사공상림중도관

집해 진작이 말했다. "〈백관표〉에 종정宗正에는 좌우도사공左右都司空
이 있고 상림上林에는 수사공水司空이 있는데 모두 죄수들을 주관하는
관직이다."
晉灼曰 百官表宗正有左右都司空 上林有水司空 皆主囚徒官也

③ 武무

[집해] 서광이 말했다. "회남淮南 사람은 명사名士를 무武라고 한다."
徐廣曰 淮南人名士曰武

회남왕이 말했다.

"이것은 가능할 것이오. 비록 그렇지만 나는 이 같은 데까지 이르지는 않을 거라고 생각하오."

이에 왕이 곧바로 관청의 노비를 시켜 궁으로 들어와 황제의 옥새를 만들게 하고 또 승상과 어사와 대장군과 군리軍吏와 중2,000석과 도관령都官令과 승丞의 인장을 만들게 했다. 또 근처에 인접한 군郡의 태수와 도위인都尉印을 만들게 하고 한나라 절법관節法冠[①]을 시켜서 오피의 계책과 같이 하고자 했다. 사람을 시켜서 거짓으로 죄를 짓게 하고 서쪽으로 쫓겨난 것처럼 꾸며서[②] 대장군과 승상을 섬기게 해두면 어느 날에 군사를 일으켰을 때,[③] 사람을 시켜서 곧바로 대장군 청靑을 찔러 죽이고 승상을 설득하여 항복시키는 것을 머리에 쓴 덮개를 벗기는 것처럼 쉽게 할 수 있는 일이라고 여겼다.[④]

王曰 此可也 雖然 吾以爲不至若此 於是王乃令官奴入宮 作皇帝璽 丞相御史大將軍軍吏中二千石都官令丞印 及旁近郡太守都尉印 漢使節法冠[①] 欲如伍被計 使人僞得罪而西[②] 事大將軍丞相 一日發兵[③] 使人卽刺殺大將軍靑 而說丞相下之 如發蒙耳[④]

① 節法冠절법관

집해 채옹이 말했다. "법관法冠은 초왕의 관冠이다. 진秦나라가 초나라를 멸하고 그 군주의 관을 어사御史에게 하사했다."

蔡邕曰 法冠 楚王冠也 秦滅楚 以其君冠賜御史

색은 최호가 말했다. "일명 해치관獬豸冠이다." 살펴보니 채옹이 말했다. "초왕楚王 관冠이다. 진秦나라에서 초나라를 멸망시키고 그 군주의 관을 어사에게 하사했다.".

崔浩云 一名獬豸冠 按 蔡邕云 楚王冠也 秦滅楚 以其君冠賜御史 者也

② 僞得罪而西위득죄이서

집해 소림이 말했다. "거짓으로 죄인으로 만들어 서쪽으로 가게 했다."

蘇林曰 詐作罪人而西也

③ 發兵발병

집해 여순이 말했다 "회남에서 군사를 발동한 것이다."

如淳曰 發淮南兵也

색은 최호가 말했다. "일일一日은 일조一朝와 같으니, 졸연卒然히 정해진 때가 없는 것이다."

崔浩云 一日猶一朝 卒然無定時也

④ 如發蒙耳여발몽이

집해 여순이 말했다. "물건으로 그의 머리를 덮어씌운 것을 제거하는 것은 그 사람이 하고자 하는 것일 뿐이다." 위소가 말했다. "수건을 덮어놓은 것과 같아서 제거하는 것이 매우 쉬운 것이다."

如淳曰 以物蒙覆其頭 而爲發去 其人欲之耳 韋昭曰 如蒙巾 發之甚易

왕이 국내에 있는 군사들을 징발하고자 했지만, 재상과 2,000석의 관리가 따르지 않을까 두려워했다. 왕이 오피와 상의해서 먼저 재상과 2,000석의 관리를 죽이려 했다. 거짓으로 궁 안에 불이 났다고 꾸미고 재상과 2,000석 관리가 불을 끄러 오면 곧 살해하기로 한 것이다. 그러나 그 계획이 결정되지 않자 또 사람에게 도둑 잡는 졸병의 옷을[1] 입히고 우격羽檄[2]을 가지고 동쪽으로부터 와서 '남월의 군대가 국경으로 쳐들어온다.'라고 외치게 하고는 이를 구실로 군사를 일으키고자 했다. 이에 사람을 시켜 여강廬江과 회계會稽에 이르러 구도求盜로 가장했으나,[3] 군사를 일으키지는 않았다.

왕이 오피에게 물었다.

"우리가 군사를 일으켜 서쪽으로 향하면 제후들이 반드시 우리에게 호응하는 자가 있어야 하는데, 만약 응하는 자가 없다면 어찌해야 하는가?"

오피가 대답했다.

"남쪽으로 형산衡山을 거두고 여강廬江을 공격하며 심양尋陽의 배를 가지고 하치下雉의 성[4]을 지키며, 구강九江의 포구를 연결하고 예장豫章의 입구[5]를 단절하고 강력한 쇠뇌로 강수에 다다라 지키며 남군의 아래를 금지시키고, 동쪽으로 강도江都와 회계[6]를 거두고 남쪽으로 강력한 월나라와 통하여 강수와 회수 사이에서 강력하게 하면 오히려 세월의 수명을 연장할 수 있을 것입니다."

회남왕이 말했다.

"좋은 계책이오. 이것보다 쉬운 일은 없을 것이오. 급하면 월나라
로 달아나면 될 따름이오."

王欲發國中兵 恐其相二千石不聽 王乃與伍被謀 先殺相二千石 僞失
火宮中 相二千石救火 至卽殺之 計未決 又欲令人衣求盜衣^① 持羽檄^②
從東方來 呼曰 南越兵入界 欲因以發兵 乃使人至廬江會稽爲求盜^③ 未
發 王問伍被曰 吾擧兵西鄕 諸侯必有應我者 卽無應 奈何 被曰 南收衡
山以擊廬江 有尋陽之船 守下雉之城^④ 結九江之浦 絶豫章之口^⑤ 彊弩
臨江而守 以禁南郡之下 東收江都會稽^⑥ 南通勁越 屈彊江淮間 猶可得
延歲月之壽 王曰 善 無以易此 急則走越耳

① 衣의

집해 《한서음의》에서 말한다. "졸卒의 옷이다."

漢書音義曰 卒衣也

② 羽檄우격

신주 격문을 보낼 때 새의 깃털을 꽂아 매우 긴급하다는 뜻을 표시했다.

③ 爲求盜위구도

신주 위爲는 위僞(거짓)이다. 구도求盜는 관직명이다. 정장亭長의 수하에
서 도적을 잡는 일을 관장하는 사졸士卒이다.

④ 下雉之城하치지성

집해 서광이 말했다. "강하江夏에 있다." 살펴보니 소림이 말했다. "하치下雉는 현 이름이다."

徐廣曰 在江夏 駰案 蘇林曰 下雉 縣名

색은 雉의 발음은 '시[徐爾反]'이다. 살펴보니 현 이름이고 강하江夏에 있다.

雉音徐爾反 案 縣名 在江夏

⑤ 豫章之口예장지구

정의 곧 팽려호彭蠡湖의 입구이며 북쪽으로 대강大江으로 흘러나가는 곳이다.

卽彭蠡湖口 北流出大江者

⑥ 江都會稽강도회계

정의 강도江都는 양주揚州이다. 회계會稽는 소주蘇州이다.

江都 揚州也 會稽 蘇州也

이에 정위廷尉는 회남왕의 손자 건建이 '회남왕의 태자 천遷이 연루되었다.'고 말한 것을 보고했다. 무제는 정위를 보내서 감독하게 하고, 이어 회남淮南의 중위中尉로 제수해 태자를 체포하도록 했다. (중위가) 회남에 이르자 회남왕이 듣고 태자와 함께 모의해 재상과 2,000석을 불러서 죽이고 군사를 일으키려고 했다.

이에 재상을 부르자 재상은 이르렀지만, 내사內史는 외출했다고 핑계를 대었고, 중위는 '신臣은 조서를 받고 온 사신이니 왕을 뵐 수 없다.'라고 했다.

왕은 재상만을 죽이고 내사와 중위가 오지 않는다면 보탬이 되지 않는다고 생각하고 곧 재상을 물러가게 했다. 왕은 미적거리며 계획을 결정하지 못했다.

태자는 연좌된 것은 한나라 중위를 찔러 죽이려 모의한 것 때문이라고 생각해서 함께 모의한 자가 이미 죽었으니 입막음이 되었다고 생각해서 왕에게 일러 말했다.

"모든 신하 중에 쓸 만한 자들은 모두 지난날에 구속되었고 지금은 족히 함께 거사할 만한 자가 없습니다. 왕께서는 때가 아닌데 군사를 일으키신다면 아마도 공로가 없을 것이니 신은 이 기회에 체포되는 것을 원합니다."

회남왕도 또한 상황이 구차하게[1] 그만두려고 했으므로 태자를 허락했다. 태자가 곧 자신의 목을 찔렀으나 죽지는 않았다.[2] 오피는 스스로 관리에게 나아가 인하여 회남왕과 함께 모반했음을 고하고 또 반역의 종적이 이와 같다고 구체적으로 말했다.

관리가 이로 인하여 태자와 왕후를 체포하고 왕궁을 포위했다. 이에 회남왕과 함께 반역을 꾀한 빈객 중에 국내에 있는 자들은 모조리 체포하고, 반역에 쓸 무기들을 찾아내어 천자에게 보고했다. 무제가 공경들을 내려 보내서 다스리게 했다. 회남왕의 반역에 가담한 열후와 2,000석 관리와 호걸 등, 수천 명이 모두 죄의 경중에 따라 처벌을 받았다.

於是廷尉以王孫建辭連淮南王太子遷聞 上遣廷尉監因拜淮南中尉 逮
捕太子 至淮南 淮南王聞 與太子謀召相二千石 欲殺而發兵 召相 相至
內史以出爲解 中尉曰 臣受詔使 不得見王 王念獨殺相而內史中尉不
來 無益也 卽罷相 王猶豫 計未決 太子念所坐者謀刺漢中尉 所與謀者
已死 以爲口絕 乃謂王曰 群臣可用者皆前繫 今無足與舉事者 王以非
時發 恐無功 臣願會逮 王亦偷^①欲休 卽許太子 太子卽自剄 不殊^② 伍被
自詣吏 因告與淮南王謀反 反蹤跡具如此 吏因捕太子王后 圍王宮 盡
求捕王所與謀反賓客在國中者 索得反具以聞 上下公卿治 所連引與淮
南王謀反列侯二千石豪傑數千人 皆以罪輕重受誅

① 偷투

[집해] 서광이 말했다. "투偷는 구차苟且이다."

徐廣曰 偷 苟且也

② 不殊불수

[집해] 진작이 말했다. "불수不殊는 불사不死이다."

晉灼曰 不殊 不死

형산왕 사賜는 회남왕의 아우이다. 당연히 연좌되어 체포해야 했
으므로 관리가 형산왕을 체포할 것을 청하니 무제가 말했다.
"제후들은 각각 그의 나라를 근본으로 삼고 있으니 서로 연좌시키는

것이 마땅하지 않다. 제후왕과 열후들이 모여서① 승상과 함께 제

후의 일을 의논하도록 하라."

이에 조왕趙王 팽조彭祖와 열후 신 양讓 등 43명이 상의했는데 모

두가 말했다.

"회남왕 안은 몹시 대역무도大逆無道하고 모반한 것이 명백하므로

마땅히 형벌에 따라 처형해야 합니다."

교서왕膠西王 신 단端이 의론하여 말했다.

"회남왕 안은 (조정의) 법도를 폐지하고 사특한 것을 행했으며, 속

이고 거짓된 마음을 품어 천하를 어지럽혔습니다. 백성을 현혹시

키고 종묘를 배반하고 망령되게 요상한 말을 지어냈습니다. 《춘

추》에 이르기를 '신하는 역심逆心을 품어서는 안 되니, 역심을 품

으면 죽인다.'라고 했습니다. 안安의 죄는 역심을 품은 것보다 무

겁고 모반의 형체도 이미 결정되었습니다. 신 단이 본 바에 의하

면 그의 문서와 부절, 인수와 지도들, 그 밖의 무도한 징험들이 명

백하고 매우 대역무도하여 마땅히 그 법에 따라 처벌되어야 할 것

입니다. 회남국의 관리 200석 이상에서 비근한 자②와 종실의 근

친으로 왕의 총애를 받는 신하들이 모반의 법안에 있지 않았다고

하더라도 서로 가르치지 않은 사람은, 마땅히 모두 관직을 면직시

키고 작위를 삭탈하여 사오士伍로 삼아서 벼슬을 얻어 관리가 되

지 못하도록 논해야 합니다. 관리가 아닌 자③로서 여타의 죽을 죄

에 해당하는 자들은 속죄금으로 금 2근 8량을 내도록 해야 합니

다. 또 신 안의 죄를 밝혀서 천하로 하여금 신자臣子의 도리를 명

백히 알게 해 감히 다시는 사벽하고 배반하는 뜻이 있지 않도록

해야 합니다.”

衡山王賜 淮南王弟也 當坐收 有司請逮捕衡山王 天子曰 諸侯各以其
國爲本 不當相坐 與諸侯王列侯會肄①丞相諸侯議 趙王彭祖列侯臣讓
等四十三人議 皆曰 淮南王安甚大逆無道 謀反明白 當伏誅 膠西王臣
端議曰 淮南王安廢法行邪 懷詐僞心 以亂天下 熒惑百姓 倍畔宗廟 妄
作妖言 春秋曰 臣無將 將而誅 安罪重於將 謀反形已定 臣端所見其書
節印圖及他逆無道事驗明白 甚大逆無道 當伏其法 而論國吏二百石以
上及比者② 宗室近幸臣不在法中者 不能相教 當皆免官削爵爲士伍 毋
得宦爲吏 其非吏 他③贖死金二斤八兩 以章臣安之罪 使天下明知臣子
之道 毋敢復有邪僻倍畔之意

① 會肄회이

[집해] 서광이 말했다. “모든 직책의 관리가 승상에게 나아가서 함께 의
논하라는 것이다.”

徐廣曰 詣都座就丞相共議也

[색은] 회이승상會肄丞相이다. 살펴보니 이肄는 습習(익히다)이고 肄의 발
음은 ‘이異’이다.

會肄丞相者 案 肄 習也 音異

② 比者비자

[집해] 서광이 말했다. “관리와 대등하나 진짜의 관리는 아니다.”

徐廣曰 比吏而非眞

③ 他타

집해 소림이 말했다. "관리가 아니다. 그러므로 타他라고 한 것이다."

蘇林曰 非吏 故曰他

승상인 공손홍과 정위 장탕張湯 등은 그 내용을 무제에게 보고했다. 무제는 종정에게 부절을 주어 회남왕을 치죄하게 했다. 종정이 도착하기 전에 회남왕 안은 스스로 목을 찔러서 죽었다.① 왕후 도荼와 태자 천遷과 함께 모반에 가담한 자들은 모두 멸족되었다.

무제는 오피가 좋은 말로써 한나라의 아름다운 것을 많이 인용하여 말했으므로 처벌하려고 하지 않았는데, 정위인 장탕이 말했다. "오피는 역적의 주모자로 왕과 함께 반역을 계획했으니 오피의 죄를 사면하지 마십시오."

마침내 오피도 처형했다. 회남국은 없어지고 구강군九江郡②이 되었다.

丞相弘廷尉湯等以聞 天子使宗正以符節治王 未至 淮南王安自剄殺①

王后荼太子遷諸所與謀反者皆族 天子以伍被雅辭多引漢之美 欲勿誅

廷尉湯曰 被首爲王畫反謀 被罪無赦 遂誅被 國除爲九江郡②

---

① 淮南王自剄殺회남왕자경살

집해 서광이 말했다. "즉위한 것은 총 42년이고 무제 원수 원년 10월에 죽었다."

徐廣曰 卽位凡四十二年 元狩元年十月死

② 九江郡구강군

집해 서광이 말했다. "또 육안국六安國이 되었으며 진현陳縣을 도읍으로 했다."

徐廣曰 又爲六安國 以陳縣爲都

형산왕의 몰락

제
四
장

형산왕衡山王 사사賜의 왕후는 승서乘舒^①인데 3명의 자식을 낳았다. 장남 상爽은 태자가 되었고, 차남은 효孝이고, 그다음은 딸인데 무채無采이다. 또 형산왕의 희姬 서래徐來는 아들과 딸 네 명을 낳았고, 미인 궐희厥姬는 아들 두 명을 낳았다.

형산왕과 회남왕淮南王은 형제간으로, 서로가 예절이 옳지 못하다고 책망하며 간극間隙이 있어 서로 화목하지 못했다. 형산왕은 회남왕이 반역하고자 반역할 도구를 만든다는 소문을 듣고 또한 마음으로 빈객들과 결탁하여 이에 대응하려 했는데, 병탄倂吞되는 것이 두려웠기 때문이다.

무제 원광元光 6년,^② 형산왕이 조회에 들어왔다. 그의 알자謁者 위경衛慶은 방술方術이 있어서 글을 올려 천자를 섬기고자 하니, 형산왕이 노여워하고 짐짓 위경을 죽을죄로 탄핵하고 억지로 볼기를 쳐서 복종시키려 했다. 형산의 내사內史는 옳지 않다고 여기고 그의 옥사를 기각시켰다. 형산왕이 사람을 시켜서 글을 올려 내사를 고발하게 했다. 내사가 취조를 받을 때 형산왕이 곧지 못하다고 말했다. 형산왕은 또 자주 남의 밭을 빼앗고, 남의 무덤을

파헤쳐서 전답으로 만들었다. 관리가 형산왕을 체포하여 취조할
것을 청했다. 무제는 허락하지 않았고 대신 200석③ 이상의 관리
들을 조정에서 직접 임명하도록 했다.

형산왕은 이 때문에 한나라에 노여움을 품고 해자奚慈. 장광張廣
과 함께 모의해 병법에 능하고 별의 기운을 살피는 자④를 구해서
밤낮으로 조용하게 왕과 몰래 반역의 일을 꾀했다.⑤

衡山王賜 王后乘舒①生子三人 長男爽爲太子 次男孝 次女無采 又姬
徐來生子男女四人 美人厥姬生子二人 衡山王淮南王兄弟相責望禮節
間不相能 衡山王聞淮南王作爲畔逆反具 亦心結賓客以應之 恐爲所幷
元光六年② 衡山王入朝 其謁者衛慶有方術 欲上書事天子 王怒 故劾慶
死罪 彊榜服之 衡山內史以爲非是 卻其獄 王使人上書告內史 內史治
言王不直 王又數侵奪人田 壞人冢以爲田 有司請逮治衡山王 天子不
許 爲置吏二百石③以上 衡山王以此恚 與奚慈張廣昌謀 求能爲兵法候
星氣者④ 日夜從容王密謀⑤反事

① 乘舒승서

정의 형산왕 왕후의 이름이다.

衡山王后名也

② 元光六年원광육년

신주 서기전 129년이다. 원광元光은 한무제漢武帝의 두 번째 연호이다.

③ 二百石이백석

집해 여순이 말했다. "《한의주漢儀注》에는 400석 이하의 관리를 스스로 국중에서 조절하여 제수한다고 하는데, 지금 형산왕이 악행을 행해서 천자가 모두 이를 제수한 것이다."

如淳曰 漢儀注 吏四百石以下 自調除國中 今干惡 天子皆爲置之

④ 候星氣者후성기자

신주 천문 기상을 관측하여 길흉을 점치는 사람이다.

⑤ 密謀밀모

집해 서광이 말했다. "밀密은 미리 헤아리고 따지는 것이다."

徐廣曰 密 豫作計校

왕후 승서乘舒가 죽자 서래徐來를 세워 왕후로 삼았다. 궐희도 함께 총애를 받았는데, 두 사람은 서로 시기하여 궐희가 이에 태자에게 왕후 서래를 헐뜯어 말했다.

"서래는 하녀들을 시켜서 태자의 어머니를 저주해 죽게 했습니다."

태자는 마음속으로 서래를 원망했다. 서래의 오라비가 형산衡山에 이르자, 태자는 함께 술을 마시다가 칼로 왕후의 오라비를 찔러 상처를 입혔다. 왕후는 원망하고 노여워하며 수차 왕에게 태자를 헐뜯었다.

태자의 여동생 무채는 시집갔다가 버림을 받고 친정에 와 있었는데 종과 더불어 간통하고 또 객과도 간통했다. 태자가 자주 무채를 꾸짖자, 무채가 노여워하고 태자와는 내왕하지 않았다. 왕후가 듣고 곧 무채를 잘 대해주었다. 무채와 그의 작은 오라비 효孝는 어려서 어머니를 잃고 왕후에게 붙었는데 왕후는 계획적으로 그들을 사랑하고 함께 태자를 헐뜯었다. 왕이 이 때문에 자주 태자를 매질했다.

王后乘舒死 立徐來爲王后 厥姬俱幸 兩人相妒 厥姬乃惡王后徐來於
太子曰 徐來使婢蠱道殺太子母 太子心怨徐來 徐來兄至衡山 太子與
飮 以刃刺傷王后兄 王后怨怒 數毀惡太子於王 太子女弟無采 嫁棄歸
與奴姦 又與客姦 太子數讓無采 無采怒 不與太子通 王后聞之 卽善遇
無采 無采及中兄孝少失母 附王后 王后以計愛之 與共毀太子 王以故
數擊笞太子

무제 원삭元朔 4년[1] 중에 어떤 사람이 왕후의 가모假母[2]를 해쳐 상해를 입히자, 왕은 태자가 사람을 시켜서 상처를 낸 것으로 의심하고 태자를 매질했다. 뒤에 왕이 병이 들이 들자 태자는 병을 핑계 대고 간호하지 않았다. 효孝와 왕후와 무채는 태자를 미워하여 험담했다.

"태자는 실제로 병이 들지 않았습니다. 스스로 병이 들었다고 말하면서도 얼굴에는 기쁜 표정이 있습니다."

형산왕이 크게 노여워하며 태자를 폐하고 그의 아우인 효孝를 세우고자 했다. 왕후는 왕이 태자를 폐할 결심을 하고 있음을 알고, 또 효孝도 함께 폐하고자 했다. 왕후에게는 시녀가 있었는데 춤을 잘 추어 왕이 또한 총애했다. 왕후는 그 시녀에게 효와 함께 간통해서 더럽히도록 하였고, 함께 형제를 폐하여 그의 아들 광을 대신 태자로 세우려고 했다. 태자 상爽이 이것을 알아차리고 왕후는 나를 시도 때도 없이 자주 헐뜯는다고 생각하고 함께 음란한 일을 벌여 그의 입을 막으려 했다.

元朔四年^①中 人有賊傷王后假母^②者 王疑太子使人傷之 笞太子 後王病 太子時稱病不侍 孝王后無朶惡太子 太子實不病 自言病 有喜色 王大怒 欲廢太子 立其弟孝 王后知王決廢太子 又欲幷廢孝 王后有侍者善舞 王幸之 王后欲令侍者與孝亂以汙之 欲幷廢兄弟而立其子廣代太子 太子爽知之 念后數惡己無已時 欲與亂以止其口

① 元朔四年원삭 4년

신주 서기전 125년이다.

② 假母가모

집해 《한서음의》에서 말한다. "보모保母의 등속이다."

漢書音義曰 傅母屬

왕후가 술을 마시자 태자는 앞으로 나가 왕후의 장수를 축하하고 이어 왕후의 정강이를 움켜잡고 왕후와 함께 잠을 잘 것을 요구했다. 왕후가 노여워하며 왕에게 고해바쳤다. 왕이 이에 불러서

결박하고 매질을 하고자 했다.

태자는 왕이 자신을 폐하고 그의 아우인 효를 세우고자 하는 것을 알아차리고 이에 왕에게 일러 말했다.

"유효는 왕의 시녀와 간통하고 무채는 종들과 간통하고 있으니, 왕께서는 억지로라도 식사를 잘 하십시오.[①] 청컨대 황제에게 글을 올릴 것입니다."

곧장 왕을 등지고 떠나버렸다. 왕이 사람을 시켜서 멈추도록 했으나 금할 수 없었다. 이에 스스로 수레에 올라 추격해서 태자를 체포했다. 태자가 함부로 악언을 퍼붓자 왕은 태자를 형틀에 매어서 궁중에 감금했다.

王后飮 太子前爲壽 因據王后股 求與王后臥 王后怒 以告王 王乃召 欲縛而笞之 太子知王常欲廢己立其弟孝 乃謂王曰 孝與王御者姦 無采與奴姦 王彊食[①] 請上書 卽倍王去 王使人止之 莫能禁 乃自駕追捕太子 太子妄惡言 王械繫太子宮中

① 彊食강식

신주 강식彊食은 '억지로라도 음식을 잘 챙겨 드십시오.'라는 뜻으로 상대방을 격려하고 위로하는 말이다. 그러나 여기에서는 이 사건이 앞으로 크게 확대될 것에 대비하여 건강을 챙겨놓으라는 의미의 경고성 뉘앙스가 담겨 있다.

유효는 날로 더욱 가까이해 총애를 받았다. 왕은 효의 재능을 기특하다고 여기고 이에 왕의 인수를 차고 장군이라고 호칭하게 했으며, 궁 밖의 저택에 살게 하며 많은 금전을 주어서 빈객들을 초빙하게 했다. 빈객으로 초빙된 자들은 회남왕과 형산왕이 반역의 계획이 있다는 것을 은밀히 알았는데, (효는) 밤낮으로 그들에게 (동조할 것을) 종용하고 권장했다. 이에 왕은 효의 빈객 중에 강도 사람 구혁救赫[1]과 진희陳喜에게 선차[2]와 활촉과 활을 만들게 하고, 천자의 옥새와 장군과 재상과 군리들의 인수를 새기게 했다. 왕은 밤낮으로 주구周丘 등과 같은 장사壯士를 구했으며, 자주 오吳와 초楚가 반란을 일으켰을 때의 계획을 인용하여 일컬으며 함께할 것을 다짐하게 했다.

형산왕은 감히 회남왕을 본받아 곧 천자의 지위를 얻으려고 하는 것은 아니었고, 회남왕이 자신의 나라를 병탄시킬까 두려워해서 회남왕이 서쪽으로 진군할 때, 군사를 일으켜 강수와 회수의 사이를 평정해 차지하려고 한 것인데, 이같이 되기를 바라는 것이다.

孝日益親幸 王奇孝材能 乃佩之王印 號曰將軍 令居外宅 多給金錢 招致賓客 賓客來者 微知淮南衡山有逆計 日夜從容勸之 王乃使孝客江都人救赫[1]陳喜作輜車[2]鏃矢 刻天子璽 將相軍吏印 王日夜求壯士如周丘等 數稱引吳楚反時計畫 以約束 衡山王非敢效淮南王求卽天子位 畏淮南起幷其國 以爲淮南已西 發兵定江淮之間而有之 望如是

① 救赫구혁

색은 구救는 《한서》에 '매枚'로 되어 있다. 유향의 《별록》에서 말한다.

"역가易家에 구씨주救氏注가 있다."

救 漢書作枚 劉向別錄云 易家有救氏注也

② 輣車팽차

집해 서광이 말했다. "팽차輣車는 전차이다. 輣의 발음은 '뱅[扶萌反]'이다."

徐廣曰 輣車 戰車也 音扶萌反

무제 원삭元朔 5년 가을, 형산왕이 한나라에 조회 갈 시기가 되어 회남 땅을 지나가게 되었다. 회남왕은 이에 형제라고 말을 하고 지난날의 벌어진 틈새①를 전부 털어버리고 반란에 쓰일 무기를 함께 제작하기로 다짐했다. 이에 형산왕은 곧 한나라에 글을 올려 병이 들었다고 핑계를 댔다. 무제는 글을 내려서 조회에 들어오지 않아도 된다고 허락했다.

원삭 6년 중에 형산왕이 사람을 시켜 글을 올려서 태자 상爽을 폐하고 효孝를 세워 태자로 삼을 것을 청했다. 상이 이 사실을 듣고 곧 평소 친하게 지내는 백영白嬴②을 시켜 장안으로 가서 글을 올려서, 효가 팽차輣車(전차)와 화살과 활을 만들고 있으며 왕의 어자御者와 함께 간통했으니 효를 폐해야 한다는 것을 말하게 했다. 백영이 장안에 이르러 미처 글을 올리기도 전에 관리가 백영을 체포하여 회남의 일로 연좌하여 감옥에 가두었다.

형산왕은 아들 상이 백영을 시켜서 글을 올리게 했다는 소식을 듣고 국가의 음사陰事를 말할까 봐 두려워하고, 곧 글을 올려서 도리어 태자 유상이 무도하여 기시棄市해야 할 일을 꾸몄다고 고했다. 이 사건을 패군沛郡에 내려서 치죄하게 했다.

元朔五年秋 衡山王當朝 (六年)過淮南 淮南王乃昆弟語 除前卻^① 約束
反具 衡山王卽上書謝病 上賜書不朝 元朔六年中 衡山王使人上書請
廢太子爽 立孝爲太子 爽聞 卽使所善白嬴^②之長安上書 言孝作輣車鏃
矢 與王御者姦 欲以敗孝 白嬴至長安 未及上書 吏捕嬴 以淮南事繫 王
聞爽使白嬴上書 恐言國陰事 卽上書反告太子爽所爲不道棄市罪事 事
下沛郡治

① 前卻전각

신주 지난날의 틈새, 지난날의 불화를 뜻한다.

② 白嬴백영

색은 嬴의 발음은 '영盈'이다. 사람의 성명이다.

音盈 人姓名也

원수元狩 원년 겨울, 관리와 공경公卿이 패군에 하달해서 회남에
서 모반을 함께한 자들 가운데 아직 체포되지 않은 자들을 체포
케 했는데, 진희陳喜를 형산왕의 아들 효孝의 집안에서 체포했다.
관리는 유효가 처음부터 진희를 숨긴 주모자로 탄핵했다. 유효는 진
희가 평소 여러 차례 왕과 함께 모반할 것을 계획했다고 생각하여

그가 발설할까 봐 두려워했다. 한나라 법률에는 먼저 자수하면 그 죄를 면제시켜 준다는 것을 듣고, 또 태자가 백영을 시켜서 글을 올리게 해 그의 일을 발설했다고 의심하여, 곧 먼저 자수하여 함께 모반을 계획한 구혁과 진희 등을 고발했다.

元(朔七)〔狩元〕年冬 有司公卿下沛郡求捕所與淮南謀反者未得 得陳喜於衡山王子孝家 吏劾孝首匿喜 孝以爲陳喜雅數與王計謀反 恐其發之 聞律先自告除其罪 又疑太子使白嬴上書發其事 卽先自告 告所與謀反者救赫陳喜等

정위는 치죄하다 증거를 입수했고 공경들은 형산왕을 체포해서 치죄할 것을 청했다. 무제가 말했다.

"체포하지 말라."

이에 중위인 사마안司馬安[①]과 대행 이식李息[②]을 파견해 나아가 왕을 신문하게 했다. 형산왕이 구체적으로 사실을 갖추어 대답했다. 관리들이 모두 왕궁을 포위하고 지켰다. 중위와 대행은 장안으로 돌아와 사실을 보고했다. 공경들이 종정宗正과 대행을 보내서 패군에 (갇혀 있는 효孝의 사건과 함께) 종합해서 형산왕을 다스리기를 청했다. 형산왕이 이 소식을 듣고 곧 스스로 목을 찔러서 죽었다. 효는 먼저 스스로 반역을 고발해 그의 죄는 면제 받았으나 왕의 시비侍婢와 간통한 것에 연좌되어 기시棄市되었다. 왕후 서래 또한 전 왕후 승서를 저주하여 살해한 것에 연좌되었고, 태자 상은 왕을 고발한 불효에 저촉되어 모두 기시棄市되었다.

형산왕과 함께 모반에 가담한 여러 사람들은 모두 멸족시켰다. 형산국이 없어져서 형산군이 되었다.

廷尉治驗 公卿請逮捕衡山王治之 天子曰 勿捕 遣中尉安^①大行息^②即問王 王具以情實對 吏皆圍王宮而守之 中尉大行還 以聞 公卿請遣宗正大行與沛郡雜治王 王聞 即自剄殺 孝先自告反 除其罪 坐與王御婢姦 棄市 王后徐來亦坐蠱殺前王后乘舒 及太子爽坐王告不孝 皆棄市 諸與衡山王謀反者皆族 國除爲衡山郡

① 安안

색은 살펴보니 《한서》〈백관표〉에는 사마안司馬安이다.

案 漢書表司馬安也

② 息식

색은 살펴보니 《한서》〈백관표〉에는 이식李息이다.

案 漢書表李息也

태사공이 말한다.

《시경》〈비궁閟宮〉의 시에 이르기를 '서쪽 북쪽 오랑캐 무찌르고 남쪽의 오랑캐 징계하네.'라고 했는데 진실하다, 이 말이여! 회남淮南과 형산衡山은 친한 한나라 형제이며, 국토는 1,000리이고 반열에 들어 제후가 되었는데, 번신蕃臣으로 천자를 보필해 받드는 일에 힘쓰지 않고 오로지 사벽邪僻한 계획만을 품고 반역을 도모했다. 이 때문에 부자父子가 두 번이나 나라를 잃었고 각각 그 자신은 천수를 마치지 못해 천하의 웃음거리가 되었다. 이는 유독 왕의 잘못만은 아닐 것이다. 또한 그 풍속이 경박하고 신하들도 점점 그러한 데 쏠리게 된 것이리라. 대저 형초荊楚 지방은 사람들이 날쌔고 용맹하며 날래고 사납지만[①] 난亂을 꾸미기를 좋아한다고 옛날의 기록으로부터 전해오고 있다.

太史公曰 詩之所謂 戎狄是膺 荊舒是懲 信哉是言也 淮南衡山親爲骨肉 疆土千里 列爲諸侯 不務遵蕃臣職以承輔天子 而專挾邪僻之計 謀爲畔逆 仍父子再亡國 各不終其身 爲天下笑 此非獨王過也 亦其俗薄臣下漸靡使然也 夫荊楚僄勇輕悍[①] 好作亂 乃自古記之矣

① 僄勇輕悍표용경한

색은술찬 사마정이 펼쳐서 밝히다.
회남왕은 어긋남이 많았고 거사는 바른 것이 아니었다. 천자는 너그럽고 인자했으나 그들의 과실은 고쳐지지 않았다. 함거를 타는 재앙에 이르고 한 말 곡식의 노래가 읊어졌다. 왕 유안은 학문을 좋아했고 딸 유릉은 장안을 염탐했다. 형제간에 불화하니 나라가 기울고 목숨도 떨어졌구나!
淮南多橫 舉事非正 天子寬仁 其過不更 轞車致禍 斗粟成詠 王安好學 女陵作詞 兄弟不和 傾國殞命

《신주 사마천 사기》〈열전〉을 만든 사람들

한가람역사문화연구소 사기연구실

이덕일(한가람역사문화연구소 소장, 문학박사)
김명옥(문학박사)
송기섭(문학박사)
이시율(고대사 및 역사고전 연구가)
정　암(지리학박사)
최원태(고대사 연구가)

한가람역사문화연구소는 1998년 창립된 이래 한국 사학계에 만연한 중화사대주의 사관과 일제식민 사관을 극복하고 한국의 주체적인 역사관을 세우려 노력하고 있는 학술연구소이다. 독립운동가들의 역사관 계승 작업을 꾸준히 진행하는 한편《사기》본문 및 '삼가주석'에 한국 고대사의 진실을 말해주는 수많은 기술이 있음을 알고 연구에 몰두했다. 지난 10여 년간 '《사기》 원전 및 삼가주석 강독(강사 이덕일)'을 진행하는 한편 사기연구실 소속 학자들과《사기》에 담긴 한중고대사의 진실을 찾기 위한 연구 및 답사도 계속했다.《신주 사마천 사기》는 원전 강독을 기초로 여러 연구자들이 그간 토론하고 연구한 결과의 집대성이라고 할 수 있다. 한가람역사문화연구소는《신주 사마천 사기》 출간을 시작으로 역사를 바로세우기 위해 토대가 되는 문헌사료의 번역 및 주석 추가 작업을 꾸준히 이어갈 계획이다.

한문 번역 교정

유정님 박상희 김효동 곽성용 김영주 양훈식 박종민

《사기》를 지은 사람들

본문_ 사마천

사마천은 자가 자장子長으로 하양(지금 섬서성 한성시) 출신이다. 한 무제 때 태사공을 역임하다가 이릉 사건에 연루되어 궁형을 당했다. 기전체 사서이자 중국 25사의 첫머리인 《사기》를 집필해 역사서 저술의 신기원을 이룩했다. 후세 사람들이 태사공 또는 사천이라고 높여 불렀다. 《사기》는 한족의 시각으로 바라본 최초의 중국 민족사라고 할 수 있는데 여기서 사마천은 동이족의 역사를 삭제하거나 한족의 역사로 바꾸기도 했다.

삼가주석_ 배인·사마정·장수절

《집해》 편찬자 배인은 자가 용구龍駒이며 남북조시대 남조 송 (420~479)의 하동 문희(현 산서성 문희현) 출신이다. 진수의 《삼국지》에 주석을 단 배송지의 아들로 《사기집해》 80권을 편찬했다.

《색은》 편찬자 사마정은 자가 자정子正으로 당나라 하내(지금 하남성 심양) 출신인데 굉문관 학사를 역임했다. 사마천이 삼황을 삭제한 것을 문제로 여겨서 〈삼황본기〉를 추가했으며 위소, 두예, 초주 등 여러 주석자의 주석을 폭넓게 모으고 자신의 견해를 덧붙여 《사기색은》 30권을 편찬했다.

《정의》 편찬자 장수절은 당나라의 저명한 학자로, 개원 24년(736) 《사기정의》 서문에 "30여 년 동안 학문을 섭렵했다"고 썼을 정도로 《사기》 연구에 몰두했다. 그가 편찬한 《사기정의》에는 특히 당나라 위왕 이태 등이 편찬한 《괄지지》를 폭넓게 인용한 것을 비롯해서 역사지리에 관한 내용이 풍부하다.